保险业"两个加强、两个遏制"
专项检查案例选编

主　编：李有祥
副主编：杨玉山　宋旭红

中国财经出版传媒集团
中国财政经济出版社

图书在版编目（CIP）数据

保险业"两个加强、两个遏制"专项检查案例选编/李有祥主编.—北京：中国财政经济出版社，2018.7
ISBN 978-7-5095-8301-2

Ⅰ.①保… Ⅱ.①李… Ⅲ.①保险业－市场监管－案例－汇编－中国 Ⅳ.①F842

中国版本图书馆CIP数据核字（2018）第124164号

责任编辑：郁东敏　　　　封面设计：秦聪聪

中国财政经济出版社 出版

URL: http://www.cfeph.cn
E-mail: cfeph@cfeph.cn

（版权所有　翻印必究）

社址：北京市海淀区阜成路甲28号　邮政编码：100142
营销中心电话：010-88191537　北京财经书店电话：010-64033436　84041336
中煤（北京）印务有限公司印刷
787×1092毫米　16开　18.5印张　267 000字
2018年7月第1版　2018年7月北京第1次印刷
定价：62.00元
ISBN 978-7-5095-8301-2
（图书出现印装问题，本社负责调换）
质量投诉电话：010-88190744
打击盗版举报热线：010-88191661　QQ：2242791300

编委会

主　编：李有祥
副主编：杨玉山　宋旭红
编　委：毛利恒　李　敏　陈晋平　汪小力　邵祥理　舒　平
　　　　刘　杨　程　静　陈　亮　姜　薇　李　佳　董　晓
　　　　洪嘉聪　王　蔚　张松山　陈婕妤　贾　晶　彭晟隽
　　　　檀　晨　邹新峰　王中升　潘军华　尹　航　缪　晨
　　　　冯世龙　叶文华　潘颖莉　史　维　郭　静　王焕平
　　　　胡飞飞　闫　石　李　波　李　瑞　任　彦　王　曦
　　　　周春旗　黄赞科　郑立平　潘伟伟　王　芹　林　娜
　　　　吴　帅　杨青松　李瑞君　孟　艳　林　伟　吴锦今
　　　　王　稳

前 言

金融安全是国家安全的重要组成部分,是经济平稳健康发展的重要基础。习近平总书记强调:"金融活,经济活;金融稳,经济稳。"近年来,在国际国内经济下行压力因素综合影响下,我国金融发展面临不少风险和挑战,不良资产风险、流动性风险、债券违约风险、影子银行风险、房地产泡沫风险、互联网金融风险等正在累积。国务院准确研判金融业风险形势,连续两年部署金融系统开展"两个加强、两个遏制"专项工作。

中国保监会深入贯彻国务院的决策部署,于2014年11月至2016年12月,先后组织开展了保险机构"两个加强、两个遏制"专项检查及回头看工作。专项工作采取公司自查整改、监管抽查相结合的方式。自查整改阶段,全行业8万余家各类机构在中国保监会的统筹部署下,深入开展自查整改,问题整改率普遍超过90%。监管抽查阶段,中国保监会及其派出机构克服时间紧、任务重、人手少的困难,周密部署、多方协作,统筹调配监管力量,累计派出检查人员2 200人次,检查保险法人机构64家次、保险分支机构1 521家次、保险中介机构370家次,创造了保险监管历史上动员人力最多、接受检查机构最多、检查内容覆盖面最广、发现问题数量最多等多项记录。保险机构"两个加强、两个遏制"专项检查及回头看工作,严厉打击了保险领域违规经营和违法犯罪行为,实现了对全行业的合规大普查和风险大起底,震慑并促使各保险机构依法合规经营,有力推动了行业平稳健康发展。

与保险领域违法违规的斗争是长期的、复杂的，行业风险防范的形势依然严峻，任务十分艰巨。2017年金融工作会议上，习近平总书记指出，防止发生系统性金融风险是金融工作的永恒主题，要把主动防范化解系统性金融风险放在更加重要的位置。现场检查是发现问题、揭示风险最直接、最有效的监管手段。为做好检查经验交流，提升全系统现场检查的监管执法水平，中国保监会稽查局组织骨干力量，编写了《保险业"两个加强、两个遏制"专项检查案例选编》，将常见违法违规问题查处的典型案例汇编成册，通过"解剖麻雀"的方式，总结提炼检查实务中好的经验做法，供广大监管干部在检查工作中借鉴和参考。

本书共收集整理了43个案例，主要分为三大类。一是检查组织协调类案例。现阶段，中国保监会与保监局上下联动、各业务条线跨领域协作的"大兵团"式检查日益频繁，作为检查组织者，如何组织参加各方发挥特长、形成合力具有重要现实意义，监管部门对此也是边探索边开展。检查组织协调类案例的编写内容涵盖检查前期准备、检查过程、后期处理的检查全流程，旨在说明如何专业、高效、有序地统筹协调检查工作，有计划、有步骤、有创新地推进现场检查工作顺利实施。二是检查方法及手段类案例。资料调阅、约谈人员等传统检查方法和手段已不能满足现场检查查深查透、追本溯源的工作要求，检查人员需视情况灵活采取内查外调、资金追踪等多种手段达成检查目标。检查方法及手段类的案例主要介绍现场检查的创新做法及面对难题的应对措施，包括查询账户、系统复核、穿行测试以及信息技术检查手段的应用等，为现场检查人员全方位、立体式查处问题提供思路和方法。三是分业务条线的典型案例。此类案例涉及财产险业务、人身险业务、财务管理、中介机构、资金运用等领域的常见以及新型违法违规问题和风险隐患，全面描述了检查对象确定、数据分析、疑点发现、检查步骤、主要证据、问题定性、处罚追责等检查全流程。对一线检查人员尤其是经验有限的监管新人更加具有直接的参考价值和指导意义。

总体来看，本书选取的案例既有广泛覆盖面，又有较强的代表性和权威性；既突出技术性，又兼顾生动性；在详细描述检查过程的同时，还针对检查的重点环节、特色做法进行论述，将个案检查经验提炼为一般普适性的检查规律和方法；并结合保险市场内外部环境、监管政策等，对违规问题产生的原因进行了分析，是保险监管部门现场检查经验的结晶。希望保险监管工作人员在学习案例过程中能够把理论和工作实践有机结合起来，在今后大型检查和专项检查中灵活运用，不断提升现场检查专业能力和水平，为保险监管工作做出更大贡献。

本书编委
2018年1月1日

目 录

第一部分 检查组织协调

案例 1-1：保险机构"两个加强、两个遏制"专项检查的组织协调 /3

案例 1-2：某保监局坚持问题导向，创新工作方法，稳步推进专项检查工作 /9

案例 1-3：某保监局强化协调，优化方法，提高检查效果 /15

案例 1-4：某保监局科学督导，反向倒逼，强化落实保险机构深查真改的主体责任 /21

案例 1-5：某人身险省分公司检查组织协调 /26

第二部分 检查方法及手段

案例 2-1：运用信息化稽核手段提升检查效率 /35

案例 2-2：运用要素求证法查实信用保险违规问题 /41

案例 2-3：运用碎片管理法查实产险公司违规问题 /46

案例 2-4：运用轨迹追踪和交叉验证手段查实寿险公司虚列营业费用问题 /54

案例 2-5：运用内查外调手段查实保险代理机构虚开发票问题 /60

案例 2-6：运用稽核数据分析＋监管经验查实虚假中介问题 /67

案例 2-7：综合运用查调问核手段查实虚列费用问题 /73

第三部分 财务数据真实性

案例 3-1：A 人身保险公司虚列业务管理费套取资金检查案例 /81

案例 3-2：A 产险公司虚列会议费案 /86

案例 3-3：D 产险公司虚假财务报销案 /92

案例 3-4：F 产险公司虚列费用案 /100

案例 3-5：B 产险公司虚列个代渠道费用案 /107

案例 3-6：G 保险经纪公司虚列费用案 /113

案例 3-7：X 保险经纪公司虚列费用案 /119

案例 3-8：H 保险经纪公司虚列费用案 /126

案例 3-9：Z 产险公司虚挂绩效案 /132

第四部分　财产险业务

案例 4-1：R 产险公司水稻保险平均赔付案 /141

案例 4-2：R 产险公司编制防疫责任险虚假理赔资料案 /146

案例 4-3：Z 产险公司车险虚假理赔案 /150

案例 4-4：A 公司违法设立总公司营业部检查案例 /155

第五部分　人身险业务

案例 5-1：G 人身险公司业务系统存在安全漏洞案 /165

案例 5-2：M 人身险公司拼凑团险业务案 /171

案例 5-3：J 人身险公司重复计提佣金及伪造印章案 /177

案例 5-4：L 人身险公司委托不具有合法资格的机构销售保险产品案 /184

案例 5-5：K 人身险公司退保金直接冲减保费案 /191

案例 5-6：Z 人身险公司团险承保理赔不规范案 /197

案例 5-7：H 公司互联网保险业务违规案 /204

第六部分　中介业务

案例 6-1：D 产险公司虚挂摩托车交强险中介业务案 /213

案例 6-2：W 产险公司虚挂医疗责任险、承运人责任险等中介业务案 /218

案例 6-3：H 产险公司虚挂车险中介业务案 /224

案例 6-4：X 产险公司虚挂车险中介业务案 /231

案例 6-5：H 保险代理公司伪造职业责任险保单案 /236

案例 6-6：B 中介机构虚挂保险业务套取资金案 /242

案例 6-7：T 保险代理公司虚开佣金发票案 /248

第七部分 资金运用

案例 7-1：X 资产管理公司违规投资单一信托计划案 /257

案例 7-2：Z 人身险公司违规投资案 262

案例 7-3：A 产险公司违规持有投资性房地产虚增偿付能力案 /268

案例 7-4：H 公司万能险和投连险业务违规案 /275

后记 /283

第一部分
检查组织协调

第一部分

检查项目及方法

案例1-1：
保险机构"两个加强、两个遏制"专项检查的组织协调

一、基本情况

按照国务院部署，中国保监会[①]于2014年11月至2015年5月统筹全行业力量，组织开展了保险机构"加强内部管控、加强外部监管，遏制违规经营、遏制违法犯罪"专项检查（以下简称"两个加强、两个遏制"专项检查）。采取自查与抽查相结合方式，在各级保险机构100%开展自查、51.8%接受上级督导、39%被上级抽查的基础上，中国保监会系统投入1022人开展了两轮监管抽查（占全系统总人数的33.55%），共检查集团公司、人身险公司、财产险公司、再保险公司、保险资产管理公司等各类保险机构233家，中介机构164家。

"两个加强、两个遏制"专项检查规模空前、效果显著。一是摸清了风险底数。聚焦公司治理与内控、财务管理、消费者权益保护、业务经营、资金运用、信息系统、案件风险管理七个重点领域，对行业存在的问题和风险进行了全面排查。据统计，全行业自查发现各类违法违规问题及内控风险问题上万项，两轮监管抽查发现各类问题700余项，覆盖公司经营管理各方面，实现了对行业风险问题的大起底。二是规范了经营行为。针对自查和监管抽查发现的问题，保险机构边查边改、立查立改，至2015年5月专项检查结束时，问题总体整改率为53.3%。截至2016年6月，问题总体整改率已超过90%，其中6家国有公司整改率达到92.72%。行业经营环境明显改善，运行质量显著提升。三是建立了长效机制。针对违法违规多发的业务领域，特别是农险、大病保险等涉及国计民生的领域，研究出台规范性文件或监管指引，补齐监管短

[①] 2018年3月，第十三届全国人民代表大会第一次会议批准国务院机构改革方案，组建中国银行保险监督管理委员会，不再保留中国银行业监督管理委员会、中国保险监督管理委员会。本书是对2014—2016年"两个加强、两个遏制"专项检查工作的总结，故表述时仍延用"中国保险监督管理委员会"（简称中国保监会）。

板,真正实现"两个遏制"。

二、前期部署

组织实施大型现场检查,不能打无准备之战,必须超前谋划,精心准备。"两个加强、两个遏制"专项检查前期工作从强化领导、统一思想、制定方案等方面着手,为顺利完成专项检查任务开好头、起好步。

(一)加强组织领导

国务院作出决策的第二天,中国保监会就成立了专项检查工作领导小组,成员单位由13个部门组成。36家保监局、170家总公司均建立了一把手负责制。在监管高压下,全行业将"两个加强、两个遏制"专项检查作为做好保险工作、提升服务国家治理体系和治理能力现代化本领的重要契机,下大力气把存在的问题查深查透,推动行业稳定健康发展。

(二)统一思想认识

检查推开前,中国保监会召开主要保险公司通气会,传达国务院领导指示精神,对开展"两个加强、两个遏制"专项检查作出部署,要求各公司高度重视、精心准备,不折不扣落实好各项工作任务。全行业认真贯彻国务院和中国保监会部署,7.6万家各类各级机构统一行动,专项检查工作迅速铺开。

(三)科学制定方案

中国保监会研究确定了专项检查的基本原则、重点内容、检查方式、职责分工、进度安排等,确立了专项检查工作总体框架和路线图。立足监管实际,将市场有反映、监管有要求的突出问题和关键风险点分解为35张自查填报表、783个项目,进一步细化重点内容,增强了检查的针对性和可操作性。

三、检查过程

大型现场检查往往具有涉及范围广、持续时间长、统筹难度大等特点,如何有效传导压力,确保各项部署不落空、不走偏,事关检查工作成败。"两个加强、两个遏制"专项检查开创的"大兵团"作战、"飞行调研"等方法,为组织实施大型现场检查提供了思路。

（一）问题导向，鼓励公司自查自纠

保监会坚持把发现问题、揭示风险作为评价专项检查成效的唯一标准，采取多项措施推进自查。

一是政策引路。召开视频会明确差异化处理政策，将专项检查分为自查、抽查及"回头看"以及深化专项检查等三个阶段。自查阶段公司主动反映的问题依法从轻处理，"回头看"阶段主动暴露的问题依法酌情处理，此后检查发现继续违规的，一律依法从严处理；在前两个阶段未主动暴露的问题，监管部门检查发现的，也依法从严处理。

二是"飞行调研"。为解决基层执行力衰减的问题，组织36家保监局，采取统一行动、同步进场、突击调研的方式，对145家基层保险机构自查整改情况开展现场调研，针对部分公司自查方案操作性不强、自查力度不够、自查动作不到位等问题，实施专题通报，督促保险机构系统加压推进自查。

三是严审报告。严格落实保险机构主体责任，按照条块结合、立体推进的原则，认真审核各公司自查报告，将违规金额"零报告"的26家法人机构，以及337家省级分公司的自查报告退回重报，同时组织600余家自查不到位的保险机构限期补查补报。

四是快查严处。立足于均衡加压，在按计划开展监管抽查的同时，对自查不认真甚至"看热闹"的保险机构实施突击检查、杀"回马枪"，自查违规金额"零报告"、但抽查发现违规问题的公司，实行即查即处，由辖区保监局统一作出停止接受相关业务半年的处罚。通过一系列窗口指导和压力传导措施，保险市场主要问题和风险得到充分揭示，违规金额"零报告"的法人机构仅剩4家，比"回头看"之前减少了86.5%；自查发现各类违规金额比"回头看"之前增加了63%。

（二）加强统筹，组织实施监管抽查

2015年3月，中国保监会成立42个检查组、162个检查小组，由会机关6个部门、36个保监局主要负责人带队，1 022名监管干部同步进驻6家国有保险公司及所属境内保险类子公司共29家法人机构，以及152家分支机构、156家中介机构开展抽查，累计调阅保单79.92万份、赔案6.89

万份、凭证 14.35 万份，调听回访录音 5 204 件，访谈 5 549 人次。检查工作体现了大兵团作战的特点。

一是统筹全系统检查力量。针对 6 家保险集团下属机构多、覆盖门类广的特点，一方面，配强检查组领导，会机关 6 个部门、各保监局主要负责人担任检查组长，副局长协助，处长为主查人；另一方面，跳出条线配置检查资源，集中抽调全系统精干力量充实检查组，除业务监管条线外，还抽调了 132 名综合类干部参加。

二是做好各方支持联动。检查组与小组上下互动核查，总公司的问题线索委托保监局核查，分支机构的违规形式反映给集团检查组参考；部分检查组建立工作任务"一日一清"、案情对接"一日一会"以及内部督导制度，检查组组长、副组长通过不定期会议、现场蹲点等方式，及时跟进、指导各小组检查工作。

三是强化各项配套工作。进场前集中视频培训，相关部门讲授工作重点和检查方法；开发专项数据采集平台，有效提升自查数据报送准确性和时效性；及时发布新闻通稿，引导主流媒体和网络平台正面解读，为专项检查顺利推进营造良好舆论环境。

（三）全程督导，确保各项部署不落空、不走样

一是督导公司自查。中国保监会组建 6 个督导组，对 6 家国有公司及 36 家非国有公司开展两轮督导，共组织督导保险机构 4.1 万家、占机构总数的 51.8%，督促保险机构内部抽查 3.09 万家、占机构总数的 39%。

二是督导监管抽查。监管抽查工作启动后，会领导带队对人保集团、国寿集团、太平集团等重点国有公司，河南、福建、深圳等 18 个省区市的监管抽查工作开展专项督导，要求区别保险机构层级进一步聚焦检查重点，对法人机构紧紧盯住"五个重大"[①]，对分支机构着力查处"五假五非一损害"[②]等问题，实现了检查重点的二次聚焦。

三是畅通信息渠道。先后发函 47 份，部署阶段性任务，提出指导意见。编发专项检查工作简报 20 期，刊发简报 3 期、情况通报 2 期，反映各单

[①] "五个重大"，指决策上的重大失误、业务上的重大违规、经营上的重大风险、管理上的重大漏洞、制度上的重大缺失。

[②] "五假五非一损害"是指虚假承保、虚假理赔、虚假批退、虚列费用、虚假中介业务"五假"行为，非法集资、非法吸收公众存款、非法开展保险业务、非法销售理财产品、非正常退保等"五非"行为，以及拒赔、拖赔、惜赔、销售误导等损害保险消费者权益的行为。

位经验做法和困难问题。建立微信群与QQ群等交流平台，及时协调解决工作中遇到的困难问题，电话解读政策3 000余人次。

四、后期工作

加强现场检查成果运用，有利于巩固深化检查成果，提高监管效率。"两个加强、两个遏制"专项检查从整改、问责、制度三个方面着手，为做好现场检查后期工作提供参考。

（一）狠抓整改工作

保监会两次召开会议部署整改工作，要求把运用和巩固好专项检查成果作为整顿规范市场秩序、防范化解金融风险的重点工作抓实抓好，并部署在全系统内开展风险防控机制有效性专项检查。分三次对20余个省区、6家重点保险公司及其30家分支机构的整改情况进行督导，务求整改实效。

（二）依法从严处理

检查结束后，保监会召开专题会议，梳理各类违法违规问题，准确定性，严格按照工作程序，依法处理。截至2016年6月，针对查实的违法违规问题，已对105家保险机构、31家保险中介机构及189名责任人员给予了行政处罚。

（三）完善制度机制

针对检查发现的突出问题和风险，陆续出台监管文件或指引，进一步规范保险机构经营管理行为。如研究出台《保险资金运用内部控制指引》及银行存款、固定收益投资、股票及股票型基金三个应用指引，完善保险公司举牌上市公司股票、大额未上市股权和大额不动产投资方面的信息披露制度等。

五、点评

总结"两个加强、两个遏制"专项检查成功实施的经验，稽查局作为领导小组办公室，发挥了统筹协调的枢纽作用。

一是以主动有为的姿态超前谋划、统筹全局。组织主要保险公司通气会，统一思想认识。制定专项检查方案，确立总体工作框架，部署全行业开展专项检查。在监管抽查阶段，制定监管抽查方案，统筹全系统监管力量实施"大兵团"作战。

二是以抓铁留痕的韧性督导推动、狠抓落地。在自查与抽查转段时期，组织召开专项检查视频会，对专项检查工作再动员、再部署、再加压。督导工作贯穿全程，制定自查、抽查阶段督导方案，组织开展督导工作。组织"飞行调研"，对问题公司给予通报。对自查不力的基层机构杀"回马枪"，严肃处理促进深化"回头看"。

三是以勤勉敬业的作风协调服务、取得实效。根据检查实际部署阶段性工作任务，有序推进检查工作。汇总分析各类报告、报表，反映阶段成果，分析存在问题，提出可行建议。畅通信息渠道，及时协调解决困难问题。四是以一以贯之的决心狠抓整改、保持高压。检查结束后，组织召开专题会议，统一后续处理原则和处罚标准。三次督导"两两"专项检查整改情况，持续保持监管高压态势。

案例1-2：
某保监局坚持问题导向，创新工作方法，稳步推进专项检查工作

保险机构"两个加强、两个遏制"专项检查开展以来，XX保监局按照保监会统一部署，坚持问题导向，科学把握市场规律和风险状况，结合本省实际创新工作方法，认真贯彻落实各阶段工作要求，取得了较好效果。

一、专项检查整体情况

XX保监局加强组织领导，统筹各方力量，明确各阶段目标任务，启动非现场审核和现场抽查双引擎，实现发现问题和风险防范双促进。

（一）加强组织领导

成立专项检查领导小组，局领导任正副组长，各处室为领导小组成员。局领导"既挂帅，又出征"，亲临一线，靠前指挥，周密部署各项工作，多次召集保险机构省级分公司开展会议督导，随时掌握工作进展。2014年12月以来，将专项检查列为全局每周重点工作，领导小组办公室每周向领导小组进行汇报。

（二）发挥方案统筹

2015年1月，制定总体工作方案，明确组织体系、工作分工、检查内容、时间安排、工作要求等内容。按照工作进程，先后制定三次督导、现场抽查、非现场审核等重点分项方案，明确阶段目标、工作标准、质量要求。

（三）形成工作合力。

纵向上，认真贯彻中国保监会各阶段部署和各项文件要求，及时与中国保监会领导小组办公室和各总公司检查组沟通信息，扎实开展本地工作；横向上，各处室发挥协同作用，联合开展现场督导、监管抽查、非现场审核等工作。点上，注重发挥现场检查的作用，对检查点的问题查

深查透，起到"查实一点、震慑一片"的作用；面上，注意建立信息沟通机制，准确传递监管预期，推动保险机构树立主体责任意识。

二、统筹规划，稳步推进各项工作

XX保监局把握多期叠加形势，掌握市场规律，坚持问题导向多重发力，稳步推进各项工作。

（一）明确任务、分清层次，压茬推进专项检查工作

XX保监局认真学习中国保监会下发的每一份文件精神，将专项检查工作分为七个阶段：一是部署动员和公司自查阶段；二是督导阶段；三是公司二次自查阶段；四是第一轮重点抽查阶段；五是第二轮重点抽查阶段；六是专项检查报告收尾阶段；七是建章立制和成果运用阶段。结合不同阶段的工作目标、主要任务、实施主体、重点内容、实现方式和预期效果，准确区分每个阶段"公司应该做什么，监管需要做什么"。只要找准所处的阶段，就能够很清晰地找准工作定位。比如，4月中旬，保监会连续下发多个文件，专项检查面临"一次自查整改期、二次自查推动期、一轮抽查攻坚期、二轮抽查启动期"多期叠加的态势，压茬同步推进的形势十分复杂，XX保监局召开行业大会，帮助行业分析形势，捋清了专项检查启动以来的六个重点时间节点，明确了各期的基本要求，使监管部门和各保险机构都做到心中有活、眼里有活、手头有活，忙而不乱。特别是在保监会的指导下，迅速查实了个别"零报告"的公司并从严处理，重申了监管要求，兑现了监管承诺，打消了公司疑虑，保障了检查成效。

（二）持续督导、务求实效，督促落实主体责任

专项检查初期，行业顾虑多、认识不到位、侥幸心理大，督导任务很重。XX保监局以督促落实公司主体责任、推动全面开展自查为目标，实施了"抓动、抓全、抓效"的3轮现场督导。第一波督导抓行动，督导对象为人少点散、监管辐射少、容易成为监管盲区的小型基层机构，重点是看政策传导的终端机构有没有真正行动起来。第二波督导抓全面，督导对象为片面追求市场份额、侧重规模忽视质量的中型保险机构省级分公司，主要是看政策传导中枢的主要负责人是否全面掌握政策要求。第三波督

导抓实效，督导对象为擅长走形式、玩花样的大型保险机构的地市机构，目的是多维度观察自查效果，看上级公司督查效果如何，看本级自查效果如何，看对下级机构的督查效果如何。每轮督导都坚持监管行动和监管声音的统一，强化信息披露，及时全行业通报督导情况。点名道姓地通报批评，看似不留情面，但通过"红红脸、出出汗"，使不少公司打消了顾虑，取得了"洗洗澡、治治病"的初步自查效果。

（三）逐级填报、分类审核，全面扫描自查数据

自查报告反映公司落实情况，反映监管督导效果，反映行业风险状况，是自查成果的集中体现。XX保监局设置审核指标，形成审核图表，运用比较分析法，挖掘自查数据，实现审核标准化、规范化。第一，把握规律，有效审核。一方面，对公司自查过程进行全流程测试，关注数据抽样、督导抽查质量、工作记录等关键因素，评估自查质量，及时优化自查报告审核指标，指导非现场审核；另一方面，扩大数据报送范围，将数据报送范围全部下延一级到地市，重点数据下延两级到县支，要求自查报告报表反映自查全貌，堵塞了公司部署落实不平衡、机构自查有差异的漏洞，为评估自查情况、锁定抽查重点和找准二次自查关键打下了坚实基础。第二，明确原则，科学审核。坚持形式与实质相结合、全面与重点相结合、纵向与横向相结合、定量与定性相结合、驻点与非驻点相结合的审核原则，为下一步抽查寻找突破点。第三，找准方法，严格审核。坚持"一三六"工作方法，统筹全局力量成立了专门的报告审核小组，把握评估自查开展情况、关注问题揭示情况、跟踪整改落实情况等三个审核重点，运用两次自查结果比较、绝对数据比较、相对数据比较、同类公司比较、中介清理数据比较和日常监管信息比较等六种审核方法。

三、创新方法，快速查实违规行为

XX保监局创新检查方法，有效利用要素求证法、业务轨迹法和利益导向法等多种方式快速查实了一批违规行为。

（一）要素求证法，发现违背保险原理经营行为

检查组从某家检查对象业务报表入手，发现2014年9月承保了信用

风险。检查组认为，信用保险一般具有以下三个基本特征：一是以小额贷款为标的，且贷款人有一定的覆盖面，符合"大数法则"的基本要求；二是风险暴露呈逐步扩展态势，先期简单赔付率低，准备金计提要求高，风险一般3年左右才能完全暴露，管理难度大；三是与银行业联动的贷前审查和事后追偿的机制是控制风险的关键。调阅承保理赔档案及相关财务凭证，发现检查对象存在种种迹象表明该业务不符合保证保险的特征。检查组将非现场分析与现场检查相结合，顺藤摸瓜，迅速发现该公司两家分支机构违背保险合同的射幸原则和补偿原则，承保已知风险等问题，其实质是假借信用保险之名，协助银行处置不良资产，获取非法利益。

（二）轨迹追踪法，追查虚挂中介机构行为

检查组在对某家检查对象车险业务开展检查时，发现100%为代理业务，且手续费率保持在较高水平，初步判断存在虚挂中介的可能。检查组判断，车险续保业务不仅对公司有稳定性，对渠道也会有稳定性。真实的中介业务，往往与稳定的中介机构相关联。对公司具有稳定性而渠道不稳定的，是判断虚假中介业务的重要依据。检查组依托车险信息平台，采用数据挖掘技术，发现该公司的业务历年挂靠渠道极不稳定。检查组最终突破了中介机构的防线，并且获取了中介机构扣除开票费用后向保险公司工作人员返还资金的银行转账记录，掌握了公司的违规事实。

（三）利益导向法，发现重大风险隐患

高现价业务是寿险领域监管关注的重点。在高现价业务和保单借款检查中，检查组明确了从利益导向看违规动力、从违规动力看操作手法、从操作手法寻求违规证据的检查思路，发现风险发生的原始驱动力。检查组从某家检查对象公司制度和业务操作入手，摸清了业务基本情况，认为该业务存在两种套利空间：一是信用卡与保单借款业务相结合存在套利空间；二是高现价业务与保单借款业务相结合存在套利空间。将该业务保险产品反复进行借款和信用卡还款，借款日期与还款日期相差均不超过1个月，借款金额可达保费的数十倍，存在较大套利和套现风险。

四、把握尺度，有序开展后续处理工作

根据中国保监会有关精神，XX保监局结合实际，按"自查问题分阶段，抽查机构看配合，监管措施有层次"的思路，各层级逐级加压，同层级适度弹性，区分6个层次分级统筹处理，针对初次自查、二次自查发现问题的公司，第一批现场检查、第二批现场检查发现问题的公司，现场检查环节不配合检查的公司，以及将来被监管部门发现的非自主发现问题的公司，区分具体情况，根据问题的严重程度分类处理，递进处罚，依法对问题严重的公司停止其接受新业务一定期限，同时对其直接负责的主管人员和其他直接责任人员给予警告，并处一定数额的罚款。

针对检查发现问题，XX保监局对8家保险机构进行了处罚，涉及罚款合计233万元，对12名责任人进行了处罚，涉及罚款合计36万元，责令1家中支机构停止接受车险新业务3个月。此外，针对风险性问题下发监管函，责令其认真整改，限期提供整改报告。

五、点评

专项检查时间紧、任务重、周期长、领域广、环节多，只有全面把握了各阶段各步骤的特点，才能在工作中不留死角、取得实效。

（一）推动公司自查取得实效的关键在于抓落实

专项检查好像是一场战争，保监会作出了战略部署，保监局作出了战术安排，检查组则需要讲究战斗技巧。监管机构要坚持问题导向，切实抓住主体责任落实不力、传导机制不畅、压力层层递减这个牛鼻子，杜绝形式主义，杜绝以会议贯彻会议、以文件贯彻文件，务求实效。同时，专项检查工作就像是倒排了工期的工程项目，要保质保量完成，必须要科学排好工程进度表，明确各工种的交叉配合事项和时间节点要求。明确任务、分清层次，在吃透上级要求的基础上，形成专项检查的"工程进度表"，同时建立起良好的信息沟通联系机制，有效消除信息不对称，严格贯彻落实各项工作。

（二）监管抽查取得实效的关键在于强化监管能力

自查结果是否经得起监管检验，监管机构能否发现自查阶段的不足，集中体现为监管抽查的有效性。市场风险和违规问题永恒存在，又不断翻新，监管能力是净化市场、震慑市场的重要砝码。作为监管者，必须要有"魔高一尺、道高一丈"的信心和勇气,不断加强学习,增强自身监管本领,提高发现问题、解决问题的能力和水平。现场检查的技巧很多,有时对同一问题需要多种检查方法综合运用,需要针对具体问题具体分析。本次检查中,保监局探索了要素求证法、情节推理法、轨迹追踪法和利益导向法等检查方法实现了精准突破。但要提升检查能力,没有捷径可走,需要对各类业务深入了解,对专业知识熟悉掌握,对市场行为坚持长期监测。

（三）实现严格监管氛围关键在于树立监管权威

严监管,是监管的一项基本原则,是监管工作思路的重要组成部分,更是"严以用权"在监管部门具体化的重要方面。树立监管权威是严监管的基本前提和重要保障,要以监管诚信树立监管权威,以监管能力树立监管权威。一方面,要推动公司落实内控建设的主体责任,发挥市场决定性作用；另一方面,要优化监管手段和执法合作,将监管资源集中在查处重大、敏感、复杂、新型违规行为,防范重大风险上。最终,使风险在苗头阶段得到公司内部化解的占绝大多数,违规问题通过内部监督机制处理的占大多数,被监管检查实施严厉处罚的成为少数,因触犯《刑法》移交司法机关的成为极少数。通过持续的监管体系建设,引导市场体系良性发展,形成合力防范风险的新常态。

案例1-3：
某保监局强化协调，优化方法，提高检查效果

为贯彻落实国务院决策部署，中国保监会部署保险行业开展了"两个加强、两个遏制"专项检查工作。XX保监局按照统一安排，对辖内D产险XX省分公司、Z寿险XX省分公司开展了现场检查。根据不同阶段采取不同安排，以专业、高效、有序的统筹协调工作，有计划、有步骤、有创新地推进现场检查工作的顺利实施。

一、基本情况

（一）主要检查任务

通过保险机构全面自查自纠、监管部门全面巡视督导这两项"面"上的工作，以及对筛选出的检查对象进行集中现场检查这一"点"上的工作，摸清辖内保险机构内部管理中存在的突出问题和风险隐患、保险经营中最易发生的违法违规问题和种类，锁定问题表象，深挖形成原因，分类妥善处置，建立长效机制，防范化解风险，确保市场秩序进一步得到规范，守住不发生区域性系统性风险的底线。

（二）检查整体概况

此次检查，XX保监局共出动检查力量37人次，历时1个多月，覆盖省分公司、地市中心支公司和县支公司三级保险机构，调阅保单86 900份，赔案案卷28 249份，调听回访录音360份，调阅财务凭证634份，访谈人员57人次，形成36份、9.24万字工作底稿和32份事实确认书。通过专项检查，确认D产险XX省分公司存在虚列费用、虚假中介业务及内部管控问题，Z寿险XX省分公司存在虚列费用及内部管控问题。按照保监会后续处理原则和标准，XX保监局对检查机构违法问题，共罚款32万元，对4名责任人员警告并罚款6.5万元；对违规问题，下发2份监管函。

二、前期部署

（一）加强组织领导，明确职责分工

根据保监会专项检查整体部署，XX保监局研究制定辖内专项检查方案，明确提出"问题导向、突出重点、查研结合、统筹协调"的基本原则，和"公司自查、报告审查、监管抽查三管齐下，有机结合，相互印证"的总体安排，对专项检查工作重点、方法步骤、职责分工进行明确，确保对专项检查实行统一指挥，有效协调，有序推进。

（二）综合筛选比对，科学选择对象

检查对象选择的科学性和客观性直接影响检查目标的实现，XX保监局按照"选得准、查得出"的原则，创新方法，选择具体检查延伸对象。产险方面，对D产险XX省分公司及其下辖机构自查情况进行了全面梳理，结合日常非现场监管情况，制作了"D产险XX省分公司各分支机构关键指标及自查情况指标表"，将保费收入、综合费用率等9个关键监管指标，"是否对自查工作进行部署""六虚问题自查情况""条款费率执行情况"等18个自查自纠要点，以及各分支机构近三年接受监管部门处罚的情况共28个信息采集点列入表中。经过分析比对，最终确定保费收入增速高、综合费用率较高、自查反映问题较少、反映问题涉及资金与业务规模比例较低的J中心支公司为延伸检查对象。寿险方面，根据专项检查确定的检查内容，对Z寿险XX省分公司所辖机构全面进行横向和纵向的数据分析，从重点监管指标、公司经营数据、各地区指标等维度，按照1∶2的比例初步确定检查对象选取范围。同时，结合上年度分类监管指标评分结果、信访举报情况、消费者投诉处理情况、近三年检查和处罚情况等，最终确定Q中心支公司为延伸检查对象。

（三）全面分析细化，确定检查重点

XX保监局在中国保监会总体安排下，结合自身监管实际，围绕产寿险业务自身特点，紧跟业务操作环节，进一步细化检查重点内容，制定重点检查项目13项，细化检查风险点分解表14张。同时，针对省级分公司和分支机构不同的经营管理特点，确定检查重点。对省级分公司，重点检查内控管理制度是否完善，监督落实是否到位，信息系统管控是否有效，突出关注激励考核制度、手续费和营业费用政策、授权管理制度、信息系统管控、省级分公司与下辖机构的业务关联关系等，对分支机构，重点检查制度执行和数据真实性、合法性，同时关注非法资金的去向。

（四）统筹协调推进，把握工作进度

XX保监局在把握保监会督导抽查阶段总体进度下，按照"赶早不赶晚"的原则，统筹安排，把握节奏。一是检查准备阶段强化培训。在进场实施检查前，安排多名具有多年保险监管及丰富现场检查经验的同志，针对法律法规、检查规程、业务和财务知识、检查技巧与实务等内容，对检查人员进行系统培训。二是检查基础阶段全面排查。通过调阅资料、查看系统、个别访谈，寻找重要线索。三是检查核心阶段重点深挖。通过对基础阶段发现的线索进行深入挖掘，坚持抓大放小的原则，集中精力突破焦点问题。四是检查攻坚阶段盘点确认。通过对前期发现的违法违规事实进行逐项确认，完成检查底稿后形成检查事实，并对相关责任人进行认定。

三、检查过程

（一）集中进点，统筹推进，实现有效互动

XX保监局及时研究制定监管抽查工作方案，成立主要领导为组长、分管领导为副组长的监管抽查组，抽调30多名监管干部组成三个检查小组和抽查组办公室，由主要领导带队，分管领导参加，集中进点开展监管抽查。在检查过程中，通过建立协调沟通机制和实时沟通平台，实现上下左右和前端后端有效互动。一是积极参与全国联动。XX保监局在专项检查领导小组办公室统筹下，参与到纵向"1+6"联动（保监会总公司检查组与6个省级分公司检查组之间联动）、横向"6+4"联动（6个省级分公司检查组互相之间横向协调）、上下"1+36"联动（保监会稽查局和36个保监局之间联动）中，形成了"总对分指引，分对总验证"上下联动的良好工作状态。二是全程实现"1加3""3对3"联动。稽查处作为抽查组办公室，及时向三个检查小组传达保监会安排要求，定期汇总上报三个组检查情况。同时，三个检查小组有效利用微信、QQ等联络工具，与对口总公司检查组保持紧密联系，定期向总公司检查组及保监会稽查局上报检查情况，及时接受工作指导。三是坚持前端与后端、查与处联动。检查中，实行法律审核前置和纪检全过程参与的方式，规范检查流程，确保程序内容合法。纪检岗工作人员加入检查组，对检查全过程进行效能监察。在发现违法问题线索后，法制处工作人员提前审核证据收集，研判案件性质、分析法律适用，对证据不充分的案件，不断完善证据收集，确保检查的质量和效果。

（二）合理分工，创新方法，确保检查效果

为了突出现场检查的科学性和效率性，XX保监局在对Z寿险公司检查过程中利用信息技术手段，做到三个结合，提高检查效率。一是数据筛查和现场询问相结合，发现问题基本事实。通过数据筛查，调取长险短期退保较为集中的险种，将投保人和公司员工、营销员进行比对，筛查出员工自买件占比较大，在三级机构现场询问营销员，发现公司政策导向导致部分营销员投保后短期退保。二是数据筛查和电话回访相结合，抽查是否存在违规问题。通过数据筛查，发现部分赔款给付领款人非受益人、保单借款未支付给原账户等可疑数据，通过电话回访投保人核实具体事实，保障消费者权益。三是账务筛查和库存盘点相结合，发现虚假列支费用。通过调阅公司明细账，筛查发生频繁、金额较大且发票较容易取得的费用支出项目，接着清点实物、询问公司资产管理员或到发票出具单位核实，查证是否虚开发票，最后查实真实的费用用途。

（三）加强督导，保持压力，推动自查与抽查有效结合

为保证检查按照既定方案执行，XX保监局严密跟进，严督实导，反复传导监管压力。一是会议督导，讲明政策要求。先后召开产、寿两类机构会议，针对不同类型机构自查内容、重点和方式进行专门强调和部署，讲解自查问题处理政策，进一步提高公司重视程度，统一认识，打消顾虑。二是现场督导，指出工作不足。成立6个督导小组，通过两轮督导，对辖内24家省级保险公司和31家专业中介机构，实行了督导工作全覆盖。同时又选取3家县市级机构进行了突击式现场调研。通过督导调研，

全面了解保险机构落实专项检查自查整改工作开展情况，掌握保险机构工作开展进度和自查自纠环节存在的突出问题。同时，向公司提出明确监管要求，使公司对照要求找到差距，明确了整改目标。三是重点督导，落实责任追究。针对前期突击式调研发现的保险机构工作力度逐级衰减的问题，及时约谈相关公司负责人，要求认真反思存在问题，分析查找原因，积极整改，进一步深入做好自查整改工作。同时，及时跟进公司整改情况，督促公司分析查找工作开展不力原因，如实报告总公司，严肃追责。四是非现场督导，坚持"四对照三审核一关注"，对公司上报的两次自查整改报告均进行了审核。对照自查重点，审核公司自查内容完整性；对照两次报告，审核公司复查工作彻底性；对照整改要求，审核公司整改措施有效性；对照监管政策，关注重大风险处置及时性。

四、后期工作

（一）统一处罚尺度

针对检查发现的违法问题，XX保监局按照统一后续处理原则和标准，切实做到"处罚到位""责任到人"，做到"三个坚持"。坚持处理机构和处理责任人的"双罚制"，坚持处理基层机构的同时，对上级公司直到总公司提出监管措施，坚持行政处罚手段与公司内部追责相结合。

（二）强化后续整改

加强整改追踪，在送达行政处罚决定书的同时进行监管谈话，指出违法违规问题的性质，帮助检查对象分析问题产生的根源，要求检查对象在全系统进行通报，开展对照检查整改，并将有关情况限期报送保监局。同时，还通过"回头看"方式跟踪检查，持续保持监管压力。

（三）加强成果运用

现场检查只是面向一家公司或几家公司开展，远不足以覆盖整个保险市场。因此，必须抓好检查成果的运用，将检查效果传递到整个行业。一是及时向行业内通报检查发现的违法问题及处罚情况，引起社会的广泛关注，通过制度化的通报机制，增大保险公司违法违规成本，促使公司提升依法合规经营标准。二是及时向总公司通报检查情况，督促总公司从健全制度、完善内控、强化执行力等方面入手，防范分支机构违法经营风险。三是组织检查人员提炼技巧，形成经典案例选编，印发全局，指导以后现场检查工作。同时，组织现场检查经验交流会，提高全局人员的现场检查能力和水平。

五、点评

XX保监局监管抽查开展深入有效，摸清了情况，发现了问题，采取了措施，促进了整改，对市场可能存在的违规行为和表现形式有了更加清晰的认识，达到了预期效果。总结起来，主要有三个特点。

一是整合监管力量，实现合理搭配。XX保监局打破处室界限，整合全局监管力量，成立三个检查小组、一个综合小组，并结合人员特点和专长，把在数据分析、业务检查、财务检查等方面擅长的干部合理搭配到检查小组，并明确分工，流水作业，无缝对接，保证了检查效率。

二是讲究方式方法，确保查深查透。XX保监局针对检查对象的不同业务特点，在数据综合分析的基础上，深入研究，制定不同的检查方法，如在检查阶段上分成全面排查、重点深挖和盘点确认三个阶段，在每个阶段采取不同方法，分别采取制定重点检查项目、细化检查风险点分解表、大数据稽核，数据筛查和现场询问相结合、数据筛查和电话回访相结合、账务筛查和库存盘点相结合等方法，聚焦线索，抓点突破，提高了检查针对性。

三是保持紧密联系，上下有效互动。XX保监局在检查过程中，一方面按照保监会统一安排，开展"3对3"联动，保持与对口总公司检查组紧密联系，及时主动共享信息，接受指导。另一方面在横向联系上开展"1+3"联动，抽查组办公室及时向三个检查小组传达保监会安排要求，定期汇总上报三个组检查情况，保持了全程信息充分共享，检查动作协调同步。

案例1-4：
某保监局科学督导，反向倒逼，强化落实保险机构深查真改的主体责任

一、基本情况

在"两个加强、两个遏制"回头看工作中，XX保监局注重发挥保险机构主体责任，结合基层监管实际，坚持问题导向，采取"反向督导、末端检验、以下促上、以点促面"的方式开展督导工作，摸清工作底数，有效传导压力，促进辖内机构"两个加强、两个遏制"回头看整体工作的深入开展。

二、主要做法

（一）形成"四个判断"，理清工作思路

在认真研判形势与特点规律后，形成以下四点判断：

一是在重点督导对象层级的选择上，既不能高，也不能低。三级机构往往是落实监管要求的"枢纽"，是反映省分机构组织推动工作的"镜子"，又是能否查得深、报得真、改得了的关键，但极易出现"上热下冷、上实下虚"的问题。若采取自下而上的督导方式，突出三级机构，不仅能摸清底数，而且能反观省分机构的工作，反向传导压力。

二是在督导时机的把握上，既不能早，也不能晚。各省分机构在中国保监会统一部署后迅速传达落实，自查工作初期，是既能反映自查工作的组织情况，又能及时查正补漏的关键时刻，强化督导正当其时。

三是在督导方法的使用上，既不能单，更不能虚。监管部门发现问题的能力是保险机构能否深查、实报、真改的重要威慑及促动因素，督导工作必须招招向实，而从基层实效反观上级组织推动，倒逼其认真履行主体责任，成为较优选择。

四是在督导力量的配置上，既要抓点，又要扩面。监管力量资源有限，

监管对象类杂、点多、面广、线长，必须建立有效的压力传导机制，放大点上效应，发挥监管效能。基于上述认识，XX保监局确立了"反向督导、末端检验、以下促上、以点促面"的整体思路。

（二）确立"四步走"方式，层层传达压力

XX保监局对全局力量进行统筹，组成6个督导组，采取"1+6+N"的任务模式，即：每个督导组负责对1个地市所有中支负责人，6家三级、四级机构进行督导，之后根据基层督导情况，选取问题较多的N家省级机构进行重点督导，并分条线采取后续监管措施。实施方法分为四步：

一是各组先行同时对7个地市的34家三级、四级机构进行现场督导，重在摸底数、找症结。

二是对7个地市的近300名中支"一把手"分片进行知识测试和集中督导，重在解疙瘩、传压力。

三是对基层分支机构执行不力、工作迟缓的省级机构进行重点督导，并对部分问题集中的机构进行由上至下的三级贯穿式督导，重在找漏洞、补差距。

四是由分管局长牵头，分别召开产险、寿险、中介三种类型机构在地方"一把手"集中督导会，并持续采取相应的后续监管措施，重在以点促面。

（三）强化"四个统一"，提升整体工作效能

一是统一确定督导对象。组织相关业务处室综合日常现场、非现场监管情况，以及上年度"两两"工作自查、抽查、整改等情况，确定了重点地市及重点机构，突出大、差、弱的机构和地区，在抓点的同时注重扩面。

二是统一内容及标准。按要素式考评、递进式剖析的思路，统一设计督导评价表，将组织领导、工作进度、自查情况、整改工作四大块重点督导内容细化成26项具体检查事项，逐一明确检验方法和评价标准，既全方位地检验基层分支机构的实际工作成效，又多角度地反观省分的组织推动工作。

三是统一工作流程。统一编制应知应会知识测试题，统一拟制集中

督导讲话提纲，统一组织全体督导组人员进行培训，统一各个规定动作的内容、程序及组织方法，统一督导情况汇总要素和报告口径，统一调控各个规定动作的起止时点，既确保"一把尺子量到底"，又实现了全局"一盘棋"。

四是统一方法要求。坚持少看省分、多看基层，少听报告、多看实效，少打招呼、多搞突击的原则，综合采取考、听、看、问、查、算等方法，切实摸清了基层的实际工作底数，达到了重心向实、压力上指的目标。

（四）打好"组合拳"，持续强化促动措施

在现场督导结束后，XX保监局及时汇总分析情况，针对存在问题，分类采取相应的促动措施。

一是以实压虚，持续传导责任压力。采取向全省下发情况通报、集中召开省级一把手会议等方式，向各省分返还所属分支机构原始"督导评价表"与测试试卷，原汁原味地反馈情况，见人见事地指出问题，要求省分高管以基层的实际来反思自身在组织推动上的薄弱环节，严正重申工作要求及处理政策，严肃强调省分的主体责任和"一把手"的第一责任，进一步强化省分的工作动力。

二是对症下药，持续开展政策宣导。针对普遍存在的"重业务、轻合规"、不愿查；担心"拔出萝卜带出泥"，监管或上级"秋后算账"，不敢报；担心"断了老路没新路"，不愿改；以及"机构这么多、未必查我家"等心理，采取随时宣导、个别交流和集中宣导的方式，讲清"两两"回头看"排雷""铺路"的重大意义，讲清保监会宽严相济的处理政策，讲清组织实施的具体要求，促使各级高管打消思想顾虑与侥幸心理，把功夫下在深查真改上。

三是对口负责，持续跟踪促动。由分管局长带对口业务处室对问题较多的省分机构进行重点督导的同时，向市场明确传导将工作开展情况作为选取抽查对象重要依据的信息，并要求各处室结合日常工作，持续不断地开展多种形式的督导工作，始终保持一定的监管压力。

四是强化审核，促其深查实报。在数据审核阶段，XX保监局组织相关处室采取条块结合、分工协作的方式，并以日常监管中所掌握的各类数据作为参照，广泛采取由此及彼、由表及里的方法，对各机构所报数据进行横向比对、严格审核，对 15 家数据失真较为明显、自查不彻底、问题暴露不充分的机构采取打回报告并限期重报的措施，并对相关机构高管进行了严肃约谈。

三、工作成效

（一）摸清了工作底数

通过现场督导和集中督导，发现部分机构存在思想认识不到位、安排筹划不细致、督导工作不扎实、自查整改不深入、问题暴露不充分等类型的问题，摸准了各级的思想脉搏，摸清了保险机构工作开展情况的底数，为有针对性地采取措施奠定了基础。

（二）解决了"上热下冷"问题

通过对基层机构的督导，边查、边纠、边教，直接传导监管压力，面对面地宣导政策要求，教方法，对中支一层高管思想形成有效触动，较好地解决部分基层机构高管认识不清、心存侥幸、组织不力、工作不实等问题。

（三）强化了主体责任

通过以下促上，以实压虚，使监管效力在省分机构有效聚合，倒逼省分机构履行主体责任，自检问题、改进工作，针对性地解决部分省分机构部署工作不细不全、宣导培训不深不透、督导检查蜻蜓点水等问题。多家保险公司省分机构重新组成督导组，加大对基层机构的督导力度，强化数据审核。

（四）放大了整体效应

通过"四步走"的方法，将监管压力由点向面逐次扩大，既确保了重点，又放大了整体效应，对行业整体形成有力促动。部分未接受督导的机构也"对号入座"，重新检视和改进自身的组织推动工作，部分公司还采取了定点包片、驻点督办的方式，有力地促进了工作落实。

（五）提升了数据真实度

通过对保险机构自查数据的深入分析、横向比对、严格审核，要求自查不彻底、问题暴露不充分的机构再次开展深入自查，限期重新报送自查报告，使自查问题暴露更充分，自查实效得到提升。自查补报后，全省各保险机构自查违规金额比第一阶段增加 20%。

四、点评

XX 保监局突破以往"由上及下"的督导思路，采取"由下及上""末端检验"的方法，通过基层机构实际工作成效，反观省级机构的组织推动工作，重心向实、压力上指，倒逼保险公司省级机构及各中心支公司进一步提高思想认识、细化工作安排、分解工作任务、明确工作责任、深入自查整改，推动各级保险机构主体责任的落实，将保险机构回头看工作推向深入。

案例 1-5：
某人身险省分公司检查组织协调

为贯彻落实国务院决策部署和中国保监会"两个加强、两个遏制"专项检查工作有关文件精神，XX保监局对辖内某人身险公司H省分公司进行监管抽查。重点检查被检查单位决策上的重大失误、业务上的重大违规、经营上的重大风险、管理上的重大漏洞和制度上的重大缺失，在查深查透违法违规问题的基础上，依法严肃处理，达到了点上实施精准打击、面上形成监管高压的效果。

一、检查整体概况

（一）被检查单位基本情况

某人身险公司H省分公司（以下简称"H省公司"）成立于2006年7月，各地市均设置中心支公司，在50%以上的县区设置支公司，公司沿用条线管理，开展个险、银保、团险、互动等业务。截至检查时，该公司共有内勤管理人员634人，员工制外勤共计252人，代理制营销员6 277人。2014年，H省分公司共实现保费35.51亿元。

（二）检查主要过程

2015年3月18日至4月29日，XX保监局成立现场检查小组，固定6人长期参加现场检查工作，历时30个工作日，对H省公司的省、市、县三级机构各1家进行检查，先后访谈67人次，下发资料调阅清单2份，调阅保单325件、赔案21件，调听录音95份，调阅财务凭证128份，编制底稿24份，下发检查事实确认书1份。

（三）查实的违法违规问题和处理结果

经查，H省公司C地市中心支公司（以下简称"C中支"）2014年12月以"XX分行2014年保险代理业务总结会"项目列支"营业费用——会议费"，金额75 640元。该会议费用并未真实发生，实际用于支付XX分行培训费及其他费用。

C中支虚列费用的行为违反了《中华人民共和国保险法》（2014年修正）第八十六条规定。XX保监局依据《中华人民共和国保险法》（2014年修正）第一百七十二条和第一百七十三条，对C中支及其总经理、银保部经理、财务负责人等相关责任人依法严肃处理。

对C中支存在的客户信息管理不到位、代抄录、代签名、承保档案管理混乱，人员管理不规范，单证印章管理不严格，消费者权益保护工作不到位等问题，对C中支的上级机构H省公司下发监管函，督促公司全面排查，切实整改。

二、精心部署，做好查前研判启动

（一）合理分工，细分检查任务

XX保监局成立保险机构"两个加强、两个遏制"专项检查领导小组，局长担任组长，领导小组办公室设在稽查处，负责统筹协调专项检查各项工作。为确保检查工作按时、保质、保量完成，检查组认真统筹、合理分工，进一步细化、细分了检查任务。一是根据检查工作总体部署和参与检查干部的不同知识结构和业务专长，合理安排成员检查的侧重点，力争每位成员在检查前对"查什么""怎么查"了然于心。二是根据工作进度适时调整，强调"分工不分家"，在询问谈话、现场查勘等任务上确保"两两组合"，互相补位。三是根据统一部署，建立了工作日志、分阶段总结报告等工作制度，理顺了工作流程，保证检查工作有计划、有步骤地逐步向前推进。

（二）科学规划，统筹检查进度

按照保监会对检查工作的时间要求，检查组排定了检查时间表和检查步骤，讨论确定了省分公司、地市公司"两步走"的检查工作步骤，并分别制定了阶段性目标任务。省分公司层面，业务上摸清整体情况，掌握公司内控体系；财务上梳理资金脉络，挖掘可疑线索。地市公司层面，业务上以客户信息真实性、理赔服务为核心，查深查透；财务上以费用管控为核心，一查到底，并在检查过程中对县支公司进行抽查，注重纵向延伸。

（三）强化分析，确保检查效果

检查组在明确检查对象后，在深入审视 H 公司报送的自查自纠报告资料的基础上，充分利用非现场监管手段，通过监管信息系统查询，掌握 H 公司历年来的业务运行数据，结合日常监管信息，初步判断评估 H 公司整体风险，对其业务经营特点、经营模式等进行深入分析研究，查找违法违规问题线索。针对检查过程中可能出现的难点问题，提前研究分析了对策，为检查工作做了充分准备。

三、分工协作，强化查中协调联动

（一）建立沟通协调机制

在工作协调方面，为保证检查顺利开展，取得预期效果，局长、分管副局长亲自参加进场会谈，做好政策宣导，分管局长多次亲赴现场，询问检查进度及有关情况，及时协调解决遇到的困难，为检查工作提供坚强保障。在信息沟通方面，检查组明确专人负责与总公司检查组保持联系，通过微信、邮件等方式实时沟通，及时报送检查简报，便于总公司检查组第一时间了解本区域情况，也有利于检查组及时获取总公司层面发现的问题，通过与其他省市公司的横向对比，找寻违法违规问题新的线索和突破口。检查组还建立了日结周报制度，做到"四个一"，即"每天一总结、每天一日志、每周一周报、每周一汇报"，既保证了检查的深度和质量，又及时向局领导反馈现场检查情况，听取局领导指示和相关处室的意见建议，及时调整检查方向。对于检查中涉及证据材料、行为定性等相关问题，检查组积极与局行政处罚委员会办公室沟通，确保程序依法合规，证据链完整，证据指向明确，证据合法有效。

（二）建立纵横相连机制

检查组内部打破严格的"谁负责、谁检查"的条块分割，注重整合监管资源，优化检查人员组合，提升检查组整体战斗力。建立"纵横相连"检查机制，纵向连接强调独立作战能力，每位检查组成员的目标和检查项目总目标层层连接，成员的各项检查任务都是总检查任务的一个部分。检查组内部对检查工作进行量化考核，对资料调阅、人员访谈等可明确工作数量的项目，按照机构数量进行量化分工，跟踪关注每日完成进度，对完成情况进行点评，确保检查进度和质量。横向连接强调协同作战能力，在具体检查任务分工、人员分配上存在交叉，检查组细分为业务组、财务组和内控组，互相补台，突出协同优势，小组内部对检查日志、工作底稿等进行交叉复核。小组人员"两两组合"，或利用对计算机技术的娴熟掌握，对公司提供的大量业务数据进行筛选分析，查找可疑问题线索；或利用对财务数据的敏感性，成功发现虚假列支费用的违规问题。

（三）建立集中研究机制

检查组注重加强材料汇总分析，特别是在地市公司对象选取过程中，注重对地市公司报告材料的交叉比对：横向比较报告质量和覆盖面，纵向比较揭示问题充分性和前后差异程度，增加检查精准打击度和检查效率。在工作中，保持密切沟通交流，借助头脑风暴会议，模拟谈话现场进行实战演练，对如何在询问初期就能切入主题、发现破绽、击垮防线等实行内部小组辩论，利用已掌握的线索获得满意的谈话结果，提高谈话效率，尽可能多地设计问题，模拟答辩，从中发现漏洞并设法予以突破，保证所有问话能够层层递进，环环相扣，使对方无法辩驳，形成铁证。

四、依法行政，推动查后精准制动

（一）严格规范，依法处置

在后续行政处罚中，XX保监局坚持"三级会审"，力求过罚相当、公平公正。一是检查组整理复核现场检查全套材料，逐项检查各环节程序的正当性，以及证据形式的合法性和完整性；认真梳理核实有关证据，客观描述检查事实，准确认定机构和人员责任，提出后续处理建议；二是局处罚委员会办公室对移交的案件材料进行全面法律审核，确保程序合法、事实清楚、证据确凿、定性准确、法律适用正确、行政处罚措施及幅度恰当；三是召开行政处罚委员会，结合检查事实和适用法律情况，提出行政处罚的终审意见。

（二）准确指导，监督整改

处罚不是最终目的，检查组对检查事实的性质、责任主体、责任人员及裁量情节进行分类处理，将检查发现的问题划分为违法问题、违规问题和风险问题。对违法问题移交行政处罚，对违规问题和风险问题采取向上级机构下发监管函方式，督促省公司以检查为契机，在全省范围内开展排查，采取有效方式积极整改，按照公司内部制度进行责任追究。检查组指定专人负责非行政处罚监管措施的落实，督促公司限期报告问题整改、人员问责情况，促进公司进一步完善制度，规范流程，依法合规经营、健康平稳发展。

（三）成果运用，提高成效

XX保监局坚持依法严肃处理违法违规行为与深入查找问题根源相结合，对现行法律、规章的薄弱环节和缺失点进行分析评估，及时提出政策建议，探索建立治理的长效机制。立足于风险防范，针对重点关注的集中退保、单证印章管理等风险，开展排查并发布风险提示函，完善群体性事件应急预案，守住风险底线。立足于分支机构管理，加强分支机构设立审核把关，强化对经营行为管控，加强对高现金价值产品的监测，防范经营管理风险。立足于治理寿险销售误导，探索研究销售过程录音录像，健全销售回溯制度。立足于提高监管效率，研究出台了行政执法"查前研判启动、查中协同联动、查后精准制动"的"三动"工作机制，指导和规范现场检查组织协调工作。

五、点评

（一）领导重视，统一部署，组织到位

本次检查工作的顺利开展，得益于检查实施过程中精心组织，及时调整工作方向，大大提高了检查的针对性和效率，这种有的放矢、上下一盘棋的安排部署，取得较好的效果。专项检查领导小组的靠前指挥，提高了监管震慑力，加快现场检查进度，扫除了检查障碍，扩大了现场检查成果。

（二）强化沟通，上下联通，信息畅通

本次检查形成了有效的信息沟通协调机制，保证检查按照既定方案有序推进。检查组内部通过现场沟通、模拟辩论等方式，保持对检查任务步调一致；检查组外部通过日结周报、现场督导等方式，以微信、邮件等为载体，加强与局领导、总公司检查组沟通汇报，保证检查工作上下一心。

（三）联合检查，优势互补，效果明显

成立联合检查组，抽调各处室人员实施现场检查，实现强强联合，优势互补，锻炼了监管队伍，提高了现场检查能力和水平，为监管检查积累经验。在检查过程中，采取分步推进、动态调整、合理调配的方式，为整体检查工作的顺利开展打下坚实基础。

第二部分
检查方法及手段

第二部分

商查方法及手段

案例 2-1：
运用信息化稽核手段提升检查效率

一、基本案情

检查中发现，N 公司在与中介机构开展意外险业务合作中，自主开发了实时承保系统，中介机构通过 N 公司提供的账号和事先下发单证在实时承保系统上录入保单数据、打印出单，通过定期运行批处理的方式将实时承保系统的承保数据上传至核心业务系统。经查，2014 年以来，N 公司实时承保系统部分保单未及时上传至核心业务系统，进入公司核心系统时间间隔超过 7 天的保单 848 687 件，合计保费 4 084 961 元。未进入公司核心系统的保单 10 475 件，保费合计 81 166 元，上述 81 166 元保费未进入 N 公司保费账户。投保时间晚于保单生效日期 2 天及 2 天以上的保单 34 500 件，合计保费 757 060 元。

产生上述问题有多重原因：一是 N 公司实时承保系统设计和后期开发、使用过程中存在系统漏洞。公司实时承保系统定期运行批处理的时间间隔设置过长，不符合《人身意外伤害保险业务经营标准》中"意外险出单系统应与核心业务系统实时对接"的规定。二是公司实时承保系统对于投保人信息要素的校验规则与核心业务系统的校验规则不一致，导致部分信息不完整的保单能够通过实时承保系统的校验进行录入、出单，但无法通过核心业务系统校验，无法导入核心业务系统。三是公司实时承保系统数据接口安全性不足，接口报文中生成保单号和原始单证号相同，导致个别中介机构利用系统设计的漏洞，在销售前端的打印程序中，直接将保单号设置成单证号，利用已经预发到中介机构的单证，实现离线出单。个别接口未对投保日期和当前系统时间进行逻辑校验，导致保单投保日期可以早于当前系统日期。四是公司实时承保系统与核心业务系统数据同步策略有漏洞，基于系统性能的考虑，核心业务系统同步数据时仅从实时承保系统抓取近三个月内的保单数据，保单校验未通过、中介机构离线打印上传数据不及时等情况造成的问题数据，无法正常上传到核心业务系统，超过三个月后上述保单更加难以被发现，导致部分保单长期滞留在核心业务系统之外，公司也未能发现问题、设定异常处理或者手工补录。五是公司与中介机构进行保费结算时，使用的是核心业务系统的保单清单，对于未进入核心业务系统的保单，未能及时与中介机构结算保费或中介机构主动结算保费后以其他收入科目挂账。

该问题自 N 公司使用实时承保系统开展意外险业务以来长期存在，公司在历年风险排查和审计中均未能发现。通过检查公司签报发现，过去曾有分支机构多次反映过与中介结算清单不一致的问题，总公司都是通过手工补录临时处理，未能引起总公司的高度重视，总公司也没有能够及时从业务流程和系统漏洞层面深入查找问题产生的根源，未能及时完善业务流程和修复系统漏洞。上述情况的产生，暴露了公司风险敏感性不强、信息系统设计安全性不足等风险隐患，除了导致公司承保数据不真实、保费收入缺失等合规风险外，还可能存在中介机构利用公司单证打印系统外保单或者"倒签单"的案件风险隐患。

二、检查实施

（一）检查过程

1.检查前准备。检查前准备阶段，N 公司检查组调阅了公司自查工作方案、工作底稿和自查工作报告，并且调取 2010 年对 N 公司开展综合性检查的全部工作底稿、检查报告、整改报告。通过统计信息系统调取了公司的业务、财务数据，与公司自查报告进行对比验证。按照条线逐项对比分析，重点关注公司历史问题是否得到有效整改，自查中暴露的风险是否已经整改或制订整改措施。在检查时间和人力有限的情况下，检查组科学组织检查力量，安排 1 名检查组成员专门负责对公司后台业务数据和 OA 系统进行检查，寻找检查突破口，同时向其他检查组成员提供检查需要的数据支持。为提升检查效率，经与公司沟通协调，检查组要求公司指派 1 名合规人员和 1 名信息技术部的技术人员，配合检查组直接通过公司后台现场调取业务数据，有效缩短了调取材料的时间，同时确保了数据的真实性。

2.现场检查。

线索收集。针对 N 公司的业务数据大、检查风险多的工作特点，检查组本着"以点带面，重点突破"的工作原则，通过公司 OA 系统、IT 签报系统的后台导出了全部签报文件数据包，对数据进行清洗、转换后导入本地数据库，对签报进行关键词检索，通过"合规""风险""监管""费率"等关键词检索，查找可能存在问题的签报线索，寻找检查突破口。针对发现的存在疑点的签报，按照检查条线分工，对其相关机构、人员的同类业务进一步重点筛查，为检查提供突破口。在对公司历史签报进行筛查过程中，检查组发现多个分支机构曾经通过签报向总公司反映实时承保系统存在意外险保单数据与核心系统不一致、保单信息查询不到、保费结算数据不一致等问题，总公司通过人工补录的方式进行解决，但没有发现总公司采取其他完善措施，也未体现问题产生的原因。此外，N 公司北京分公司曾因实时承保系统不能及时查询意外险保单信息问题被北京保监局责令整改，N 公司北京分公司通过签报上报总公司要求总公司进行系统改造，规避监管风险。检查组调取了公司实时承保系统的设计文档、出单流程，结合上述签报内容进行了分析、研究，认为 N 公司的实时承保系统问题较多，可能存在系统设计漏洞或者人为修改系统权限的问题。

重点突破。针对 N 公司实时承保系统的问题线索，检查组决定重点检查公司系统是否实现实时对接、是否存在系统外保单。检查组分析了公司实时承保系统的保单录入、数据校验、保单打印、数据上传等环节，分析每个环节可能出现的问题。为获取第一手检查资料，第一时间锁定检查证据，在公司合规人员的陪同下，检查组直接前往信息技术部提取数据，现场与信息技术部工作人员沟通 SQL 取数逻辑。通过上述措施，将调阅资料的提供时间缩短至 1 小时以内，有效避免了因取数数据口径反复提取资料的情况。检查组从公司核心系统和实时承保系统分别调取了业务清单进行总量和抽样对比，结合平台客户端进行穿行测试，一是关注两个系统之间投保时间、承保时间等关键字段是否一致，是否存在相互校验；二是关注两个系统之间保单数量、保费总数是否存在差异；三是关注实时承保系统出单到进入核心系统的时间间隔是否符合"意外险出单系统应与核心业务系统实时对接"的监管规定；四是关注客户端用户权限是否可以对投保时间、保险生效日等关键字段进行手工修改。经检查组检查发现，部分意外险保单承保时间早于系统录入时间、公司核心系统和实时承保系统的保单数量和保费存在差异、实时承保系统的部分保单未进入核心系统、大量保单从实时承保系统投保到导入核心系统时间过长等问题。发现上述问题后，检查组第一时间要求公司进行截图，从后台导出问题保单清单和取数脚本，现场固定检查证据。

及时整改。N公司检查本着督导公司完善体制机制、做好风险防范的工作目的，针对发现的上述问题，进一步与公司信息技术部门、业务管理部门探讨研究问题产生的根源，查找产生问题系统漏洞和业务流程，督导公司及时修补系统漏洞，要求公司对历史业务开展深入自查，及时补录丢失的保单数据，做好未入账保费的追查，提示公司在系统改造期间，应加强合作中介的权限管理和单证管理，防止中介机构继续利用公司系统漏洞进行离线出单。N公司总公司高度重视，及时组织有关部门进行排查，发现了问题产生的原因，制定了系统改造方案和历史遗留问题的补救措施，通过完善系统取数流程、增加校验规则、严格权限控制等方式，有效地封堵系统漏洞，防止了进一步的经济损失和合规风险。

（二）重点检查方法和手段

本次检查主要综合采用了多种信息化稽核手段，先通过全文检索OA签报和IT问题单的内容寻找检查突破口，再通过数据库后台查询获取第一手资料，有效地提高了资料的真实性、准确性，也防止了被检查对象对数据的篡改。进一步通过业务数据间的逻辑对比，分析查找数据勾稽关系不合理、不一致的情况，结合已经掌握的信息，顺藤摸瓜，深入发掘，不仅要发现问题的表象，更要发现产生问题根源，从内控管理、业务流程、系统设计层面查找原因。

一是面对公司众多的业务条线、海量的业务数据，采用逐一人工抽查的方式难以收到良好的效果。检查组选取公司OA签报系统和IT问题单作为突破口，通过后台导出后进行全文检索，针对其中反映风险隐患、违反监管规定的内容涉及的机构、人员、业务进行重点抽查，有效提升了现场检查的效率。

二是考虑到公司应对检查经验比较丰富，提供调阅材料可能存在拖延、反复甚至篡改的风险。检查组直接前往公司信息技术部，通过现场沟通取数脚本逻辑、即时抓取数据的方式，资料调阅速度缩短为1小时以内，有效地提升了检查效率，获取资料的真实性也得到了有效保证。在对公司实时承保系统检查过程中，检查组要求信息技术部按照投保时间晚于保单生效时间、投保时间和保单进入核心系统时间间隔N天以上、实时承保系统和核心系统保单统计数据对比等取数逻辑，现场编写脚本取数，根据截屏查询结果和取数脚本，导出打印固定证据。

三是检查组考虑到本次检查注重自查与抽查的有机结合，通过自查和抽查帮助保险机构发现自身的薄弱环节，不断完善内控机制，提升风险防控水平。检查组通过与查阅系统设计和业务流程说明、与关键信息技术人员访谈等方式，与公司一起分析探讨问题产生业务流程层面、系统设计层面的原因，指导公司开展漏洞测试、修补，对历史业务进一步开展风险自查，及时挽回经济损失。通过上述措施，巩固了公司自查工作成果，加强了公司的风险防范意识，提升了公司的风险防控水平。同时，公司对检查组工作的科学性和专业性予以了高度肯定，提升了保险监管的权威。

三、查实的违法违规问题和处理结果

问题一：N公司实时承保系统与核心业务系统未实时对接，部分保单未进入或未及时进入核心业务系统，违反了保监会《人身意外伤害保险业务经营标准》（保监发〔2009〕91号）规定："二、出单管理……2.意外险出单系统应与核心业务系统实时对接，保单信息内容应当实时完整记录在保险公司核心业务系统。3.意外险出单系统应与单证管理系统无缝对接，相互勾稽校验意外险保单类型、编码和状态……"

问题二：N公司实时承保系统与核心业务系统保单、保费数据不一致，部分保费未进入公司财务账，违反了保监会《人身意外伤害保险业

务经营标准》（保监发〔2009〕91号）规定："二、出单管理……2.意外险出单系统应与核心业务系统实时对接，保单信息内容应当实时完整记录在保险公司核心业务系统……；四、财务管理……1.保险公司应实现财务系统与核心业务系统无缝对接，真实准确完整记录有关意外险收支情况……"

综上，根据相关监管规定对该公司依法予以严肃处理，并要求公司及时落实整改，认真梳理人身意外伤害保险业务经营流程，强化内控制度和信息系统建设，确保依法合规开展业务。

四、点评

近年来保险机构信息化水平不断提升，保险公司的业务数据呈现复杂化、海量化的特点，稽查人员所面对的业务信息量更加庞大、业务逻辑更加复杂、业务风险更加隐蔽。在这种形势下，信息化稽核是稽查人员的有力武器，采用信息化手段对大量数据进行全覆盖式的稽核，然后对发现的可疑线索进行重点检查，可以有效提升现场检查的效率。公司业务流程和内控管理的信息化，很多控制要素已经包含在公司业务、财务系统中，由系统自动进行有效控制。但是过于依赖信息系统控制，如果系统本身存在漏洞反而会造成"灯下黑"更加难以察觉，又或者通过人工修改权限等方式直接绕过了公司的系统控制，这类问题隐蔽性很强，在日常的审计和风险排查中难以发现。因此，在检查中可以重点关注公司业务、签报中反映业务系统未按照设计逻辑运行的情况，如申请业务补录、手工调整数据、人工调整权限等，进一步分析排查问题产生的根源，考虑是否存在系统设计漏洞或者人为修改系统权限的情况。此外，在对总公司的检查过程中，信息技术部是重要检查突破口。一方面，总公司的信息技术部熟悉公司业务、财务数据结构和逻辑关系，从信息系统获取第一手的检查资料，可以有效提升资料的准确性、及时性和真实性；另一方面，信息技术部不直接开展业务，合规压力相对较小，对检查配合程度较高，有利于检查工作的顺利开展。

案例 2-2：
运用要素求证法查实信用保险违规问题

自保险机构"两个加强、两个遏制"专项检查开展以来，XX 保监局按照保监会统一部署，创新工作方法，把握要素特征，找准核心要素，有效运用要素求证法，查实违背保险原理经营信用保险行为。

一、基本案情

2014 年 9 月至 12 月，S 分公司和 W 中支承保了以 A 商业银行和 B 银行为投保人的信用保险业务共计 4 笔，涉及保费共计 583.39 万元，涉及赔案共计 29 笔，赔款支出共计 470.5 万元。经查，上述业务存在不严格执行条款费率的行为，具体如下：

一是保险费率超过报备的费率上限。根据该产险总公司向保监会报批报备的"贷款及信用卡业务（短期）信用保险"的条款费率，该业务费率的上限为 3.6%，上述 4 笔保单的费率均超过了 3.6% 的费率上限值，其中 2 笔费率为 10%，2 笔费率为 7.2%。

二是保险期间不符合条款规定。有 2 笔保单约定的保险期限仅为 3 个月左右，不符合报批报备的"本保险合同的保险期间为一年"的条款规定。

三是追偿权未转移至保险公司。两家公司与银行签订的协议规定：保险公司支付有关赔款后，投保人仍保留对相关款项的追偿权利，该公司无权向借款人、担保人主张代位求偿权或其他任何权利。两家公司均放弃了在赔付之后的相关追偿权利，违反了条款第十八条"被保险人从责任方追回的任何款项或财物视为代保险人保管，被保险人应及时移交给保险人……"的规定。

四是期内索赔制约定违反条款规定。根据条款第三条第一款的规定，保险人对保险期内发生未还款的事实给予赔偿。而两家公司与银行签订的协议规定："责任期限"适用期内索赔制，所发生的29笔赔案均依据期内索赔制进行索赔，违反了条款第三条第一款的规定。

问题发生的主要动因是保险基层机构合规意识淡薄，在产品创新和业务创新中对新型风险规律性认识不足，对保险的基本原理把握不准，对保费规模和无风险利润存在冲动。虽然从短期看，行业似乎可以实现保费规模和利润规模的双上升，但长期来看，上述行为违背保险基本原理，粉饰了银行坏账，形成更为隐蔽的"伪保险"，背离了信用保险的初衷。

二、检查实施

（一）检查过程

1. 检查前准备。XX保监局从创新业务入手，将保费在100万元以上的业务作为重点关注对象，为实施精准突破找准切入点，同时结合程序性复核工作，全面审核公司自查报告，进行深入的非现场分析。

调阅该产险省公司的大额创新业务清单，XX保监局发现该公司承保了信用保险业务，集中在S分公司和W中支，投保人和被保险人均为银行，涉及保费分别为388.85万元和194.54万元，涉及赔款分别为314.87万元和155.63万元，简单赔付率分别高达80.97%和80%。XX保监局认为，信用保险与保证保险属特殊风险，虽然都是对贷款违约风险进行承保，但投保主体不同，信用保险是由银行作为投保人主动发起的一种更为特殊的险种，由于银行业账务管理等原因，银行更愿意推动由贷款人投保的保证保险。而该业务中，银行却选择了以信用险的方式投保，愿意接受较高的费率，而结果又发生了高额赔付，该业务的投保动机令人怀疑。

2. 现场检查。现场检查阶段，XX保监局创新检查方法，通过理论剖析、实践论证、横向联动、内查外调等工作方式，摸清了承保动机，查实了违规行为。

一是理论与实证相结合，查找问题所在。现场检查阶段，XX保监局通过调阅该业务承保理赔档案及相关财务凭证，从构成该业务的核心要素入手，查找问题所在。通常情况下，信用保险业务的风险暴露呈逐步扩展态势，先期简单赔付率低，后期逐步扩大，保险公司往往建立与银行业联动的贷前审查和事后追偿的机制。而从调阅的资料中发现的情况却并非如此。如，2014年9月12日，W中支和A商业银行签订《贷款信用保险协议书》，约定保险期限为2014年9月25日至12月31日，责任期限适用期内索赔制。公司于9月24日签发保单，涉及保费194.54万元。9月26日，A商业银行向公司提供了9名贷款人贷款逾期出险通知书申请理赔，公司于9月28日完成赔案审核工作并支付对方赔款155.63万元，支付赔款后W中支放弃向借款人、担保人主张代位求偿权或其他任何权利。该业务在承保后就发生赔案，报案后不久就进行赔付，缺少必要的尽职调查时间，不符合正常信用保险业务经营模式。

二是内联与外调相结合，揭示违规动机。由于S分公司与W中支在该信用险业务经营模式上表现出高度的相似性，W中支检查组与S分公司检查组密切配合，实施内部联动。W中支检查组通过线索排查、人员访谈从公司内部实施突破，S分公司检查组通过银行走访、外围调查掌握违规动机，各组分工合作，通力配合，最终公司承认其协助银行处置小微企业贷款不良资产的承保动机。公司认为，通过该业务，保险公司和银行可以取得"双赢"局面。保险公司方面，增加了保费收入，获取了17%的经营利润；银行方面，通过支付保险费、获取赔款的方式，可以"合法"地处置不良资产，"有效"化解因银行内部不良贷款考核带来的不良影响，还可以规避相应的责任追究。

（二）重点检查方法和手段

本次检查主要运用了要素求证法。要素是构成事物的必要因素。要素不存在，则事物不存在。要素求证法就是利用这一基本判断，将审核项目转移到审核项目要素上来。

1. 分析业务特性，找准核心要素。基于被检查对象承保了具有特殊风险的信用保险业务，XX保监局认为，信用保险一般具有以下三个基本特征：一是以小额贷款为标的，且贷款人有一定的覆盖面，符合"大数法则"的基本要求；二是风险暴露呈逐步扩展态势，先期简单赔付率低，准备金计提要求高，风险一般3年左右才能完全暴露，管理难度大；三是与银行业联动的贷前审查和事后追偿的机制是控制风险的关键。正常的信用保险业务应该符合上述特征。

2. 梳理业务流程，发现异常特征。进一步调阅了承保理赔档案及相关财务凭证，XX保监局发现以下问题：一是保费收入与赔款金额非常接近，存在以损失倒推保费的嫌疑；二是承保时间与理赔时间非常接近，公司不可能有足够时间开展贷前审查及赔后追索等通常风险控制和资产保全措施；三是以期内索赔制承担短期风险、赔后放弃代位求偿相关权利加重保险人责任，种种迹象表明该业务不符合正常信用保险的特征。

3. 理论结合实证，查实关键问题。将要素本该具有的特征与现场检查发现的情况相结合，配合外调和人员访谈相关工作，XX保监局最终查实两家公司违背保险合同的射幸原则和补偿原则承保已知风险等问题，同时连带出现违反条款费率管理规定、缮制假赔案等一系列问题，其实质是以信用保险为"通道"协助银行处置小微企业贷款不良资产，偏离了保险初衷，积聚了经营风险。

三、查实的违法违规问题和处理结果

S分公司和W中支不严格执行报备条款费率的行为，违反了《中华人民共和国保险法》(2015年修正)第一百三十五条"关系社会公众利益的保险险种、依法实行强制保险的险种和新开发的人寿保险险种等的保险条款和保险费率，应当报国务院保险监督管理机构批准。国务院保险监督管理机构审批时，应当遵循保护社会公众利益和防止不正当竞争的原则。其他保险险种的保险条款和保险费率，应当报保险监督管理机构备案"，应根据《中华人民共和国保险法》第一百七十条"违反本法规定，有下列行为之一的，由保险监督管理机构责令改正，处十万元以上五十万元以下的罚款；情节严重的，可以限制其业务范围、责令停止接受新业务或者吊销业务许可证：……（三）未按照规定使用经批准或者备案的保险条款、保险费率的"，第一百七十一条"保险公司、保险资产管理公司、保险专业代理机构、保险经纪人违反本法规定的，保险监督管理机构除分别依照本法第一百六十条至第一百七十条的规定对该单位给予

处罚外，对其直接负责的主管人员和其他直接责任人员给予警告，并处一万元以上十万元以下的罚款；情节严重的，撤销任职资格"进行处理。

综上，作出以下处理决定：责令S分公司和W中支公司改正，分别处30万元罚款；对该产险省公司分管副总经理给予警告，并处1万元罚款；对S分公司财产险部负责人给予警告，并处2万元罚款；对W中支总经理给予警告，并处1万元罚款。

四、点评

要素求证法可以有效辨别真伪保险业务，只要把握保险的一些核心基本要素去求证，真假立辩。而运用好要素求证法，需要基于对项目的熟练掌握，并从中归纳总结出易于求证的要素。

案例 2-3：
运用碎片管理法查实产险公司违规问题

一、基本案情

某产险公司 A 中心支公司 2008 年 4 月开业，2014 年实现保费收入 10 785.71 万元，增速 26.68%。其中，车险保费 10 179.11 万元，增速 31.05%；非车险保费 606.59 万元，增速 36.04%。综合成本率 93.12%，实现承保利润 684.54 万元。

XX 保监局在对 A 中支所在地区进行市场巡查时发现，当地车险市场存在违规支付手续费、给予保险合同以外利益等问题，市场竞争环境较为恶劣。XX 保监局对 A 中支及其上级公司经营数据和"两两"自查报告进行分析，发现 A 中支业务呈现以下特点：一是保费规模、增速均较快，但该中支"两两"第一阶段自查报告中披露的违规问题金额较少；二是业务及管理费用列支存在大量不合理之处，但该中支"两两"第一阶段自查报告中未完全披露；三是中介代理业务渠道比例占比偏高，但该中支"两两"第一阶段自查报告中披露虚挂中介业务数量和金额均较小；四是其他中支自查发现了不同程度的不严格执行条款费率情况，但该中支"两两"第一阶段自查报告中未披露。

根据市场巡查结果和日常非现场监管经验，XX 保监局发现 A 中支所在地商业车险实际支付的手续费率应该在 25% 左右，但该公司财务列支的手续费率为 15% 左右，差额部分只能通过账外手续费的方式支付，而账外手续费主要来源于虚列费用和虚挂中介业务。A 中支 2014 年车险保费约 1 亿元，除去交强险 2% 的手续费和自营业务无手续费外，按照 8% 的差额计算，该公司用于支付账外的手续费应在 600 万元左右，但 A 中支第一阶段"两两"自查发现的通过财务、业务违规套取的费用仅为

161.87万元，二者差距较大，存在未充分自查的可能性。从会计科目上看，A中支"两两"自查反映的虚列费用科目主要集中在办公用品费、招待费、宣传费等，较少反映在会议费、员工奖励或津贴等科目，与实情不符。从业务违规方面来看，A中支仅反映了少量虚挂个人代理和虚挂机构代理的情况，与当地市场环境不符，且未反映其他中支普遍存在的不严格执行条款费率问题。

种种迹象表明，A中支可能存在较多违法违规问题，但其在"两两"第一阶段自查报告中未充分反映，为此，XX保监局将该中支列为自选的检查对象。

经查，A中支主要存在以下问题：

第一，财务数据不真实。一是列支与实际用途不符的会议费。2014年列支31笔会议费计13.55万元，据公司反映，实际用于业务招待等开支。二是通过报销交通补贴列支实际用途不符的差旅费。2014年超标准报销油费共12笔金额共计2.28万元，据公司反映，实际用于招待费、食堂支出等其他费用开支。

第二，保险营销员向投保人返还手续费。保险营销员将获得的某汽车运输有限公司车辆保险业务的手续费，直接返还给了投保人，涉及保单49笔，保费收入47.65万元，手续费6.10万元，涉及保险营销员10人。

第三，车险条款费率执行不规范。2014年车险业务承保中存在变更车型或配置导致降低保额和保费的情况：一是同一车辆在2014年承保时的车型配置与2013年承保时的车型配置不一致，存在变更的情况，而实际车型与2013年承保时的车型相同，导致被保险车辆的保险金额、车损险保费减少，共35笔。二是2014年承保的车辆实际的厂牌车型名称与承保信息系统录入的数据不一致，导致承保时的新车重置价格低于实际车型新车重置价格，从而影响保险金额和车损险保费的情况，共3笔。

二、检查实施

（一）检查过程

1.检查前准备。接到保监会监管抽查通知后，XX保监局将A中支列为自选的被检查对象，做好进场前非现场资料收集和数据分析工作。一是从省公司调取数据，了解A中支组织架构、高管配备、网点设置等信息，对该公司形成初步的了解。二是从保险监管信息系统数据提取该地区产险公司业务数据进行横向对比分析，充分了解该公司业务规模、保费增速和市场占比等信息，准确定位该公司的市场地位。三是全面审核该公司自查方案、自查工作底稿、自查报告等资料，并在同一系统内进行相互对比，找出公司自查薄弱点。四是运用稽核分析软件，从省公司调取稽核数据包进行数据分析，查找承保、保全、理赔、手续费支付等各环节的风险点。五是从产险处、稽查处、统研处、办公室等部门抽取具有不同专业背景和工作经验的人员形成联合检查组，并在进场前进行技能培训和经验分享，提升检查组整体"战斗力"。

通过前期数据分析，检查组发现A中支保费规模在当地排名较为靠前，保费增速也较为靠前，7家分支机构中有2家保费规模较大，在A公司中的占比也较高。其中，DX支公司的业务渠道以机构代理为主，据查该县为物流大县，有较多大型货车挂靠在该县的物流公司，虚挂兼业、专业中介机构的可能性较大。NC营销部的业务渠道以个人代理为主，2014年以续保私家车为主，新车数量不多。根据监管经验，私家车续保大多通过直销或电销，通过个人代理销售的较少，因此检查组入场前已初步选定该两家具支公司作为虚挂中介业务延伸检查的对象。此外，检查组利用稽核软件分析稽核数据，共发现各类风险点248个，涉及保单28189份，其中，涉及交强险的风险点103个，商业车险风险点94个，非车险风险点41个，其他风险点10个。

2. 现场检查。3月19日，保监会召开了"两个加强、两个遏制"专项检查工作行业再部署暨监管抽查工作动员培训会议，同时部署了"自查自纠"回头看和监管抽查工作，并明了监管态度和后期处理原则。XX保监局"两两"监管抽查小组于3月20日起对A中支开展现场检查。3月27日，A中支同时向省公司和检查组提交了"两两"第二轮自查报告，大幅度增加了自查发现问题的种类和金额，违规问题数量增加了80%，违规问题总金额增加了200%，达600多万元。检查组多次召开会议进行研究讨论，运用科学的检查方法开展复核和检查，最终圆满完成各项检查任务。

第一，优化人员组合，科学合理布局。本次检查涉及业务、财务、消保、信息系统、案件管理、"两两"自查开展等方面，检查时间较少、任务较重，既要全面覆盖又要突出重点。为此，检查组强化资源整合、时间分配和沟通协作，以提升检查组整体"战斗力"。一是科学分解检查任务，将8名检查组成员分为财务小组、业务小组、内控小组和机动小组，并根据检查进度实时调整小组成员结构和数量，做到查深查透，不留死角。二是合理安排检查时间，将整个现场检查分为三个阶段，即数据碎片分析阶段、证据碎片获取阶段和责任碎片确定阶段，每日形成检查工作日志向总公司检查组汇报。三是定期召开研讨会议，分析检查中碰到的困难和新情况，并积极探索应对策略，制定下一步工作打算。四是加强内外沟通协作，对内根据检查进度和难易程度灵活调整检查小组人员力量，对外加强与其他保监局的沟通交流和向保监会的请示汇报。

第二，利用信息系统，锁定检查重点。根据A中支日常经营管理高度依赖信息系统的特点，检查组重视运用公司信息系统，查找问题线索，锁定检查重点，提高检查效率。一是通过OA系统查找公司内部签报和往来邮件等，梳理违规行为的脉络，明确违规行为的操作方式和路径，快速锁定检查重点。如该公司一份名为"RJ汽车运输公司手续费"的邮件中，提到了超额手续费的支付方式问题，为检查组提供了重要线索。二是通过核心业务系统快速查询保单承保理赔、批单号、手续费等信息，快速核实或排除稽核软件提出的风险点，大大提高了检查的效率，避免了盲目翻找纸质档案的不便。如稽核软件筛选出该公司258笔商业车险可能存在不严格执行条款费率的情况，检查组仅用一天时间就锁定了其中的65笔保单（最终查实38笔），排除了193笔保单。三是通过财务信息系统筛选各会计科目的明细表和统计表，提取单笔大额费用报销和短时间内大量小额费用报销的情况，锁定可能出现违规的财务凭证，提高了检查效率。

第三，积极开展外调，夯实外部辅证。现场检查的难点在于获取完整的证据链。外部辅证是完整证据链中不可或缺的重要组成部分,检查组充分利用外部调查手段,从多种途径进行外部了解和取证,逐步还原事实真相。如针对 A 中支下属 NC 营销部承保的 RJ 汽车运输公司可能存在的虚挂个人代理的情况,检查组对 RJ 公司进行暗访,以其他保险公司人员身份咨询该公司车辆投保情况,并通过电话询问了 RJ 公司 25 名车主购买保险的情况。经了解,大部分车主在 RJ 公司贷款买车,车辆保险也是通过 RJ 公司从 A 中支直接购买,因该公司未取得兼业代理资质,相关手续费通过个人代理渠道获取。又如检查组为核查 65 笔保单承保车型配置是否与实际车型配置不符,到相关 4S 店询问如何根据车辆行驶证识别车型配置的方法,并向 10 名车主进行电话询问,初步查实了 A 中支存在通过改变车型配置降低车辆购置价以降低保费的情况。

第四,适时向下延伸,固化检查证据。中支公司作为业务管理机构,通常不直接参与业务开拓,一些违法违规行为的实施往往在基层县支公司或营销服务部。因此,检查组在初步摸清 A 中支存在的违规行为后,随即前往相关违规行为发生单位 NC 营销部和 LC 支公司获取直接证据。现场检查阶段,检查组发现该两家支公司职场面积均较小,无法容纳财务凭证上记录的人数召开会议,在检查组提出质疑后,NC 营销部和 LC 支公司承认了虚列会议费的事实。检查组以此为突破口,最终确认了 A 中支及下属 5 家县支公司所有 31 笔虚列的会议费。此外,检查组在 NC 营销部现场找来 10 名虚假代理 RJ 汽车运输公司业务的业务员,逐步推出外部获取的一些证据并不断施压,让他们承认虚假代理的事实,并在询问笔录上签字,最终固化了现场检查证据。

第五,逐项确认事实,落实人员责任。县支公司虽为违法违规行为的实施者,但中支公司对违法违规行为的本身具有决策权和审批权,违法违规问题的主要应归咎于中支公司负责人和相关部门负责人。检查组及时整理已查明的事实和相关证据材料,与 A 中支相关责任部门核实违法违规问题的总数量、总金额,补充制作相关证据材料,并对相关责任人员问询谈话,落实相关人员责任。A 中支及部分人员在确认违法违规事实时虽有一定的反复,但在确凿的证据面前,最终还是在现场检查事实确认书上签字盖章。

（二）重点检查方法和手段

本次检查主要运用了碎片管理法。检查中充分利用稽核软件、信息系统、外部调查、实物核对、延伸检查等方法进行逐项突破，将繁重而复杂的检查任务分解成一个个小的任务碎片，逐项进行核查，并加以串联和整合。在本案中，检查组也碰到了一些困难，主要集中在四个方面，即数据资料多、局势变化快、调查取证杂、落实责任难。检查组采用大数据分析法、多维度调查法、若隐若现法等方法逐一应对。

1. 大数据法分析数据碎片。检查组充分利用计算机软件的大数据分析手段，先由一名熟悉稽核软件的组员对该公司所有业务数据进行整体稽核，导出稽核结果，再由一名计算机专业的组员利用数据库编写SQL语言设置核对和筛选条件，从大量稽核风险数据中进一步筛选违法违规问题线索，从2万多条业务风险数据中筛数出最为可疑的600余条数据，从1万多条财务风险中筛选出可疑数据200余条。

2. 运筹学方法管理时间碎片。在有限的20个工作日中检查组将预期检查效果作为管理目的，将各支公司地理位置、检查小组成员专业知识水平、工作经验、已掌握的线索作为约束条件，将时间、人员调配、检查方法作为变量，以运筹学方法找出最优解，并综合分析加以应用实施，最大程度发挥每个人的优势，节约检查时间，完成检查任务。如检查组在对NC支公司进行延伸检查时，中途到2家4S店和1家物流公司询问核实有关情况，节约了大量的时间；又如检查组事先做好谈话模板，2名检查组成员一上午就完成对10名营销员的问询谈话。

3. 多维度调查法收集证据碎片。列举所有可能涉及的单位或人员，同时对他们进行调查取证，从多个维度收集证据，查清事实。如针对A公司不肯承认2014年31笔存在较大疑问的会议费为虚列费用的情况，检查组同时对会议记录、参会人员、会议内容、承办宾馆、发票特征等方面进行调查取证，最终获得了相关证据证实了虚列费用的事实；针对车辆行驶证上无法获取被保险车辆排量和配置等信息的情况，检查组通过访谈车主、4S店外调等方式，获取了相关证据证实了变更车型或配置导致降低保额和保费的情况。

4. 若隐若现法应对责任碎片。针对 A 公司将责任推诿至下级机构或经办人员的情况，检查组一方面针对同一事项同时与分管负责人、相关部门负责人、经办人员等谈话，让事实陈述相互印证，让虚假陈述自相矛盾；另一方面，不让 A 公司知道检查组的调查行踪和所掌握证据的程度，在询问谈话阶段根据被谈话人员陈述情况逐步列出，特别是在被谈话人员出现不实陈述时，要严厉反驳，晓以利害，摧毁被谈话人员的心理防线，让他们说出事实真相，最终确定相关管理人员责任。

三、查实的违法违规问题和处理结果

问题一：A 中支虚挂中介业务的行为违反了《中华人民共和国保险法》第一百一十六条"保险公司及其工作人员在保险业务活动中不得有下列行为：……（十）利用保险代理人、保险经纪人或者保险评估机构，从事以虚构保险中介业务或者编造退保等方式套取费用等违法活动"的规定，应依据第一百六十一条"保险公司有本法第一百一十六条规定行为之一的，由保险监督管理机构责令改正，处五万元以上三十万元以下的罚款；情节严重的，限制其业务范围、责令停止接受新业务或者吊销业务许可证"和第一百七十一条"保险公司、保险资产管理公司、保险专业代理机构、保险经纪人违反本法规定的，…对其直接负责的主管人员和其他直接责任人员给予警告，并处一万元以上十万元以下的罚款；情节严重的，撤销任职资格"进行处理。

问题二：A 中支虚列费用的行为违反了《中华人民共和国保险法》第八十六条"……保险公司的偿付能力报告、财务会计报告、精算报告、合规报告及其他有关报告、报表、文件和资料必须如实记录保险业务事项，不得有虚假记载、误导性陈述和重大遗漏"，应当依据第一百七十条"违反本法规定，有下列行为之一的，由保险监督管理机构责令改正，处十万元以上五十万元以下的罚款；情节严重的，可以限制其业务范围、责令停止接受新业务或者吊销业务许可证：1. 编制或者提供虚假的报告、报表、文件、资料的……"，第一百七十一条"保险公司、保险资产管理公司、

保险专业代理机构、保险经纪人违反本法规定的，保险监督管理机构除分别依照本法第一百六十条至第一百七十条的规定对该单位给予处罚外，对其直接负责的主管人员和其他直接责任人员给予警告，并处一万元以上十万元以下的罚款；情节严重的，撤销任职资格"进行处理。

问题三：A 中支不严格执行经批准或备案的条款费率违反了《中华人民共和国保险法》第一百三十六条"保险公司使用的保险条款和保险费率违反法律、行政法规或者国务院保险监督管理机构的有关规定的，由保险监督管理机构责令停止使用，限期修改；情节严重的，可以在一定期限内禁止申报新的保险条款和保险费率"的规定，应当依据第一百七十条"违反本法规定，有下列行为之一的，由保险监督管理机构责令改正，处十万元以上五十万元以下的罚款；情节严重的，可以限制其业务范围、责令停止接受新业务或者吊销业务许可证：……3. 未按照规定使用经批准或者备案的保险条款、保险费率的"进行处理。

综上，对 A 中支责令改正，罚款 50 万元。对主要负责人警告并罚款 4 万元，对渠道业务部负责人警告并罚款 1 万元，对 NC 营销部负责人警告并罚款 1 万元。

四、点评

本次现场检查既查实了虚列费用、虚挂中介、不严格执行条款费率等违反《保险法》的行为，又查实了承保信息不全、单证印章管理不规范、非正常注销保单等违反保监会相关规范性文件的行为，还发现了理赔操作不规范、"两两"自查整改不充分等风险性问题，是一个较为典型的现场检查案例。因此，做好产险公司综合性现场检查工作，可将产险公司大量财务业务数据和各种证据资料进行碎片化分解，化整为零，分配至各检查组成员，逐个排查、逐项突破，再进行组合管理，化零为整，确定相关人员责任，完成检查任务。

案例 2-4：
运用轨迹追踪和交叉验证手段查实寿险公司虚列营业费用问题

一、基本案情

（一）检查对象基本情况

T人寿S分公司成立于2003年6月30日。2014年，该公司保费收入稳步增长，保费收入61.6亿元，同比增长32.07%，其中新单保费32.5亿元，同比增长38.3%。业务发展较为均衡，个人营销和银邮代理渠道保费收入占比分别为51.5%和47.4%。旧口径退保率7.1%，超过5%的警戒值。2014年S保监局收到涉及该公司有效信访投诉46件，其中30件撤诉，对该公司调查3家次。2014年该公司分类监管测评得分80.5分，分类监管等级为A级。

（二）案件基本情况

根据保监会"两个加强、两个遏制"专项检查工作的安排，S保监局把T人寿S分公司作为现场检查对象。为深入了解基层机构对政策的把握和专项工作的开展情况，检查组细化了检查对象，在对分公司检查的基础上，结合市场规模、业务增速、消费者投诉、销售人员测评得分等情况，将检查延伸至J和R两家中心支公司。

二、检查实施

因该公司银保业务占比较高，检查组将虚列营业费用作为检查的突破重点，并锁定了虚列营业费用的重点科目及相关用途去向。

因为检查工作是建立在公司提供营业费用明细账、总账、付款明细账、现金余额表等会计报表本身真实性基础上的，所以检查组首先对公司提供的会计报表真实性进行检查。检查组将财务系统中的数据与财务报表进行核对，将当年报表与上年报表的勾稽关系进行核对，将会计报表项目的余额与总账余额进行核对，确定财务报表的完整性和真实性。

随后检查组对营业费用各科目余额从高到低排序，结合公司渠道及业务结构特点，确定营业费用检查的重点科目。如T人寿无专业中介业务（专业中介业务由T养老经营），故排除了直销业务挂靠中介虚开中介发票套取手续费的问题，确定了"一般培训费""业务招待费——其它招待费""业务宣传费——其它宣传费""差旅费"和"职工工资——销售人员绩效工资"等作为重点检查会计科目；利用轨迹追踪和交叉验证的测试方法进行检查，确定是否存在通过虚构经济事项或使用虚假发票报销，套取资金用于支付高管和员工薪酬奖金福利、支付中介手续费或好处费等数据不真实情况。

在检查"职工工资——销售人员绩效工资"科目，是否存在"虚列人头"和"通过高工资、高绩效套取费用"等违法违规问题时，采取轨迹追踪的检查方法，即从银保客户经理签订合同、出勤考核、业务明细、方案兑现、薪酬发放表、账户流水去向跟踪等各个环节进行核实，把银保专管员名单、出勤考核记录、薪酬发放表与工资流水4项材料两两核对，重点关注工资账户进出资金是否频繁、是否存在发放工资后短期内迅速转出、转出金额是否与所销售业务的一定比例挂钩等。如果通过高工资、高绩效套取费用用于维护中介渠道或销售人员的，一般是通过转出款项现金交易的形式完成。因此，必要时应进一步跟踪转出款项的使用情况，让被询问人员提供款项抵达账户、交易凭证等，对其进一步施压，同时可以突击银保部综合内勤人员办公档案，查找真实的银保客户经理薪酬发放表。

在检查"一般培训费""业务招待费——其它招待费"和"差旅费"等科目时，采用交叉验证法。首先，通过公司的财务报销制度确定具备费用报销资格的工作人员范围，锁定重点检查人员。其次，选定费用发生较多的重点月份，对"一般培训费""业务招待费——其它招待费"和"差旅费"会计科目按照时间进行排序，设计需要检查人员填写的包括财务凭证号、发票开具时间、费用报销人员、经济事项参与人员、费用标准等字段在内的明细表，结合出勤考核记录，重点查找同一时间、同一工作人员出现在不同经济事项或两个不同地点以及参与公司考勤但在其他地点存在经济事项的线索,对"分身术"的工作人员约谈,寻求突破口。再者,比对公司付款账户的银行对账单,验证报销款项是否打入对应供应商对公账户。最后,若有必要,对相关供应商进行外调,核实其是否具备相关条件或资质。如对于此次检查发现的会议费或培训费虚假问题,检查组一是查看是否按照公司内部规定有相应的会议通知、参会名单签到、会议日程、费用明细清单、参会照片等;二是在对发票开具单位会议举办能力(包括会议室大小、住宿房间个数甚至房间号等)和费用标准(包括场地租赁费、LED或投影仪租赁费用标准、餐费和住宿费标准等)进行外调,与公司报销费用标准进行核对;三是约谈公司工作人员或者致电外部单位参会人员,由其对凭证所附会场照片进行指认,对其在参会期间参加的与会议冲突的其他经济事项(如该公司银保部经理在某次会议召开期间在其他地市进行业务指导和巡查,在其他财务凭证有公司出差审批单、实名制车票等附件,且报销金额最终打入其个人账户,但其在会议期间全程签到且费用包含其个人的住宿费)进行询问,核实其是否参加对应的会议,面对相互冲突的经济事项,其最终承认未召开此次会议。

在对"业务宣传费——其他宣传费"进行检查时,也采用轨迹追踪法。首先,关注宣传品的来源。公司财务凭证附件中往往是采购宣传品的相关照片,而绝大多数宣传品带有公司的logo标志。对于此类宣传费用,检查组首先约谈宣传品的具体采购人员,了解采购地点、流程、入库及发放各环节,并以询问笔录形式将证据加以固化。其次,检查组会选择比较大的供应商进行外调。一般来讲,规模较大的正规商场超市一般能提供相关宣传物品但不会制作更不会批量制作公司的logo标志,对于能够制作公司logo标志的工艺品店,检查组会对宣传用品的规格和价格进行比对,对于存在明显价格差异的,也列为重点关注对象。再次,对宣传品的发放流程进行跟踪,必要时对发放对象进行外调。最后,在掌握大量证据情况下,检查组在预判公司各种可能的托词后,约谈相关人员,指出问题所在,取得突破。

除公司自查发现银行保险渠道虚列营业费 1 401 905.33 元外,根据上述检查技巧，一是查实存在虚列营业费问题。J中心支公司虚列费用共套取资金55 740元，涉及5份财务凭证，用于春节期间发放部门员工的福利和支付农业银行部分销售人员代理人资格考试。R中心支公司虚列费用工套取资金129 610元，涉及2份财务凭证，用于发放员工内部福利和解决客户投诉纠纷。二是存在由内勤人员以现金形式向讲师支付讲师费、财务报销后总公司将上述讲师费转账给内勤本人账户的问题。其中，2014年R中心支公司共向26人次的讲师、以现金形式支付讲师费199 500元，且均未留存讲师签收证明。2014年，J中心支公司共向17人次的讲师现金支付讲课费共计184 000元，其中3人次未当场签收，共计3万元。一方面，不符合其总公司关于"支付外部供应商的金额超过1 000元，通过公对公的形式支付，不得使用员工账户中转"的规定；另一方面，部分讲师在收到现金时并未出具签收表，无法核实资金流向的真实性。

　　对于公司提供的资金去向一追到底，绝不放过违规线索。在此次自查中，T人寿S分公司自查发现银行保险渠道通过虚列会务费、业务招待费等形式报销费用问题。尽管虚列费用问题是公司自查发现并交代了资金去向，但检查组要求公司就资金的去向提供明细，以核实虚列费用流向的真实性，并据此发现公司在费用管控方面存在的重大缺陷，表现在分公司和各地市中心支公司均未对套取费用的金额和用途建立规范化的台账或明细账，仅凭相关部门或人员的回忆进行匹配，缺乏对报销费用后续使用流程的管控，存在套取资金被截留、挪用的可能，资金去向无法核实，形成了较大的风险隐患。从该公司提供的核实情况看，自查发现虚列费用套取的1 401 905.33元资金中，用于处理客户投诉纠纷的492 230.15元能够匹配到具体客户的254 794.9元、涉及238名客户；用于续期客户维护的206 120.7元能够匹配到客户的205 690元，涉及199名客户；其余资金均已无从考证到具体客户，或者能够匹配的客户收到资金后均无相关签收记录，或者达成纠纷协议等相关证据材料等。

三、查实的违法违规问题和处理结果

运用轨迹追踪法和交叉验证法，检查组发现了公司虚列营业费用的违规事实：2014年T人寿J中支银保部通过"营业费用——业务招待费——其他招待费""营业费用——一般培训费"科目虚列费用，用于发放员工福利及支付合作的兼业代理机构部分销售人员的代理人资格考试费用，涉及金额5.57万元。时任T人寿J中支总经理是对上述问题直接负责的主管人员。2014年T人寿R中支银保部通过"营业费用——一般培训费"科目虚列费用，用于发放职工福利和解决客户投诉纠纷，涉案金额12.96万元。时任T人寿R中支副总经理是对上述问题直接负责的主管人员。

上述违法行为，违反了《保险法》第八十六条第二款的规定。依据《保险法》第一百七十二条、第一百七十三条的规定，S保监局对当事人T人寿J中支、T人寿R中支及相关责任人依法予以严肃处理。

此外，检查还发现该公司存在不同投保人留存同一联系方式、手续费结算未考虑客户信息真实性因素、与银行代理渠道合作协议未落实《人身保险客户信息真实性管理暂行办法》要求、产品说明会只进行部分录音等问题。因为没有相关罚则，故对公司采取其他监管措施。

四、点评

从现阶段情况看，各人身险公司尤其银保渠道营业费用列支不规范甚至虚假列支成为必然性，一方面是由行业发展的特点决定，即银保渠道稀缺性、权责不对等和充分自由竞争的特点，以及公司粗放的经营发展策略。公司的经营在一定程度上存在跑马圈地、重业务发展轻合规经营、重业务方案制定轻基础工作管控，导致部分经营行为变形，出现超预算动支、由培训机构先行垫支费用、大额交易现金支付和银保渠道业务招待费用管控粗放等问题。另一方面，随着消费者维权意识不断增强、不合理诉求日益增多，加之销售前端重收益轻保障甚至承诺收益等销售误导行为，销售后客户信息不真实造成回访不到位，总公司相关制度机制的缺失和内控制度的不健全，如专项经费不足和相关制度不明确，导致

消费者投诉维稳压力不断增加，最终迫使公司通过虚列费用的方式给客户进行补差和解决纠纷。

从检查方法看，公司在处理虚假的会议费或者业务宣传费时，由于担心外部监管部门的检查，对于以客户或者外部合作单位为主参加的会议，往往参会人员签到簿会进行模糊处理，不会留存身份证号或者联系方式等具体信息。再比如业务宣传品的发放，也会以答谢老客户或业务推动名义向不特定客户进行发放，宣传品领用客户的信息比较简单甚至没有客户名单，对于此类问题，需要将人员姓名与公司近年来承保清单进行比对、回访，需要耗费较大的精力。运用交叉验证的方法，锁定会议组织人员，检查起来就会事半功倍了。简单来讲，由于大部分公司银保部门都是"1个部门经理+2至3名综合内勤+若干银保客户经理"的架构，且银保客户经理原则上没有费用报销的权限，这就决定了费用报销的人员易锁定。此外，公司对于较大金额的发票管控较为严格，小额且易取得的业务招待费、业务宣传费和会议费（或培训费）等成为虚假费用列支的重点科目，由于银保部门人数有限，就决定了每个人需要承担的"虚假费用"较多较琐碎，在分身乏术的情况下必然出现经济事项的冲突和矛盾，通过公司内部考核记录和员工外出审批单，在掌握了上述人员的基本行踪后，一些虚假费用将会浮出水面。

案例 2-5：
运用内查外调手段查实保险代理机构虚开发票问题

一、基本案情

（一）检查对象基本情况

A 保险代理有限公司设立于 2006 年 11 月，2014 年实现代理保费 2 787.65 万元，代理佣金收入 422.87 万元。2015 年 1—2 月实现代理保费 1 042.24 万元，代理佣金收入 220.4 万元。确定为检查对象的主要理由：A 保险代理有限公司在保险中介市场清理整顿及"两个加强、两个遏制"自查中均未自查出任何问题；但 C 财险公司 B 省分公司在"两个加强、两个遏制"自查报告中反映，其 Z 中心支公司存在通过 A 保险代理公司虚挂中介业务套取资金的情况。

（二）案件基本情况

经查，2014 年 7 月至 2014 年 9 月，A 保险代理公司将 C 财险公司 Z 中心支公司开展的直销业务虚挂 A 保险代理公司名下套取资金，共涉及保费 372 031.04 元，涉及中介发票 3 张，发票票面金额 78 219.32 元，A 保险代理公司累计向 C 财险公司 Z 中心支公司返还资金 66 921.9 元。2014 年 12 月至 2015 年 2 月，A 保险代理公司将 D 财险公司 Z 中心支公司开展的其他渠道业务虚挂到 A 保险代理公司名下套取资金，共涉及保费 965 560.67 元，涉及中介发票 4 张，虚开佣金金额 273 232.15 元，A 保险代理公司累计向 D 财险公司 Z 中心支公司返还资金 250 165.50 元。

具体操作过程如下：有关保险公司内勤人员向 A 保险代理公司提供需要开具发票的业务清单与对应佣金金额，A 保险代理公司为保险公司开具对应佣金金额的保险中介服务发票。在保险公司按发票票面金额向 A 保险代理公司支付佣金后，A 保险代理公司扣除 8%~10% 的自留金额，将剩余资金以"发放佣金"的名义通过银行转账方式转至 A 保险代理公司股东、执行董事 H 某某的个人账户，再经该账户转账返还至保险公司有关人员的个人账户，保险公司人员收到返还款后再进行二次分配。

在上述虚开发票行为的账务处理中，A 保险代理公司以"发放佣金"的名义向 H 某某个人账户转款，相关的记账凭证后附了"A 保险代理有限公司手续费发放表"，表上虚列了数百名领取佣金人员的信息，该名单系 A 保险代理公司委托为其记账的兼职会计人员编造，公司未与该名单上的人员签署任何合同或协议，与其无隶属关系，也不了解这些人员的具体情况。

二、检查实施

（一）检查过程

1. 检查前准备。查前准备阶段，保监局检查组为全面了解 A 保险代理公司情况，做到心中有数，找准切入点，调阅了近两年来涉及 A 保险代理公司的所有非现场监管资料，重点是业务报表、审计报告、执业登记信息、股东高管人员变更记录以及在保险中介市场清理整顿和"两个加强、两个遏制"专项工作中上报的自查情况。检查组成员对上述材料进行了认真查阅并进行了内部会诊，认为该公司可能存在以下问题：一是办理执业登记的业务人员仅有 6 人，与业务报表反映的业务数据不相匹配，可能存在业务数据虚假或业务人员未办理执业登记问题，而业务数据虚假的主要原因很可能是为保险公司虚开发票，虚构中介业务。二是主要股东进行了变更并进行了报告，但高级管理人员一直未变更，可能存在擅自任用高级管理人员问题。三是该公司近年来向保监局报送的各项报告均较为简单且经常有迟报现象，日常联系也并不顺畅，说明公司的管理基础较差。针对上述疑点，检查组有针对性地制定了检查工作方案，确定以虚开发票为重点检查内容，并根据检查组业务专长进行了人员分工。

2. 现场检查。检查组进驻 A 保险代理公司后，发现该公司经营较为简单，只有一大一小两间办公室，小办公室为公司现任负责人的办公室，大办公室零散摆着数套桌椅及数台电脑，而办公人员只有 3 个人。针对这种情况，检查组在进场首日，除按规定程序进行进场会谈外，还同公司的高级管理人员和所有内勤人员进行了非正式的沟通谈话，了解每个人的工作职责、工作流程、工作感受，以此判断公司的实际经营情况。在与公司每名员工交流后，检查组判断 A 保险代理公司在主要股东变更之前主要代理车险业务，有较大规模的销售团队，业务量也较大。但股东变更后销售团队也不复存在，只有零星几个业务员把业务交到代理公司，业务量骤降，一天也就十几单真实业务，与公司上报的监管报表数据相比差距较大，再次确认了检查组之前的猜测。随后，检查组按照既定的检查方案开展检查工作，检查组成员既分工又合作，每天检查结束后对发现的疑点和问题进行集体讨论。具体检查经过如下：

一是查阅财务资料，分类统计，发现规律。中介机构与保险公司串通虚构中介业务的目的是协助保险公司套取资金，将资金用于其他用途。资金的最终流向必然是保险公司的相关人员。因此，查明资金的实际流向是做实虚构中介业务的重要手段，也是证据链条中一个必不可少的环节。检查组查阅了 A 保险代理公司的银行存款日记账、现金日记账、营业收入明细账、主营业务成本明细账、银行账户对账单、发票领用使用登记簿、发票存根联等财务账簿。把近一年内开具的发票金额、收取佣金的时间金额、列支主营业务成本的时间金额、合作保险公司等要素逐一汇总列表，从中寻找规律。经检查组对比分析，A 保险代理公司收取的某些保险公司支付的佣金存在"即进即出"现象，佣金进入代理公司账户后随即以"发放佣金"的名义转账至另一账户，经计算，转账金额为佣金金额的 90%~92%。该情况和之前查实的虚构中介业务的典型做法高度吻合。至此，检查组基本认定公司存在虚构中介业务协助保险公司套取资金情况，下一步就是要完善证据链条，将该行为做实。

二是查阅原始凭证，寻找证据支持。检查组调阅了 A 保险代理公司的原始财务凭证，重点查阅公司以"发放佣金"名义列支主营业务成本的原始财务记录。检查组查看了多份"即进即出"型佣金收付原始凭证，发现操作手法完全一致。A 保险代理公司先开具发票，保险公司按照票面金额向代理公司支付佣金，代理公司收取佣金后扣除约 8%~10% 的自留金额，将剩余资金以"发放佣金"的名义通过银行转账方式转至 A 保险代理公司的股东 H 某某的账户名下，相关的记账凭证后附了"A 保险代理公司手续费发放表"，表上列了数百名领取佣金人员的信息。而公司执业登记记录且提供的人员档案均没有这些业务人员的信息。检查组随即要求 A 保险代理公司提供手续费发放表上数百名业务人员的档案和股东 H 某某个人银行账户的对账单，而代理公司未能提供。

三是比较分析业务经营数据。检查组在查看 A 保险代理公司职场时，发现每一台出台电脑旁边都有一本手工登记台账，里面记录了用此台电脑出具的保险单和业务人员。检查组判断，这是代理公司真实的业务台账。检查组重点对比了与前期存疑的某保险公司的合作情况。经比较分析，手工台账记录的保费数据远小于财务记录中代理该保险公司的保费数据，也远小于代理公司向检查组提供的业务台账的保费数据。

四是对相关人员进行调查谈话。对关键人员开展调查谈话并制作笔录是了解情况、完善证据、确认责任人员的重要步骤。本次检查中，检查组先后对该代理公司主要负责人进行了三次调查谈话，制作了三个笔录。每次谈话均针对在不同检查阶段发现的问题，要求其进行说明和解释。对于检查发现的其他问题，如擅自任用高管人员、业务人员未办理执业登记等事项，该主要负责人均能够承认。但对于虚构中介业务涉及一些环节，该公司主要负责人可能意识到问题严重，在检查人员向其列示多个证据的情况下都拒不承认，而是用一些明显不合常理的解释来搪塞检查人员。

五是对相关保险公司开展延伸调查。在该代理公司主要负责人拒不承认虚构中介业务且拒绝提供用于提取佣金的股东账户对账单的情况下，检查组根据掌握的线索，赴 C 财险公司 Z 中心支公司开展调查。由于 Z 中心支公司在前期上报了虚构中介业务情况，所以在检查组向 Z 中心支公司提出配合调查的要求后，Z 中心支公司主要负责人立即找到与 A 保险代理公司合作的某部门负责人，要求其配合检查组工作。随后，检查组与该部门负责人进行了调查谈话并制作笔录，详细了解了与代理公司的合作流程、资金流向等情况，并从该保险公司调阅了相关资料，以做到相互印证。

在充足周密的证据链面前，A保险代理公司主要负责人不得不承认虚开发票、协助保险公司套取资金这一事实。此外，检查组还发现A保险代理公司存在聘任不具有任职资格的高级管理人员等问题。

（二）重点检查方法和手段

1. 采取"总－分－总"式检查思路。针对被检查对象业务简单、人员及资料较少的特点，检查组采取先总体分析再逐项核查进而汇总判断的检查思路。检查组进场后快速浏览所有的业务财务资料和人员档案，与公司负责人及关键岗位人员谈话了解公司经营总体情况，将相关情况进行匹配分析，判断公司可能存在的违规问题。进而检查组进行内部分工，对照《保险法》和监管规定相关条款对公司经营管理开展逐项核查。最后检查组再对检查情况进行汇总分析，判断公司总体情况，是否做到应查尽查，判断证据链条是否完整。

2. 内部检查与外调取证相结合。中介机构的有些违规行为与合作保险公司具有必然的关联性，如虚开发票。在内部检查已掌握一定线索、但公司心理防线难以突破的情况下，检查组通过获取外部证据来印证违规行为。在对A保险代理公司检查中，虽然检查组提供了大量证据证明公司存在虚开发票行为，但公司负责人拒不承认，并向检查组作了一些明显不合常理的解释。为打破公司心理防线，检查组赴有关保险公司调查可疑业务情况，对保险公司相关人员进行调查并制作笔录，从保险公司提取了相关证据材料，两相印证，最终公司不得不承认。

3. 调阅资料与现场查看相结合。依照检查程序，检查组向公司提供了调阅材料清单，公司也按照清单进行了准备并提供给检查组。但在检查过程中，检查组发现公司提供的业务台账内容非常详尽，极似从保险公司业务系统提取，而非代理公司的真实业务台账。检查组发现在公司职场设有出单点，判断公司在出单点应该有真实业务台账，于是在公司人员陪同下对公司出单电脑及档案柜进行了查看，获取了记载公司真实业务的台账，发现公司真实业务规模明显小于公司开票规模，进而验证了公司存在虚开发票行为。

4. 分析数据与谈话调查相结合。对公司业务台账数据、人员数量、实际出单数量、单证领用使用数据、发票金额、资金往来数据进行深入分析，查找相互矛盾之处。如人员数量与业务规模不匹配，从保险公司领用使用的单证数量远小于财务结算数量，财务资料中有大量资金"即进即出"。随后，检查组与公司人员进行谈话调查，向公司摆明数据，要求公司解释，公司人员往往不能自圆其说。此外，在检查全面展开之前对关键岗位人员的非正式谈话，因并不做记录且没有明显的目的性，往往更能了解到一些真实有用的信息。

三、查实的违法违规问题和处理结果

A 保险代理公司为保险公司开具无真实业务往来的中介发票的行为，违反了《保险法》（2014 年修正，下同）第一百三十一条第八项"保险代理人、保险经纪人及其从业人员在办理保险业务活动中不得有下列行为：……（八）利用业务便利为其他机构或者个人牟取不正当利益"的规定，应依据该法第一百六十六条"保险代理机构、保险经纪人有本法第一百三十一条规定行为之一的，由保险监督管理机构责令改正，处五万元以上三十万元以下的罚款；情节严重的，吊销业务许可证"的规定予以处罚。此外，聘任不具有任职资格的执行董事、临时负责人超过规定期限和未按规定使用独立账户代收保险费等问题也违反了《保险专业代理机构监管规定》（保监会令〔2013〕7 号）的有关规定。据此，保险监管部门对 A 保险代理公司依法予以严肃处理。

四、点评

A 保险代理公司是在实际检查中经常会遇到的一种中介机构类型，场所简陋，人员少，业务简单，管理粗放，依法合规意识淡薄，向检查组提供的材料或数据往往不及时、不完整甚至不提供，被调查人员对于检查组的询问也往往百般抵赖。对于此类机构，从检查的技术难度上讲，可能不是太复杂，但对检查程序和证据链条有更高的要求。此外，由于机构配合方面往往不如保险公司，检查组在很多时候往往"无材料可看，

无人可谈",导致检查效率比较低。对于此类机构,可以采取先总体分析再逐项核查进而汇总判断的检查思路。首先摸清被检查对象的大体情况,再通过内部检查与外调取证相结合、调阅资料与现场查看相结合、分析数据与谈话调查相结合"三结合"的方法进行重点突破,提高检查效率,查实违法违规行为。

案例 2-6：
运用稽核数据分析 + 监管经验
查实虚假中介问题

一、基本案情

（一）检查对象基本情况

T 产险公司 XX 分公司成立于 2002 年，2014 年保费收入为 83 155 万元，中介渠道保费收入 63 416.88 万元，中介业务占比为 76%，T 产险公司 XX 分公司下辖 12 个支公司。

T 产险公司 XX 分公司 X 支公司成立于 2003 年 5 月 16 日。2014 年，该支公司实现保费收入 12 800.55 万元，中介渠道保费收入为 12 230 万元，赔款支出 6 197 万元，业务管理费支出共计 65.44 万元，佣金及手续费支出 35.82 万元，佣金手续费率 12.6%，中介业务占比为 95.55%。

XX 保监局通过非现场数据分析发现，T 产险公司 XX 分公司及其 X 支公司呈现以下特点：一是 T 产险公司 XX 分公司尤其是 X 支公司的中介业务占比很高，远远高于市场平均水平；二是 X 支公司中介业务主要集中于某个兼业代理机构 H；三是 X 支公司车险手续费率低于市场平均水平。

2013—2014 年，XX 地区商业车险手续费率普遍维持在 20% 以上，而 X 支公司的手续费率明显低于市场平均水平。在各家产险公司纷纷抬高中介手续费率争夺市场的背景下，X 支公司依靠较低的手续费率取得近 96% 的中介业务，而且主要的中介业务集中于一家位于郊区偏僻地段的兼业代理机构。这些非同寻常的特点引起了检查组的关注。

由于上述种种疑点，XX 保监局将虚假中介业务作为重点检查内容，将 X 支公司作为重点检查对象和突破口。

（二）案件基本情况

经查，2014 年，X 支公司通过虚构保险代理业务的方式，把 A、B、

C 三家投保人（汽车租赁公司）的 8 212.16 万元的直接保险业务挂靠为某兼业代理机构 H 的代理业务，套取代理手续费 1 013.69 万元，其中 85%（863.33 万元）由 H 返还给投保人，15%（150.36 万元）由 H 留存使用。

具体的作案过程和作案手段如下：Y 是 X 支公司的负责人，A、B、C 三家投保人的车险业务是由他洽谈联络。A、B、C 公司想降低车险费率，但在 XX 地区尚未成立兼业代理机构，便委托 X 支公司的负责人寻找一家兼业代理机构挂靠业务，以获取大部分手续费用。Y 就把 A、B、C 的业务挂靠在与其相熟的 H 中介机构，而 H 中介机构仅仅通过开票就可以获得收入。H 中介机构把约 85% 的手续费用通过银行转账的方式汇至 A、B、C 公司的账户上，15% 留作自用。

由于业绩驱动，X 支公司负责人 Y 将公司的直接业务虚构为代理业务，利用中介机构套取手续费用后返还给投保人，变相降低车险费率，扰乱车险市场秩序，造成保险中介市场虚假繁荣，增加企业的经营成本。

二、检查实施

（一）检查过程

1. 检查前准备。为了检查工作能顺利进行和取得突破，XX 保监局在检查前做足功夫，搜集相关资料和数据，锁定疑点不放松。一是仔细查看 T 产险公司 XX 分公司上报的自查报告和报表，并和已掌握的辖区内自查数据进行比对。发现 T 公司第一次上报的虚假中介业务违规金额非常少，与其中介业务占比高的特点不相匹配。同时，检查人员还深入分析 XX 地区所有产险公司上报的虚假中介业务违规金额，发现 T 公司自查的虚挂中介业务金额还低于其他同等规模的公司上报的数据。二是巧妙运用稽核软件进行数据筛查。检查组使用稽核软件建立中介机构数据筛查表、中介业务来源数据筛查表、重点业务对应中介机构数据筛查表等，通过一系列数据筛查和交叉筛查，发现 H 中介机构作为汽修类兼业代理机构，代理的保费收入金额巨大，为 X 支公司业务的主要来源。通过进一步数据筛查发现，H 中介机构代理的业务主要集中在几家租赁车业务客户上，存在较大的挂靠中介业务套取手续费的嫌疑。

2.现场检查。为了做实证据,查明真相,XX保监局从走访、查询和谈话入手,对中介机构和X支公司开展现场检查。

一是对H兼业代理机构开展排摸走访。经查询、走访发现,H中介机构的主营业务是汽修,办公地点位于郊区较为偏僻的地段。公司除了负责人以外,没有其他业务人员。检查组与该公司负责人进行简单交谈后发现,其对车险业务几乎一无所知。检查人员再细问挂靠的车险业务情况,H中介机构的负责人更是茫然。通过这次走访,所有检查人员更加坚定了H中介机构车险业务为虚挂的判断。接下来,横亘在检查组面前的难题就是如何迅速攻克X支公司负责人Y,让他主动交代实情,配合检查。

二是抛出关键事实,讲求攻心技巧。获取了所有关于X支公司虚挂中介业务的外围材料后,检查人员开始约谈X支公司负责人Y。在检查人员抛出第一个疑点后,Y振振有词。抛出第二个疑点后,Y矢口否认。当检查人员告知已经走访H中介机构,获得了关键性证据时,Y开始狐疑不定,沉默不语。检查组为了争取Y的主动配合,使后续检查顺利开展,对其讲政策,分析利弊。告知如果积极配合检查可以建议适当从轻处理,否则将从严查处。经过一番权衡,Y承认与H兼业代理机构的业务为公司的直接业务,挂靠代理套取手续费用于返还给投保人。

三是对H中介机构正式开展延伸检查。检查组和X支公司负责人一同前往H中介机构,进行谈话笔录。为了避免双方证词有出入,检查人员分成两个小组同时对H中介机构负责人和X支公司负责人进行访谈,如果发现有差异,当场质询。H中介机构按照检查组的要求提供了2014年费用结算清单和收付款凭证。从财务凭证上看,手续费最终以银行转账方式流向了A、B、C三家投保人。至此,X支公司虚挂中介业务的证据已全部取得,且形成完整的证据链,相互印证。

(二)重点检查方法和手段

1.运用稽核软件筛取数据,准确快速选取可疑业务。稽核软件系统的主要功能在于可以根据检查人的不同要求编写不同的查询逻辑,实施自主查询。但是,稽核软件的有效运用需要紧密结合业务监管经验和计算机数据库知识。

在此次检查过程中，检查人员在广覆盖的基础上，突出问题导向，重点挖掘大案。检查人员运用稽核软件建立中介机构数据筛查表、中介业务来源数据筛查表、重点业务对应中介机构数据筛查表等，再根据监管经验判断，迅速准确地锁定一些业务量大的可疑中介业务。H中介机构作为汽修类兼业代理机构，代理的保费收入金额大，为X支公司业务的主要来源。通过进一步数据筛查发现，H中介机构代理的业务主要集中在几家租赁车业务客户上，存在较大的挂靠中介业务套取手续费的嫌疑。

2.适当开展外围排摸走访，掌握关键信息和材料。现场检查的过程充满悬疑和未知，在获取充分的信息后，再进行筛选过滤，去伪存真，选取有效信息，借以帮助检查人员作出正确推断。在正式笔录访谈前，对检查对象的外围调查、走访非常重要，如果运用得当，可以收到事半功倍的效果。

在本次检查中，检查组在锁定可疑中介机构对象后，通过外围排摸、走访，掌握了非常关键的信息，取得了意想不到的效果。该兼业代理机构是一个地处郊区的汽修厂，业务量大，但是不具备与其业务量相适应的人员和办公职场，而且负责人对保险业务陌生，对其"明面"上代理的车险业务也是一问三不知。检查对象的这种应激反应，是最真实、最本能的表现，是保险公司虚构保险代理业务最有力的佐证。

3.注重谈话策略，攻破心理防线。在公司没有承认违法违规事实以前，所有对公司的怀疑仅限于推断的层面，必须掌握让其心服口服的证据材料；否则会让公司在双方博弈中处于优势地位，不利于检查工作的开展。而在现场检查过程中，缓和的气氛更有利于获取证据，揭明真相，提高检查效率。

在约谈X支公司负责人Y时，检查人员不急于亮出底牌，目的就在于让Y有个心理缓冲和接受的过程。在一个又一个疑问提出时，Y也对检查人员掌握的情况有所了解，开始出现动摇情绪。此时，我们再对其讲政策、分析利弊并拿出有力证据，Y的心理防线彻底被攻破，最终选择如实坦白。

三、查实的违法违规问题和处理结果

问题一：T产险公司XX分公司X支公司存在虚构保险代理业务的情况，违反了《保险法》第一百一十六条"保险公司及其工作人员在保险业务活动中不得有下列行为：……（十）利用保险代理人、保险经纪人或者保险评估机构，从事以虚构保险中介业务或者编造退保等方式套取费用等违法活动"的规定，应依据第一百六十一条"保险公司有本法第一百一十六条规定行为之一的，有保险监督管理机构责令改正，处五万元以上三十万元以下的罚款；情节严重的，限制其业务范围、责令停止接受新业务或者吊销业务许可证"和第一百七十一条"保险公司、保险资产管理公司、保险专业代理机构、保险经纪人违反本法规定的，……对其直接负责的主管人员和其他直接责任人员给予警告，并处一万元以上十万元以下的罚款；情节严重的，撤销任职资格"进行处理。

问题二：H代理机构存在利用业务便利为其他机构或者个人牟取不正当利益的情况，违反了《保险法》第一百三十一条"保险代理人、保险经纪人及其从业人员在办理保险业务活动中不得有下列行为：……（八）利用业务便利为其他机构或者个人牟取不正当利益"的规定，应依据第一百六十五条"保险代理机构、保险经纪人有本法第一百三十一条规定行为之一的，由保险监督管理机构责令改正，处五万元以上三十万元以下的罚款；情节严重的，吊销业务许可证，"以及第一百七十一条"保险公司、保险资产管理公司、保险专业代理机构、保险经纪人违反本法规定的，……对其直接负责的主管人员和其他直接责任人员给予警告，并处一万元以上十万元以下的罚款；情节严重的，撤销任职资格"进行处理。

据此，XX保监局对T产险公司XX分公司X支公司和H兼业代理机构依法予以严肃处理。

四、点评

检查产险公司虚假中介业务，难点之一就是选定和判断疑似虚挂业务。如何快速锁定目标，打开检查局面，需要监管经验的积累和巧妙运用稽核软件系统。难点之二就是公司对违规事实的坦白承认，这需要检

查人员掌握核心证据信息和运用合适的谈话策略、技巧。虚挂中介业务的主导者是保险公司，中介机构只是单纯为了获取开票费用，所以检查虚挂中介业务的重点是争取保险公司的承认配合。

熟练运用稽核软件筛选可疑业务和检查对象，再加上监管经验的判断，是查实 X 支公司虚挂中介业务的一大法宝。

一是稽核软件系统在现场检查中发挥了重要的作用，极大地提高了检查的效率和效果，解决了检查范围有限、检查效果有限的问题，实现对被检查公司彻底的深入检查。特别是通过与其他检查手段的有机结合，将更大地发挥稽核软件系统的威力。

二是业务经验的积累是实施有效检查的先决条件。特别是对市场运行情况的把握、对法律法规的理解，对各项违规行为的判断是开展有效检查的先决条件。没有业务经验的积累就不能准确地确定检查目标，不能做到有的放矢。先进的检查手段只是工具，检查思路才是关键，要进行深入检查就需要先有思路有方案，然后再付诸稽核软件。

三是稽核软件系统的查询结果要和公司的业务系统数据相结合才能真正确定公司的操作手法，这就需要检查人员对公司的业务系统结构有大致判断，同时也需要良好的计算机数据库知识。

四是现场检查从某种角度上说也是心理战。如何让公司坦白实情且不会翻供，这就要求检查人员要合理使用心理战术。在掌握关键核心的情况后，和公司谈话注意策略和技巧，击其要害，讲明政策。如果公司是个"理性人"，就会本着"两利相权取其重，两害相权取其轻"的原则，配合检查。

案例 2-7：
综合运用查调问核手段查实虚列费用问题

一、案例简述

在"两个加强，两个遏制"专项检查中，保监局发现某财产险公司下辖 N 营销服务部 2014 年通过列支劳务派遣费、租车费和业务宣传费等方式处理业务团队的市场销售费用，报销事项及所附票据与实际经济事项不相符，导致财务数据不真实，金额累计 37.2 万元。上述行为违反了《保险法》的有关规定，保监局依法责令该营销服务部停止接受中介渠道新业务 3 个月，并责令改正违规行为，对直接责任人予以警告，并处以罚款 3 万元。

二、检查过程

（一）检查启动

根据保监会"两两"检查抽查对象的要求，同时结合保监局制定的《现场检查池筛选工作办法》[①]得出的保险机构年度得分排序情况，检查组对某财产险公司的 F 省分公司 2014 年经营状况和"两两"自查情况进行综合分析，发现该公司第一次自查未反映问题，第二次自查仅上报少量虚列费用和虚挂中介问题，将其列为现场检查对象。

（二）检查数据分析与资料调阅

该分公司成立于 2010 年 3 月，下辖 1 家中支和 3 个营销服务部，2014 年实现保费收入 7 885 万元，赔款支出 3 840 万元，综合赔付率 83.71%，综合费用率 54.88%，承保利润率 –38.47%。该分公司中介渠道保费收入 5 759 万元，占比 73%；车险业务保费收入（含交强险）7 173 万元，占比 91%；财务账目亏损 2 136 万元。该分公司总经理室成员 2 人，现有

[①] 该办法主要结合保险机构年度分类监管评价、投诉处理工作测评、司法案件管理情况、治理销售误导效果评价和省保险行业协会评价等五项指标，综合测评得出结果。

员工 137 人，没有营销员。

该分公司在辖区内属于小型保险公司，市场份额仅 0.4%。从非现场监管指标上分析，该分公司虽然保费规模小，但 2014 年保费增长迅速，增速达 44%，且市场竞争最为激烈的车险业务占比较高，经营险种较为单一，对中介渠道的依赖度较高，财务账面亏损严重，呈现出"赚了保费不赚钱"的不良状况。此外，该分公司业务及管理费用率高达 50%，远超行业 21% 的平均水平，手续费用率 8.5%，与中小保险公司 10% 以上的平均水平相比又偏低，这种不正常的"一高一低"现象引起了检查组的注意，同时结合近年来保监局曾对其虚列费用问题进行过行政处罚，检查组初步判断该公司财务数据不真实的可能性较大。

为保证检查工作顺利开展，检查组调阅了该公司财务业务管理制度、2014 年业务电子台账、财务费用明细账、业务员名单及业绩清单、手续费支付台账、中介业务管理档案等资料，确定将虚列费用和虚挂中介作为检查重点，并选取自查反映问题较少的 N 营销服务部作为现场检查的重点对象。

（三）检查线索挖掘与方法运用

检查组本着务实高效、快查快处的原则，通过运用"一查、二问、三调、四核"的检查方法，在省公司初步摸清基本情况后，延伸检查 N 营销服务部。

一查。一是检查财务业务管理规定，重点了解公司管理流程和处理方法，发现省级分公司对下辖分支机构实行费用包干，财务部门对变动费用只审核原始票据的真实性和报销凭证的完整性，不审核实际用途与报销经济事项的一致性和真实性，给下级机构虚列费用留下了操作空间。二是逐项查看营业费用明细科目，发现公司"其他费用""租赁费"和"业务宣传费"等项目开支较大，将其列为重点检查项目。检查组通过查阅财务凭证，逐笔登记报销单证明细，发现在"其他费用"中，公司列支了劳务派遣费 27 万元，按每人每月 6 000 元的标准向劳务派遣公司付款。但进一步查看公司签订的合作协议，发现存在诸多疑点：如同一批人员挂靠在不同的劳务派遣公司，人员在当地却要通过外地的劳务派遣公司委派，协议派遣 4 人但只列出 3 人姓名，同时考虑到该营销部业务规模较小，内外勤人员合计已有 15 人，完全不需要这么多的劳务派遣人员，虚列的嫌疑很大。在"租赁费"中，检查组发现公司租赁的一辆外地牌照的车辆一年之内通过三家不同的租赁公司出租，明显不符合常理，且该公司已配备有查勘车，查勘任务不重，同样存在虚列疑点。此外，在"业务宣传费"中，有一笔 3 万元的宣传折页费用开支也不符合公司使用实情。

二问。一是向当地保险行业协会了解市场行情，发现当地车险市场竞争较为激烈，中小保险公司投入市场的手续费比例普遍在 16% 以上，而该公司账面手续费率平均仅 13%，且车险业务占比高，不符合当地市场费用行情。二是根据上述疑点及收集的证据资料，检查组直接对该营销部有关经办人员、综合行政处经理和总经理进行分别询问，要求其给出合理解释，在其无法自圆其说的情况下，加大政策攻心力度，使其承认虚列费用的事实。据公司反映，迫于市场竞争压力，为支持业务团队开拓市场，公司一部分通过可操作的变动费用套取资金，另一部分通过虚构中介业务套取资金，用于向业务团队支付市场费用。

三调。为了进一步查实公司的违规问题，检查组实地走访了与公司签订协议的劳务派遣公司和汽车租赁公司，发现劳务派遣公司每月收到保险公司的款项后，扣除 6.5% 的开票手续费将余款又返还给保险公司内勤员工；同样，汽车租赁公司扣除开票金额 12% 的手续费后，也将余款返还给保险公司人员。此外，检查组还电话调查了开具宣传费发票的广告公司负责人，了解套费过程。针对调查情况，检查组分别制作了调查记录。

四核。一是核对资金进出情况。检查组根据外调掌握的情况，要求公司有关人员提供银行卡账户资金交易流水，逐笔核查套费资金流向。经比对，账户记录与扣除开票费用后返回公司的手续费金额和时间基本吻合。二是向公司有关人员核实资金去向。检查组进一步询问了有关内勤人员和外勤业务员，证实了套取的费用由内勤人员取现后交给业务团队的团队长，用于支付市场拓展费用，从而实现了证据链的闭环，固定了违规证据。

三、处理情况

经查实，N营销服务部虚列劳务派遣费、租车费和业务宣传费等套取费用37.2万元的行为，违反了《保险法》第八十六条第二款"保险公司的偿付能力报告、财务会计报告、精算报告、合规报告及其他有关报告、报表、文件和有关资料必须如实记录保险业务事项，不得有虚假记载、误导性陈述和重大遗漏"的规定，根据保监会《关于做好保险机构"两个加强、两个遏制"专项检查监管抽查后续处理工作的通知》（稽查局函〔2015〕274号）精神，上述问题属于公司自查阶段未上报问题，应依法予以从严从重处理。

根据《保险法》第一百七十条的规定，保监局责令该营销服务部停止接受中介渠道新业务三个月，并责令改正。根据《保险法》第一百七十一条的规定，对直接负责的主管人员该营销服务部经理予以警告，并处以罚款3万元。

四、原因分析

保险公司虚列费用问题是多年来保险市场违规的主要表现形式，且屡查屡犯，究其原因，主要有以下几点：

一是保险公司缺乏核心竞争能力，服务客户能力有限。作为提供风险管理的主体，缺乏对产业链的控制手段，缺乏吸引客户的方法，只能以低水平价格竞争来稳固客户群，若难以为继，就转向以违法违规手段来竞争，导致虚列费用、虚假中介问题屡禁不止。

二是在资源配置和发展规划上，保险机构不重视核心竞争力的培育，重短期利益、轻长远发展，资源配置不平衡，对于不直接产生保费的客户服务、后援人力建设、企业文化形象等软实力投入严重不足，进一步影响了核心竞争能力的培育，形成恶性循环。

三是内控制度不完善、不严密，落实不到位，约束力不强，甚至变相参与或支持下级分支机构的不规范竞争，对分支机构违法违规问题采取袒护做法。

四是部分高管人员依法合规经营意识不强，职业道德淡薄，对销售人员管控不到位，合规教育培训力度不够，造成销售人员合规意识较差。

五、点评

一是数据分析要深入细致。虚列费用问题表现形式多样，隐蔽性较强，在没有掌握充分证据的前提下，很难直接突破。检查过程中，检查组应注意多方收集数据资料，对不同渠道来源的数据进行细致分析、综合比较，发现蛛丝马迹的违规线索后要深入挖掘，以点带面，举一反三。本案中，检查组就是通过对公司非现场业务监管数据、财务费用明细、行业市场费用等多方数据进行深入比较分析，找出问题疑点后取得突破。随着大数据、互联网等信息科技手段的广泛应用，检查手段和方式更需要与时俱进。

二是违规证据要多方收集。仅取得公司单方面的问题确认，特别是仅取得有关人员的询问笔录，违规事实认定的证据材料明显不足，且容易被推翻，检查中还应通过开展外调，取得外部的书证或人证，真正做到证据链闭环，相互印证，才能办成铁案。本案中，检查组不拘泥于公司单方面收集的证据，从外围单位开展调查，从资金流入手，摸清了资金的来龙去脉，确保证据链的完整和缜密。

三是资金流向要密切跟踪。查实虚列费用的关键是摸清资金流的来龙去脉，重点关注以票据报销方式支付的费用真实性、大额费用列支项目真实性、支票存根记载事项的真实性等，密切跟踪银行账户资金交易流水，核查资金去向。本案中，检查组获取了公司管理费用明细表和公司费用账户的银行对账单，追查每笔大额费用是否真实发生，支付对象与票据开具单位是否一致；获取了有关内外勤人员的银行账户明细清单，逐一核查了回转的套费资金，核实了套费事实。

第三部分
财务数据真实性

案例 3-1：
A 人身保险公司虚列业务管理费套取资金检查案例

一、案例简述

在"两个加强，两个遏制"回头看专项检查中，检查组发现 A 寿险公司省级分公司团险渠道通过虚列业务管理费套取资金行为，将套取资金用于团险业务维护及推动。该公司主要通过公杂费、业务招待费等科目进行费用报销，实际报销事项并未真实发生，共计套取资金 19.26 万元。检查组在充分调查取证的基础上，严格依据《保险法》有关规定，责令涉事 A 公司整改，并处以 12 万元罚款，对 A 公司主要负责人警告，处 1 万元罚款。

二、检查过程

（一）调阅资料情况

在入场 A 公司后，检查组立即调阅了 A 公司上级机构下发的、所有在用的关于费用管理工作的制度文件、工作函、工作通知、电子邮件等资料，以及本机构印发执行的、所有在用的关于费用管理工作的制度文件、工作函、工作通知、电子邮件等资料。及时从公司财务管理系统调阅了检查时间范围内，检查对象的各类会计报表、会计账簿、会计凭证、科目明细账、业务管理费用账目等电子资料。

（二）检查发现线索及可疑线索分析

根据检查组检查经验，A 公司在自查阶段，自查违规金额与其业务规模不相称，很可能在费用方面存在违规情况。基于这种考虑，检查组重点查看检查对象内部关于费用总额计算、下拨、支付等控制工作的职权划分状况和基本业务流程。上级采取按险种设定费用率、按经营团队的保费总额计算团队可报费用总额的包干制管理模式的，对于费用真实性审核等后续工作的管控往往停留于发票真实性、报销流程是否完备等形式性工作上，对是否存在以真实发票报销其他用途费用的违法违规行为审查不严，风险较大。审核发票时看发票有无漏洞，如有无在不同月份报销的发票是连号的、会议费发票的真实性以及真实发票的内容是否真实，保险公司入账的由保险中介机构提供的发票的真实性等等。检查组通过对管理费用明细账的审查，发现A公司在业务招待费、公杂费这两个科目中报销费用十分集中，超出常规消费水平。且存在发票连号、发票票面崭新等疑点，检查组就重点投入检查力量对这些科目进行审查。

（三）检查过程详述

检查组就围绕既有线索，有针对性地进行检查工作，主要采取了以下方法手段：一是费用报销原始凭证金额与记账凭证金额是否一致，是否存在账实不符问题。二是费用报销部门与费用归口管理部门是否一致，是否存在销售管理部门或展业团队报销办公用品、电脑耗材和燃油费等情形。三是费用报销人与报销款项领取人是否一致，是否存在公司内勤人员代替业务经办人报销业务及管理费的情形。四是费用报销情况与费用实际发生情况是否匹配，是否存在频繁购买打印纸和计算器等办公用品的情形，是否存在燃油费列支远超公司自有车辆实际行驶里程油耗开支等情形。五是费用开支情况与会计账务处理情况是否一致，是否存在会计科目适用错误，将本应计入固定资产和低值易耗品的开支金额计入办公用品和电脑耗材开支等情形。

锁定业务管理费主线，充分运用大数据的统计与分析，此类检查科目明细账，业务管理费用的案例需要充分发挥EXCEL功能。对在检查中发现可疑的发票，编制发票统计表，按购买商品、发票号码、发票内容、购买日期、签字日期、发票类型、记账日期、单价、数量、金额、经办人员、发票书写情况（是否有涂改、是否大小写一致等情况）进行详细录入。可以按照以下五种方法进行发票的甄别筛选。一是按"发票内容"进行排序、汇总，同一类的支出就一目了然。然后，根据实际情况对发票所发生业务的真实情况，结合经办人员进行落实。如该单位没有打印机、复印机，却有高额的打印费、复印费支出；用于福利的支出与实有人员情况不符等。把分散在各期间的汇总起来,就不难发现检查对象有重复报销、套取资金等违法违规行为。二是按"发票书写情况"进行排序、汇总,对有涂写、大小写不一致、笔迹不一致等情况与有关人员进行笔迹核对,可能会发现相关人员篡改原始发票套取现金的行为。三是按"发票类型"和"发票号码"进行排序、汇总,对发票号码在前而购买日期在后,或者购买日期在前而发票号码在后,要对有关人员的笔记进行仔细核对和询问,对大量连号发票要实地落实。四是按"购买商品、单价、数量、金额"进行排序、汇总,对同样商品单价差距大的进行核对,看有无用提高单价套取现金的行为。五是按"记账时间、购买时间"进行排序、汇总,有疑点的发票比较集中的月份,一般在春节、中秋节前后,要进行仔细核对,看是否用于发放福利和赠送礼品;对记账时间和签字日期与购买时间相差较远的要问明原因,看是否有为他人突击解决费用的问题。检查组发现有 30 笔公杂费,共计 20 万元存在疑点,发现 15 笔业务招待费,共计 6 万元存在疑点,就这两个科目进行重点核查。

在检查公杂费科目时,查阅 A 公司相关财务制度,查阅公司费用报销的流程,检查公司团险部门人员名单,查阅会计凭证及附件,查验发票的真伪,核对费用报销后的走向。检查组 A 公司团险条线部分会议费用中未产生办公用品费用,存在办公用品发票均为同一天内分次开出,统计得出购买的办公用品数量过于庞大,与日常消耗的速度不符等疑点。在检查业务招待费科目时,发现一些招待事项的餐馆很小,不符合正常接待的情况,部分连号餐饮发票出现在不同报销月份,初步判断是 A 公司人员平时吃饭时搜集的发票用来报销,并列入招待费。基本确定了问题线索后,检查组开展线索核实及询问工作。

开展谈话问询前,要充分考虑相关人员的解释与搪塞,做好线索梳理及相关问题准备。根据之前掌握的情况、搜集的证据,检查组采取分组询问的方式,同时对几名虚假事项报销费用的情况直接对经办人员进行问询,要求其给予合理解释,在其无法自圆其说的情况下,给其施加压力,使其承认虚列费用的事实。之后,再对团险部门负责人进行问询,直接出示相关证据资料,并合理利用其对他人陈述信息不对称的情况进行诱导，使其不得不承认虚列费用的事实。最后，在具体经办人员及团险部门经理都承认违法违规事实的情况下，对 A 公司的团险分管总进行谈话，认定其直接领导责任，证据面前，其本人供认不讳。最后，落实违法违规的涉案金额。通过逐笔记录的方法，统计总金额，并与该中心支公司人员逐笔进行核实确认。最终，确认 A 公司团险渠道虚列公杂费 22 笔，累计套费 16.22 万元；虚列业务招待费 8 笔，累计套费 3.04 万元。经过多个维度统计，定性定量完成核查工作，并采集相应财务凭证等资料作为辅证资料，完成检查过程。

三、处理情况

（一）问题定性

A 公司通过虚列业务及管理费套取资金，违反了《保险法》第八十六条："保险公司应当按照保险监督管理机构的规定，报送有关报告、报表、文件和资料。保险公司的偿付能力报告、财务会计报告、精算报告、合规报告及其他有关报告、报表、文件和资料必须如实记录保险业务事项，不得有虚假记载、误导性陈述和重大遗漏。"

公司提供的情况说明、团险及银保客户经理工资表等材料证实公司存在虚列人员工资套取资金的行为。公司提供的"保险机构基本情况调查表"、公司总经理责任分工等文件，对相应责任人主要领导责任进一步明确，构成财务数据不真实的违法违规事实。

（二）法律适用

虚列人员工资套取费用的行为，属于财务数据不真实范畴，违反了《保险法》（2015 修正）第八十六条规定："保险公司应当按照保险监督管理机构的规定，报送有关报告、报表、文件和资料。保险公司的偿付能力报告、财务会计报告、精算报告、合规报告及其他有关报告、报表、文件和资料必须如实记录保险业务事项，不得有虚假记载、误导性陈述和重大遗漏。"

依据《保险法》第一百七十条、第一百七十一条，对 A 公司及其重要负责人进行相应行政处罚。第一百七十条："违反本法规定，有下列行为之一的,由保险监督管理机构责令改正,处十万元以上五十万元以下的罚款;情节严重的,可以限制其业务范围、责令停止接受新业务或者吊销业务许可证:1.编制或者提供虚假的报告、报表、文件、资料的……"第一百七十一条:"保险公司、保险资产管理公司、保险专业代理机构、保险经纪人违反本法规定的,保险监督管理机构除分别依照本法第一百六十条至第一百七十条规定对该单位给予处罚外,对其直接负责的主管人员和其他直接责任人员给予警告,并处一万元以上十万元以下的罚款;情节严重的,撤销任职资格或者从业资格。"

(三)责任认定

A公司上述违法行为,违反了《保险法》第八十六条规定,A公司团险分管总,对团险条线的违法违规情况负有直接责任,其笔录也对违规事实供认不讳,相关的书证材料也显示其签批记录。依据《保险法》第一百七十条、第一百七十一条对A公司及相关责任人依法予以严肃处理。

四、点评

目前市场主体经营方式缺乏差异化,新设立的寿险公司在发展初期普遍采用的是以高费用、高成本拓展银保渠道的经营方式。在银保渠道中,居于优势地位的银行常常将吸储费用、银行卡发卡礼品等费用交由保险公司承担。这类无法在账内列支的成本也成为保险公司违法违规虚列费用的重要原因。基层保险公司在成立初期没有营销队伍,更多的就是依赖渠道进行市场拓展,账外手续费的问题既有自身的原因,也有外部渠道掌握资源的客观因素,催生了套费变通使用资金的情况。基层保险公司为了完成上级公司下达的任务量,不得不铤而走险。保险公司基层人员受公司管理层压力,不得不协同违规套费,公司业务条线高管既是利益享受者更是违规风险的承受者。

案例 3-2：
A 产险公司虚列会议费案

一、案例简述

在"两个加强，两个遏制"专项检查中，H 保监局发现 A 产险公司 H 省分公司在 2014 年 4 月至 8 月期间，存在虚列业务及管理费套取费用的情况，涉及金额 130 888 元。经核实，A 公司销售管理部员工余某于 2014 年 4 月 23 日、8 月 13 日分别报销两笔会议费 41 315 元和 89 573 元（合计金额为 130 888 元），均为虚列事项，套取费用在扣除了开票单位 10% 的"开票费"后的余额 117 803 元，用于支付公司员工和与该公司合作的部分中介机构的业务推动奖励。其中，向该公司员工夏某、蔡某等 5 名员工支付了 35 500 元，向与该公司合作的 B 保险代理有限公司等 4 家中介机构支付了 82 303 元。

二、检查过程

（一）检查启动原因

在"两两"检查自查阶段，H 保监局辖内有 A 产险公司 H 省级分公司一家公司上报的自查报告是"零报告"，没有反映任何问题。H 保监局通过分析认为，出现"零报告"现象有违该公司客观情况。因此，H 保监局将"零报告"的公司作为现场检查的重点对象，对 A 产险公司 H 省级分公司进行了现场检查。

（二）调阅资料情况

A 产险公司 H 省级分公司在日常经营中主要的业务模式是以依靠中介渠道开展业务为主，而非公司直销业务。因此，检查组计划重点查看其手续费支出的数额、占保费收入的比例，以及业务及管理费的数额、占保费收入的比例等，是否与其业务经营模式相匹配。检查组重点调阅了 A 产险公司 H 省级分公司 2014 年 1 月至 12 月的承保清单，应付手续费、手续费支出明细账，业务及管理费用（特别是车辆使用费、电子设备运转费、安全防卫费、广告费、业务宣传费、业务招待费、差旅费、咨询费、会议费、公杂费、宣教费、培训费等）明细账，应付手续费、手续费支出相关财务凭证和所有业务及管理费用支出财务凭证，合作中介机构花名册及合同、协议，员工花名册，2014年全年各月财务和业务报表，特别是业务及管理费用明细表等资料。

（三）检查发现线索及可疑线索分析

按照以往的检查经验，公司虚列费用的高峰时段一般为年度末或季度末，比如岁末年初搞"开门红"冲业绩的费用一般会在次年的第一季度、第二季度开支。因此，检查组重点查看了公司各季度末的费用开支情况，将其业务及管理费所涉及的"业务宣传费""会议费""服务费""咨询费"等科目项下的会计凭证按照"凭证号""报销日期""报销金额""发票名称及号码""发票开具时间""报销人""所在部门及职务""支付日期""收款人""支付方式"等要素设计表格逐笔进行登记，以便发现其中的规律和破绽。经查发现，"会议费"科目下存在较大疑点，在相隔不到10天的时间内（2014年4月15日、4月23日、4月24日）公司就组织召开了3次会议，且其中两笔的发票开具日期晚于报销日期（4月24日开票，4月23日报销），明显不符合逻辑。检查组将此疑点作为重点突破口，进行了深入检查。

（四）检查过程详述

检查组选取其中一笔"公司员工余某4月23日报销的金额为41 315元的会议费"作为重点突破口，进一步核实了记账凭证所附附件资料的真实性。其发票由某旅行社有限公司开具，内容为"旅游业——团款（会务费）"，附件包括培训暨户外拓展活动通知、议程、人员清单签到表以及与该旅行社签订的《团队国内旅游合同》。

检查组重点核实了活动签到表的真实性，通过与相关人员谈话等方式，发现签到表中的蔡某、石某等7名员工均未参加此次活动，签到表中的公司以外人员（车险超市工作人员）黄某、胡某等4人也均未参加此活动。经核实，活动通知、议程、人员签到表等均是由余某虚构编造，4名新车中心工作人员签名均由余某代签；所附旅游合同是由余某取回加盖了旅行社印章的空白合同后填写相关内容，并按该公司的印章使用流程进行用印。

经核查，该公司实际并未开展活动，而是虚构活动事项，目的是套取费用用以发放与其合作的部分中介机构 1 季度业务推动奖励。为兑现奖励，余某联系旅行社开具了会议费发票，总公司转账支付对应金额的资金后，余某以现金方式从旅行社取回扣除 10%"开票费"后的余额 37 183 元，并以现金方式支付给 H 保险代理有限公司负责人周某和 J 广告传播有限公司负责人张某。

三、处理情况

（一）问题定性

经核实，A 产险公司 H 省级分公司销售管理部员工余某于 2014 年 4 月 23 日、8 月 13 日分别报销的两笔会议费 41 315 元和 89 573 元（合计金额为 130 888 元），其会计记账凭证附件中所附的活动通知、议程、人员清单签到表等资料均由余某虚构编造，所列会议并未真正召开，属于虚构并未真实发生的经济事项，性质属于虚列费用。该公司通过报销"会议费"的方式套取费用，目的是用于支付公司员工及与该公司合作的部分中介机构的业务推动奖励，违反了《保险法》第八十六条"保险公司应当按照保险监督管理机构的规定，报送有关报告、报表、文件和资料。保险公司的偿付能力报告、财务会计报告、精算报告、合规报告及其他有关报告、报表、文件和资料必须如实记录保险业务事项，不得有虚假记载、误导性陈述和重大遗漏"。该问题属于违法违规问题。

为了将该违法违规问题查深、查透、查实，检查组复印了余某报销的两笔会议费的会计记账凭证，复印了该公司总公司下发的《关于开展 2014 年一季度开门红营销竞赛的通知》《关于下发传统分销渠道 2014 年上半年机构营销激励费奖励方案的通知》等相关奖励方案等资料，让合作中介机构出具了收款情况说明，上述资料作为书证。同时，检查组对会计凭证所附人员签到表中的人员参加活动情况及合作中介机构负责人的收款情况进行了调查，将相关人员的询问调查情况制作成调查笔录，作为言证。

对于 A 产险公司 H 省级分公司"财务数据不真实"的问题，有虚列业务及管理费用明细表、会计凭证、相关人员调查询问笔录、收款情况说明等，证据间能够相互印证，构成了完整的证据链，违法事实清楚、证据充分。

（二）法律适用

虚列费用的问题违反了《保险法》第八十六条"保险公司的偿付能力报告、财务会计报告、精算报告、合规报告及其他有关报告、报表、文件和资料必须如实记录保险业务事项，不得有虚假记载、误导性陈述和重大遗漏。"

（三）责任认定

该公司虚列费用的行为，违反了《保险法》第八十六条，依据《保险法》第一百七十二条之规定，"违反本法规定，有下列行为之一的，由保险监督管理机构责令改正，处十万元以上五十万元以下的罚款；情节严重的，可以限制其业务范围、责令停止接受新业务或者吊销业务许可证：1. 编制或者提供虚假的报告、报表、文件、资料的"。

时任该分公司总监陈某对该问题审核不清、管理不严，对违法违规行为负有管理责任。依据《保险法》第一百七十三条："保险公司、保险资产管理公司、保险专业代理机构、保险经纪人违反本法规定的，保险监督管理机构除分别依照本法第一百六十一条至第一百七十二条的规定对该单位给予处罚外，对其直接负责的主管人员和其他直接责任人员给予警告，并处一万元以上十万元以下的罚款；情节严重的，撤销任职资格或者从业资格。"

（四）处理措施

鉴于 A 产险公司 H 省级分公司在"两个加强、两个遏制"自查报告中未反映该问题，上报的自查报告为零报告，XX 保监局对该产险公司 H 省级分公司进行从重处罚，责令 A 产险公司 H 省级分公司停止接受 W 市商业车险新业务 6 个月。时任该分公司总监陈某对违法行为负有管理责任，对其给予警告，并处罚款 1 万元的行政处罚。

四、原因分析

一是保险公司对费用支出的真实性和合法性缺乏管控。不少公司财务人员及机构负责人在费用报销的过程中，仅仅审核发票真实性、费用总额是否超标、财务科目是否正确使用等，而对费用开支的实际用途不进行审核。

二是部分总公司对具体的财务管理、流程管理、领导班子的内控管理等，没有制定长期的、定期和不定期的检查制度和操作性强的考核办法，衡量其分公司的合法合规经营仅限于不被当地监管机关查处，致使公司在日常经营中不能对过程进行有效把控。

三是社会诚信体制的不健全导致数据不真实现象具有一定的普遍性。不少商家可以在收取一定点数的手续费后为客户代开发票，虚开、套开的现象不同程度存在，这为公司不真实列支经营数据打开了方便之门。

五、点评

虚列业务及管理费中涉及科目众多，检查方法各有不同，但实质是求证各个费用科目的真实性。主要方法：

一是要求被检查单位提供费用清单，费用清单应包括凭证号、报销科目、报销金额、报销日期，报销人等关键信息。

二是对费用清单进行排序、汇总、筛选，通过数据加工后，找出发生金额较大、发生频率高、明显违背常理的可疑费用报销进行逐笔核查。

三是进行逐笔核实，寻找可疑线索进行重点突破。以会议费为例，主要了解人数、会议内容、会议场所等，通过寻找证据证明参会人员的虚假性。首先，通过查看OA、请假出差记录等寻找参会人员的不在会证据等。其次，可以到会议实际场所了解情况，求证会议场所是否可以容纳报销的会议人数，会议场所当天是否有会议记录等。最后，通过找参会人员谈话等方式了解参会人员是否了解会议内容等等。寻找逻辑上的不一致性，取得实质性突破。

四是深入细致地收集客观、全面、准确的证据。包括经公司确认的虚列费用清单，列支相关费用的会计凭证及发票等附件，公司高管、部门负责人、直接经办人等相关人员的询问笔录或公司及相关个人对违法事实的说明，相关事项签报、会议记录等内部文件资料，外部相关单位的说明材料，以及有关人员的责任认定、职务及职责分工等资料。

案例 3-3：
D 产险公司虚假财务报销案

一、案例简述

在"两个加强,两个遏制"专项检查中,发现 D 产险公司某省分公司(以下简称 D 分公司)在 2014 年 8 月至 2014 年 10 月期间,通过编造理赔查勘工资表 4 份和会议事项 3 项,进行虚假财务报销套取资金 17 万元。该行为属于典型的虚假财务报销套取资金违法违规行为。

二、检查过程

（一）检查启动原因

D 分公司 2014 年实现保费收入 6 500 余万元,成立一年多就超越当地一些开业时间较早的保险机构,可谓实现"超越式发展"。与此同时,监管部门注意到该公司业务及管理费用率较高（2014 年业务及管理费占保费收入近 50%）。为充分掌握和及时遏制新设公司营业初期违规经营风险隐患,同时明确监管红线、亮明监管底线,当地保险监管部门决定对 D 分公司开展现场检查。

（二）调阅资料情况

针对财务虚假报销套取资金风险,检查组调阅了 D 分公司 2014 年度会计报表、科目余额表、业务及管理费明细账和相关会计凭证。通过账表分析,从总体上把握公司财务核算特点;通过分析业务及管理费明细账,掌握公司主要费用报销事项类别;与公司实际经营活动及行业平均水平进行比对,发现不符合实际的报销事项,进一步通过由账到证检查报销事项的真实性。

（三）检查发现线索及可疑线索分析

检查组在进驻 D 分公司后,首先对该公司 2014 年度业务及管理费用明细账、科目余额表等进行整体分析。检查组主要关注费用总体占比、费用构成中排名靠前的项目、非常规会计科目、大额集中报销以及分渠道、分部门报销比例等。在分析过程中，检查组发现 D 分公司在业务及管理费科目下列支"会议费"100 余万元（含公司自查报告反映的虚假会议费报销 34 万余元）、在其他业务支出科目列支"代查勘费"40 万元，与检查组的合理推测产生背离，具体表现为：一是所列支的"会议费"主要是外部会场租赁费，而公司职场内部自有可容纳近百人的会议室，因此内部会议无需到外部租赁场地；公司主要通过车商、电销等渠道开展车险业务，电销座席尚未落地，一般不会产生会议费支出，而公司在车商营业场所往往派驻自己的出单人员，并有专职业务经理负责维护与车商门店的合作关系，与车商等代理机构洽谈业务一般不需要召开大型会议。二是公司所列支的"代查勘费"主要是向查勘员支付的现场查勘工资补贴，单笔现场查勘补贴 50 元到 400 元不等，明显高于当地行业平均水平。所附报销工资表显示，公司在 3 个月左右时间内在无分支机构地区查勘出现场比例达 80%，这与行业在无机构地区大多委托当地修理厂进行现场查勘的通行做法相悖。

（四）检查过程详述

检查组对上述疑点线索进行了讨论分析。针对属于外部采购且有正规发票的会议费报销事项，考虑抓住内外部两条线。首先从外部进行调查了解，实地到财务记录中涉及的会议酒店查看，了解酒店的位置、会场布局等细节，然后从公司内部入手，按图索骥，复查财务报销过程，查验原始凭证真伪，锁定证据后找相关经办人进行询问谈话。对于编制虚假的理赔查勘工资表问题，由于不涉及外部单位，考虑主要从内部进行突破，通过先期固定公司代查勘制度，基本明确有机构和无机构地区查勘方式及出现场比例、出现场工资补助标准，进一步通过统计汇总工资明细表中相关查勘员出现场的次数、日期，寻找与查勘制度、补助标准不一致的地方进行突破。

检查组达成一致意见后，随即进行人员分工，指派不同人员分别负责外围会议酒店实地勘察、报销凭证复查、调阅公司代查勘制度及询问相关工作人员、统计工资表所列查勘人员的出现场次数及工资补助领取金额。

调查取证工作按计划推开。负责复查报销凭证的检查人员最先发现了疑点线索，注意到公司报销会议费的原始凭证中附有会场照片，但部分照片上人员的着装明显与当地季节、气候不符，且照片上显示的会场横幅存在明显后期PS痕迹。

负责外围会议酒店实地勘察的检查人员找到了酒店位置，但进入酒店取证却遇到酒店工作人员强烈阻挠。

为保证检查进度，检查组决定直接从公司内部寻找突破口。由于报销会议费涉及的部门主要是车商业务部，其工作人员日常主要在4S店驻点，对财务作假等了解不深，不排除相关被询问人员主动"爆料"的可能。于是，检查组决定绕过公司联系人，直接拨打相关经办人甲的电话要求其到检查组说明有关情况。

见到甲后，检查组表示"我们已经查清，这三笔会议费都是虚假的，你作为具体报销经办人，请说明套取资金的去向"，把压力一下子全甩给甲。甲默默地把三笔会议费报销凭证翻了一遍，低着头没有说话，检查组询问人员见机趁热打铁："你们会场照片是PS的。"甲表示："嗯……你们应该也了解，我们做业务需要费用，有的招待费用没有发票无法入账，有的赠送礼品费用也一样，只能找票等额报销，不过这些费用都是用到公司业务公关上"。检查组追问："这是谁的主意？"甲支支吾吾，最终还是给予了明确回答："我们部门经理给我的发票，钱报出来后也给她了。""请明确说明资金去向"，询问人员乘胜追击。甲表示："这三笔报销最终都是用于我所在的某品牌汽车4S店的招待和销售代表的礼品支出。"检查组顺藤摸瓜，找车商业务部负责人乙进行询问谈话，在既有证据和检查组"闪击战"面前，乙猝不及防，很快承认了虚假报销会议费套取资金的问题。

检查组突破虚假报销代查勘工资套取费用问题则采取了"找到逻辑矛盾，让数据说话"的方式。检查组通过查询公司制度和详细询问一线查勘人员，将查勘员出差情况与在公司出勤打卡情况进行比对，发现公司查勘人员并不享受工资表上所列现场查勘补助待遇，部分工资表所列出差人员同时在公司进行指纹打卡。检查组从工资表上所列查勘员名单中抽取部分人员进行询问,并及时记录和锁定证据。在询问中,检查组了解到查勘人员对于自己查勘的案子是需要登录理赔系统录入查勘人员信息的,就要求被询问人登录自己的账号查看系统数据信息,发现存在同一案件的查勘员在理赔查勘系统与财务报销工资表中不一致的情况,而查勘员的陈述与系统记录基本一致。但紧接着,问题又出现了:从询问第三名查勘人员开始,被询问人的说法开始变得模棱两可,不肯给出肯定的回答,"我记不清了"成了"标准话术"。检查组讨论后判断公司肯定进行了"攻防演练",决定不再继续询问查勘员,直接找部门负责人丙谈话。

"你公司成立时间不长,除省会以外的地区没有机构,查勘人员才十几名,且绝大部分人力物力投放在省会,怎么会有这么多的外地现场查勘?像这笔代查勘补助报销,当事人表示根本没有去现场查勘,怎么会有他的工资补助?况且,你公司理赔系统中登记的查勘员与财务报销中所列查勘员根本不是一个人。当事人都交代了实情,这四笔查勘工资报销是虚假报销,是不是这样?"一名检查组人员很严肃地询问。丙开始不肯承认,检查组询问人员于是换了一种缓和的口吻:"利用查勘工资套费是我们监管部门之前查处过的,有先例,目前行业内根本不存在这么高的查勘补助标准,你们总公司给了这块预算,但必须要据实列支,是不是?"丙态度开始软化:"总公司对系统内代外省公司理赔查勘有这个费用政策,我们的资金又很紧张,理赔部门属于业务后线,成本控制很厉害,一线查勘员都要值夜班,很辛苦,我就想着给大家搞点福利,增加些加班费,虚假报销套取的资金没有直接用到销售上,主要用在我部门内部。"检查组进一步询问财务、业管等部门人员,对上述虚假报销资金去向进行印证。

三、处理情况

(一)问题定性

保监局审理认为,D分公司编造原始凭证、虚构经济事项进行虚假财务报销,属于典型的财务数据造假,对此类主观故意的财务数据造假应保持零容忍。一方面，反映公司财务内部控制存在审核不严等机制漏洞；另一方面，虚假报销套取资金实际上形成"小金库"，造成部分资金账外循环，在违反《保险法》规定的同时，还会成为行业爆发商业贿赂、职务侵占等刑事犯罪的温床，导致严重司法案件风险。

（二）法律适用

D分公司通过编造原始凭证虚假报销会议费、查勘人员工资，套取资金17万元挪作他用，证据充分，违反《保险法》第八十六条"保险公司的偿付能力报告、财务会计报告、精算报告、合规报告及其他有关报告、报表、文件和资料必须如实记录保险业务事项，不得有虚假记载、误导性陈述和重大遗漏"的规定。受制于检查手段，大部分虚假财务报销往往难以获取有力的外部证据，因此检查组特别注意对获取的内部证据进行相互印证，以形成完整证据链，尽量避免出现过多依靠"口供"的情况。本案获取的主要证据如下：

（1）D分公司报销理赔查勘工资和会议费的会计凭证；

（2）D分公司理赔部门负责人及三名查勘员调查笔录；

（3）D分公司车险业务部部门负责人、车商业务部客户经理及会议费报销经办人调查笔录；

（4）D分公司部分赔案电子档案；

（5）D分公司部分查勘员打卡出勤记录；

（6）D分公司对虚假报销理赔查勘工资和会议费事项的说明文件；

（7）D分公司对本次检查的事实确认书；

（8）D分公司对2014年业务合规情况自查报告；

（9）D分公司理赔部门负责人、车险业务部部门负责人、车险业务部客户经理三人任职文件。

（三）责任认定

D分公司理赔部门对报销虚假查勘工资负有直接责任，车商业务部门对报销虚假会议费事项负有直接责任。两部门负责人是上述虚假财务报销行为的授意者和第一审核人，是该违法违规行为直接负责的主管人员。虚假会议费所属4S店客户经理负责该4S店整体保险销售业务管理，是虚假会议费报销的直接责任人。

（四）处理措施

对上述违法问题依据《保险法》第一百七十二条、第一百七十三条的规定和保监局行政处罚裁量标准进行处罚。经保监局处罚委员会审议决定，最终对 D 分公司及相关责任人甲、乙、丙依法予以严肃处理。

四、原因分析

从市场发展的内外部环境来看，可以从三个方面来分析类似本案中这类违规行为产生的原因。具体如下：

（一）从市场大环境来看

一是公司缺少渠道控制力。车险是产险公司的主要业务来源，当地产险公司也面临同样的问题，业务发展过分"靠车"。此外，像大多数公司一样，该公司对车险的销售渠道控制力弱，没有主动建立和发展自有销售渠道，而过分依赖车商代理渠道，只能被动适应车商提出的高比例手续费、账外费用等要求，进而通过虚假财务报销套取资金进行不正当竞争。二是条款费率一刀切。检查期间，当地产险公司尚未开展商车费改。各公司均执行总公司统一车险条款，自主调整费率空间不足。在市场激烈竞争的环境下，分公司往往只能从营业费用上做文章，搞贴费竞争、变相降价。

（二）从公司内部制度来看

内控尤其是财务控制不严是保险公司的一大软肋。本案暴露出公司内控不严的两种典型表现：一是大额采购及供应商管理不规范。供应商管理制度不健全，采购出入库管理不严格，普遍存在"一张发票就交账"的情况。二是公司营业费用预算执行不严格。预算管理制度执行不严，存在自行调剂使用预算的情况。公司通过虚报、虚列预算科目或金额骗取总公司资金支持，有的部门或内部员工串通套取公司资金实现个人或小团体额外收益，有的部门大量套取资金用于违规公关。公司片面强调业务规模，销售前端没有建立起合规及风险管理的第一道防线；业管、合规等部门审核不严，不能真正发挥内部审核监督职责；财务监督不到位，存在以部门审核代替财务审核的情况；内部审计等纠错查弊机制不完善，资源投入与业务发展不匹配。公司内控约束力逐级递减，内控制度落地难、真正生效难。

五、点评

本次检查能够取得突破，关键在于三个环节：

一是客观的数据分析。做账讲究平衡，不光是指"有借必有贷，借贷必相等"，还包括科目使用的均衡，前后期数据的均衡、或多或少有种"美化数据"的倾向。这种倾向造成财务数据表面上的"合理"，给检查突破制造困难。本案中的"会议费""查勘工资"都是常见的财务报销事项，绝对金额也不大，从重要性的角度检查时往往容易忽略。检查组正是观察到公司自有较大面积的会议室、注意横向比较当地不同公司查勘补助标准，所以才精准定位该公司貌似合理的财务报表问题。

二是果断的现场调度。从怀疑有问题到查实问题，其中最关键的一环是现场的调度指挥。检查取证没有一成不变的模版，每次现场查案遇到的都可能是全新的状况。本案中，检查组按照惯例对虚假会议事项进行外部调查取证，原先预想的取证过程遇到外部单位的不配合，强行取证势必引起不必要的矛盾冲突，甚至造成人身伤害。这时候，现场指挥调度人员临危不乱，果断调整突破口，顺势而为而不是逆势行动，避免了冲突升级。在内部取证时，指挥调度人员能够及时综合分析取证进度、审时度势确定调查对象，强调书证、数据跟谈话内容的交互印证，取证效果远胜单兵突进。

三是灵活的询问技巧。首先避免随机确定谈话对象，泛泛而谈。本案中，检查组询问的每名工作人员都是经过慎重筛选的。对虚假会议费的取证突破口放在最基层的办事人员身上。在对虚假查勘工资进行取证时，也是首先从最基层的查勘员进行突破。当证据收集到一定程度时，再找公司负责人印证。谈话内容紧扣报销凭证和系统数据，在询问查勘员时将谈话内容依托报销凭证上的赔案逐笔访谈，并与理赔系统记录逐笔印证，切忌泛泛而谈。其次，谈话因人制宜，控制节奏。本案中，检查组对于"比较爱惜自己羽毛"的谈话对象采取讲道理、摆事实的谈话策略,对于"狡猾"的谈话对象采取摆数据、找漏洞的谈话技巧,同时根据谈话进度,安排"白脸""黑脸"谈话人适时出场,迅速击穿谈话对象心理防线。

案例3-4：
F产险公司虚列费用案

一、案例简述

2014年，F产险公司J中心支公司虚假报销套取费用，用于补贴市场费用，涉及12笔虚假费用，合计金额128 649.6元。保监局关依法对F财险公司J中心支公司罚款15万元，对J中支负责人韩某警告并罚款3万元。

二、检查过程

（一）检查启动原因

2015年3月10日、3月31日、4月30日，F产险公司S分公司三次向保监局报送自查报告。汇总分析发现，三次自查仅发现1家中支存在79笔虚挂中介业务（涉及手续费7 600元），8家中支存在128笔2年以上未决赔案。问题数量和性质、违规金额都低于行业普遍水平，虚假费用等问题未有反映，自查不彻底、不充分的可能性较大。

截至2015年5月，F产险公司S分公司实现保费1.36亿元，占当地市场的0.66%，承保利润率为7.32%，综合费用率为44.86%，综合赔付率为47.82%。公司有12家三级机构，其中J中心支公司费用水平较高，业务规模较大，自查中发现问题较少，故选择J中心支公司作为延伸检查的对象。

2015年前5个月，F产险公司J中心支公司实现保费收入3 596.04万元，其中车险3 462.37万元，占比96.28%。从业务渠道看，直接业务渠道占比64.79%，代理业务占比33.82%，其中专业代理机构占比19.66%，个人代理人占比10.37%。从经营结果看，承保利润率为–0.59%，综合费用率为43.70%，综合赔付率为56.89%，费用水平较行业偏高。从分类监管结果来看，2014年分类监管等级为C。从市场反映和以往检查结果来看，公司内控尚需要进一步加强。

(二)调阅资料情况

检查组进场后，根据以往检查经验，陆续调取了业务、财务凭证，详见表 3-4-1：

表 3-4-1

<table>
<tr><td colspan="5">调阅资料（数据）清单</td></tr>
<tr><td>序列</td><td>资料（数据）名称</td><td>资料（数据）日期</td><td>格式（内容）要求</td><td>备注</td></tr>
<tr><td>1</td><td>代理人信息表</td><td>2014 年初至截止检查日</td><td>姓名、性别、身份证号、签订协议时间、入司时间、手机</td><td>电子、纸质材料</td></tr>
<tr><td>2</td><td>员工信息表</td><td>2015 年初至截止检查日</td><td>姓名、性别、部门、职务、身份证号、入司时间、手机</td><td>电子、纸质材料</td></tr>
<tr><td>3</td><td>中介代理协议（代理人、专业代理、兼业代理）</td><td>2016 年初至截止检查日</td><td></td><td>纸质材料</td></tr>
<tr><td>4</td><td>手续费代理业务台账</td><td>2014.1.1-2015.5.31</td><td>保单号、投保人、被保险人、签单日期、保险起期、保险止期、代理人名称、代理机构许可证编码或个人代理资格证书编号、展业证书编号、保单保费、手续费比例、手续费金额、对应财务凭证号、手续费支付对象、手续费支付时间</td><td>从系统导出电子数据</td></tr>
<tr><td>5</td><td>所有银行账户存款余额调节表\对账单</td><td>2014 年初至截止检查日</td><td></td><td>纸质材料</td></tr>
<tr><td>6</td><td>租赁合同（房屋、车辆等）</td><td>2014 年初至截止检查日</td><td></td><td>纸质材料</td></tr>
<tr><td>7</td><td>单证领用登记簿</td><td>2014 年初至截止检查日</td><td></td><td>纸质材料</td></tr>
<tr><td>8</td><td>业务及管理费用、其他应付款、理赔费用、预付赔款等科目三栏式明细账</td><td>2014 年初至截止检查日</td><td></td><td>电子</td></tr>
</table>

续表

调阅资料（数据）清单				
序列	资料（数据）名称	资料（数据）日期	格式（内容）要求	备注
9	费用政策、考核政策、承保政策	2014年初至截止检查日		纸质材料
10	J中支中介业务台账	2014年一张表 2015年前五个月一张表		电子版

（三）检查过程详述

首先，检查组到F产险公司S分公司，着重了解内控制度、费用政策、操作规程的制定和执行情况。调取了经营数据，与财务、业管、理赔、人力等重点岗位进行了谈话，按照综合性现场检查方法对检查对象各个经营环节进行地毯式检查。对业务、财务、理赔系统进行穿行测试，查找系统管理和内部控制存在的漏洞，结合自查发现的问题，倒查分支机构存在问题的原因。调阅收发文、承保理赔档案和财务凭证，查看公司业务系统，调阅文件和业务档案，对公司人员进行现场会谈等方式摸清公司内部管理存在的突出问题和风险隐患，确认公司内控管理方面存在的问题。

其后，检查组选择业务规模较大、费用水平较高的J中心支公司作为延伸检查的对象，重点是发现并核实违规问题。

检查组发现，J中心支公司以车险业务为主，64.79%的业务是由签订劳动合同的业务人员带来的直销业务。经核算公司向业务人员支付的工资和绩效奖励，其比例低于代理渠道保单获取成本，疑似存在利用其他方法套取费用补贴直销渠道问题。检查组核实了公司绩效考核的方法，未发现明显不妥。故将检查的重点放在了业管费的真实性方向。

检查组调取了J中心支公司2015年5月的业管费明细表（见表3-4-2以下为部分节选，已按照从多到少排序。）

表 3-4-2　　　　　　　　业管费用明细表　　　　　　　（单位：万元）

科　目	行次	本期	本年累计
一、手续费及佣金支出	1	36.66	200.60
1. 手续费支出	2	36.66	200.60
2. 佣金支出	3	0.00	0.00
二、业务及管理费	4	147.32	384.23
42. 车船使用费	45	34.21	98.67
39. 社会统筹保险费	42	5.17	37.10
37. 公杂费	40	11.40	36.93
12. 职工工资及福利费	15	40.52	32.57
17. 会议费	20	8.85	28.49
13. 差旅费	16	8.98	21.26
54. 提取保险保障基金	57	3.47	14.67
4. 电子设备运转费	8	4.31	12.59
35. 同业公会会费	38	7.50	11.50
3. 业务招待费	7	2.35	11.14
20. 咨询费	23	3.98	10.31

从表可知，公司业管费主要科目为车船使用费、社会统筹保险费、公杂费、职工工资及福利费、会议费、差旅费等。检查组将核实的重点放在车船使用费、公杂费、会议费三个科目上。经抽查 2014 年 1 月、2 月和 12 月的会议费和车船使用费，发现公司存在通过旅行社举办会议的可疑现象，且多在外地举行全员参加的大型会议，以此为突破最终核实 J 营业部报销与实际事项不符或虚构事项的费用 12 笔，合计金额 128 649.60 元（明细见表 3-4-3），如抽查发现 J 营业部 2014 年通过两家旅行社报销虚假会议费 85 626.2 元。以 100000851 号凭证号为例，该凭证显示 Z 营销服务部于 2014 年 2 月 13 日在某旅行社召开"2014 年一季度春风行动"工作会议，参会人员 10 人，金额为 29 574 元。公司解释称该费用实际为组织相关业务单位人员赴香港旅游，根据公司规定无法在旅游费科目列支，以会议费的名义支付款项。

表 3-4-3

科目	月份	凭证号	摘要	金额（元）	实际用途
会议费	1	1000000323	支付新干线旅行社会议费	38 849.00	
会议费	2	1000000851	***报销会议费	29 574.00	
会议费	12	1000006868	支付新大陆旅行社会议费	1 303.82	
会议费	12	1000006976	支付新大陆旅行社会议费	8 159.38	
会议费	12	1000007032	支付新大陆旅行社会议费	7 740.00	业务激励
车船使用费	1	1000000362	**报销燃油费	3 430.00	
车船使用费	1	1000000363	**报销燃油费	5 678.00	
车船使用费	2	1000000734	**报销燃油费	3 318.40	
车船使用费	2	1000000797	**报销燃油费	10 826.00	
车船使用费	2	1000001009	**报销燃油费	6 000.00	
车船使用费	12	1000006868	**报销燃油费	9 000.00	
车船使用费	12	1000006795	**报销燃油费	4 771.00	
合计				128 649.60	

检查组对关键证据及时谈话、拍照并由公司人员签字确认，固定了证据。

（四）梳理相关内控漏洞

1. 财务管理不到位。一是销售费用打包拨付，公司对费用真实性缺乏有效控制手段。检查发现，分公司根据业务总成本和市场情况控制三级机构的销售费用，销售费用包括代理业务手续费、直销人员基本工资和绩效工资，以及凭发票报销的会议费、燃油费、公杂费等业务及管理费，具体使用由三级机构自行决定，分公司对此缺乏有效控制。业务人员报销销售费用时，公司仅核实是否超出团队费用预算、发票是否真实，而对事项的真实性则没有审核，对单张发票或单笔费用的额度也没有限制，报销的费用由三级机构财务进行支付。事项的真实性由报销人自己负责，公司对费用真实性无任何有效控制手段，给虚构经济事项套取费用提供条件。

二是财务制度执行不力，缺乏有效监督和控制。根据公司资金管理办法，原则上所有支出类资金均应通过银行转账方式支付。检查发现，公司存在大额现金支付的加油费问题。分公司称此种情况是不允许报销的，但分公司对此类问题缺乏有效的监督手段，难以控制该类问题的产生。

2. 内部管理不规范。一是人员管理和考核不到位。近几年，J营业部经营业绩较差，2014年保费出现负增长，工作人员积极性不高，公司没有根据经营和考核结果及时对J营业部班子成员采取必要的奖惩措施。二是制度执行不到位。根据公司司务会制度要求，二级和三级机构应每周召开一次司务会。经查询J营业部会议记录，多数情况下没按要求召开。三是电销业务管理不规范。公司没有成立电销业务部门，也没有专职的电销业务人员，财务上也无法提取电销业务报表，也没有查询到电销业务费用，无法实现单独核算。四是不同员工共用出单工号。检查发现，公司设立在A保险销售公司、L代理公司两出单点的出单人员，共用一个出单员工号。

三、处理情况

（一）问题定性

虚假报销套取费用属于违规问题，检查组复印了财务凭证，获得了报销人承认虚假的谈话记录，要求公司就此情况出具情况说明。

（二）法律适用

F产险公司J中心支公司虚假报销套取费用的行为，违反了《中华人民共和国保险法》第八十六条第二款"保险公司的偿付能力报告、财务会计报告、精算报告、合规报告及其他有关报告、报表、文件和资料必须如实记录保险业务事项，不得有虚假记载、误导性陈述和重大遗漏"的规定。

（三）责任认定

检查发现，费用报销人、部门负责人、J营业部财务负责人张某、时任 J 营业部负责人韩某均在报销凭证上签字。检查组与报销人、机构负责人进行了谈话，留存了谈话笔录。

（四）处理措施

针对上述违法行为，依据《保险法》第一百七十条、第一百七十一条，保险监管机关对 F 产险公司 J 营业部及机构负责人韩某依法予以严肃处理。

四、点评

从本次检查情况看，采取先让公司自查的形式比较好，能够让公司充分反映问题和分析产生问题的原因，起到事半功倍的效果。从 F 产险公司 S 分公司的三次自查情况看，第一次自查反映问题不够全面，问题原因分析不到位，整改措施可操作性不强。在保险监管部门的督促下，公司第二次、第三次自查工作较第一次重视程度明显加强，反映的问题更加全面，对产生问题的原因分析也比较到位。

近期的现场检查发现，阴阳单、假赔案等严重违规行为因其成本高、风险大已难觅其踪，更多的是虚假费用报销和虚假绩效工资套取市场费用。针对这一现象，建议利用好报表工具，细化分析明细科目，寻找违规线索，再现场翻阅业务和财务凭证，寻找疑点，最终谈话取得突破。

案例 3-5：
B 产险公司虚列个代渠道费用案

一、案情简介

在"两两检查"中，发现 B 财险 S 支公司通过"虚假中介"和"虚列费用"套取资金，用于支付给第三方代理手续费的情况。2014 年，该公司为规避上级公司手续费比率管控，承诺在合同规定以外，给予部分兼业代理额外的手续费补贴。为筹集额外的手续费，S 支公司共通过虚列邓某一、邓某二、尹某等 17 名个人代理人套取资金 15.7 万元，由车商部归集后，支付 Q 市平安客运有限责任公司、S 县方舟旅游客运有限公司、S 县利银公交服务公司车险和承运人责任险业务手续费。

二、检查过程及主要证据

正式进驻现场以前，检查组成员认真分析该公司 3 月 9 日第一次上报的"两两"自查报告。报告显示，该财险公司省级分公司通过"虚假中介"套取资金 853.56 万元，涉及保费 6 267.08 万元；通过"虚假费用"套取资金 3 812.72 万元，涉及违规费用 7 514 笔。

检查人员分析认为，该财险公司有个别下属机构未如实反映违规问题。如 Q 市分公司上报违规资金仅为 66.29 万元，与其 2014 年 5.7 亿元的保费收入规模明显不符，可能仍存在未充分暴露的问题。按照"两两"自查工作精神要求，检查组将 Q 市分公司定为联动检查对象。

为增加"两两"检查工作的严肃性，检查组在正式入场以前，始终未透露检查对象。2015 年 3 月 20 日，检查组对 Q 市分公司开展"飞行检查"，调取各项业务经营数据，准备全面梳理存在的问题。3 月 25 日，按照 3 月 19 日保险机构"两个加强、两个遏制"专项检查工作会议精神，保险机构"两个加强、两个遏制"专项检查工作领导小组办公室明确了最后时间截点，要求保险公司在 3 月 31 日 17 时前将最终自查整报送至监管部门，不符合要求的应退回并重报。通知下发后，Q 市分公司为争取从宽从轻处置，全盘托出已发生的财务和业务违规问题，使得现场检查工作突然陷入困境。

Q市分公司3月31日提交的自查报告显示，公司在"回头看"检查中，又发现虚假中介问题共涉及营销员382人，涉及保单74 788笔，保费8 723.16万元，涉及虚列手续费1 324.28万元；通过虚列费用套取资金、支付车商费用和电网销落地服务费用，涉及资金1 437.8万元，涉及费用2 433笔。这份看似"包罗万象""宁滥勿缺"的报告，暴露违规金额高达2 762.08万元，是前期自查报告反映金额的42倍。但是这份报告是否涵盖所有违规行为呢？检查组决定继续对Q市分公司进行追查。

为了全面、准确检查出公司存在的问题，检查组再次组织人力，对自查报告进行分析。通过业务规模、业务结构与自查违规资金进行对比，发现Q市分公司S支公司对虚假中介业务暴露较少，明显低于其余县支公司水平，且个人代理人多于正常人力，可能存在问题。

检查组迅速将S支公司列入延伸检查对象，并依法开展各项调查取证工作。现场检查阶段，检查组明确了以个人代理渠道作为突破口的思路，彻底排查"虚挂业务"与"虚增人头"的情况。首先，检查组以S支公司自查报告中反映的虚假中介现象为线索，继续深挖问题本质。通过调阅S支公司与Q市某客运有限责任公司、S县某旅游客运有限公司、S具某公交服务公司的保险合作协议、业务清单及支付审批表，发现实际支付手续费与系统配置手续费存在明显差额。除去S支公司自查暴露的10.37万元套取资金外，仍有16万元未能说明资金来源。据此，检查组查证S支公司与上述单位存在"阴阳协议"的现象，并及时固定了相关证据。

同时，查阅公司承保业务清单，发现部分业务渠道归属存在明显不合理的现象。如S县某旅游客运有限公司，商业险项目均为个人代理人业务，但是交强险却归属在个代和直销两个渠道。S县某公交服务有限公司部分业务的个人代理人前后几年连续出现变化，分别归属不同的代理人员，共涉及车险代理人7人，非车险代理人3人。S县交通出租车有限责任公司，车险和承运人责任险分别归属不同的代理人，涉及车险和非车险代理人 15 名。其中，邓某一车险代理 244 笔，手续费 35 148 元，承运人责任险仅 1 笔，手续费 148 元；张 XX 车险仅 3 笔业务，承运人责任险业务高达 22 笔。2014 年间，S 支公司与银行合作的借款人意外伤害保险，共发生手续费 39 524.25 元，分别归属于苏 XX、徐 X、张 XX、张某一、张某二等人，而这些业务明显应该由银行直接销售，不应归属于个人代理人渠道。S 支公司无法对上述现象给予合理解释，更加证实了检查组的怀疑。

为了更加深入了解上述业务的真实渠道，检查组以突然袭击的方式，要求全体个人代理人员进行考试。考卷中，检查组设计了一系列业务销售及后续服务等开放式问题，要求个人代理人对其主要业务进行论述，从侧面再次印证个人代理人是否真实代理名下保险业务。

检查组及时固化检查发现的"客观证据"后，对具有涉案嫌疑相关人员进行问询。检查组注意把握突破次序，确定从"基层到高管"的顺序。首先，找准对单证管理岗等具体经办人员进行重点突破。在取得相关笔录后，再依次对业务一部经理、业务二部经理、综合部经理进行问询。最后，在基本理清作案手法的基础上，对时任支公司经理助理进行问询。在检查人员出示的客观证据面前，S 支公司经理助理不得不承认，公司为弥补手续费差额，组织相关部门和个人，集中通过虚列个代渠道套取资金 15.7 万元的违法事实。

最终，检查组查实了 S 支公司于 2014 年期间，通过虚列邓某一、邓某二、尹某等 17 名个人代理人套取资金 15.7 万元，由车商部归集后支付给相关单位业务手续费的违规行为。

三、问题定性及处理措施

（一）问题定性

保监局审理认为，一是 S 支公司在 3 月 31 日之前，根据保监会"回头看"要求主动向监管部门问题，具有从轻处罚的情节。二是公司在"两两"自查工作中主动报告违规套取手续费 91.22 万元，对违规情况暴露较为彻底。检查中发现未报告的问题，属于其自查不彻底造成的，不存在故意隐瞒的情形，具有从轻处罚的情节。

（二）法律适用

B 财险 S 支公司通过虚列个人代理人套取资金 15.7 万元，事实清楚，证据充分，违反《保险法》第一百一十六条第十项的规定。

主要证据如下：

（1）S 支公司经理室任职分工文件；

（2）S 支公司与 Q 市某客运有限责任公司、S 县某旅游客运有限公司、S 县某公交服务公司的保险合作协议、业务清单及支付审批表；

（3）S 支公司 17 名营销员合同复印件；

（4）S 支公司调查笔录 7 份（其中经理室成员 1 份、公司员工 3 份、营销员 3 份）；

（5）手续费支付凭证复印件。

（三）责任认定

检查组认为，安 X 时任 S 支公司经理助理，分管业务一部、二部和承保（出单分中心）工作，对该行为未履行管控职责，故认定安 X 负有直接管理责任；该违法行为的实施主体为 S 支公司，故认定 S 支公司为机构责任主体。

（四）处理措施

A 保监局"两个加强、两个遏制"专项检查领导小组召开行政处罚专题讨论会，认为 S 支公司同时具有两个及以上从轻情节，依据《保险法》第一百六十二条和第一百七十三条规定，A 保监局决定对 S 支公司及其经理助理安 X 依法予以严肃处理。

四、原因分析

从"两两"自查报告看，S 支公司暴露出的违规套取资金的情况并非个例，A 省内各公司普遍存在通过"虚假中介"和"虚列费用"套取资金的问题。结合 A 市场分析，产生以上问题的原因主要有两点，具体如下：

（一）车险业务渠道单一，车商、车队等兼业代理机构处于强势地位

据统计，2014 年，营运车辆保费占 A 省车险保费的比例为 33%，多

数公司对营运性车辆的保险业务依赖度高，造成规模较大的车队能够直接影响公司保费任务完成与否，能够要求保险公司突破上级公司管控，提供额外的手续费补贴。

（二）市场特殊的生态环境，车商、车队等兼业代理机构能够掌握资源

一方面，营业车辆和新车保险领域资源高度垄断。据不完全统计，A省近90%新车保险资源由汽车经销商垄断，运输车队和出租车公司也控制90%以上出租车和营业货车的保险资源。而且，运输企业设立门槛低，数量多、竞争比较激烈，为吸引车辆挂靠，往往不收挂靠费，而是把保险手续费作为车队的重要收入来源。另一方面，经销商和运输车队实际承担兼业代理作用。从事营运的货车常年分散在全国各地，运输车队通过年检和日常管理协助保险公司开展承保和理赔工作，汽车经销商直接面向购车者推销保险，节省了保险公司的人力成本，也成为其向保险公司收取手续费的事实依据。

五、点评

经过对S支公司通过"虚假中介"和"虚列费用"套取资金一案的认真分析，A保监局归纳了案件得以突破的四个重点环节，供参考。

其一，非现场数据分析。任何保险公司企图通过违规行为套取资金，就一定会体现在财务和业务数据上，造成某几项指标与正常水平存在严重偏差。在进场前，对公司相关数据进行非现场分析，提前确定检查重心，往往能极大提高现场检查效率。比如，本次检查中，检查组对于S支公司开展检查的选定就是建立在非现场分析的基础上。S支公司个人代理人高达40人，与同业机构相比，处于不合理范围。正是根据这项异常指标，检查组决定了以个人代理渠道为检查重点。

其二，及时调整检查策略。在现场检查过程中，经常会出现各种突发状况，导致检查工作未按照预想轨道运行。这就要求检查人员能随机应变，及时调整思路。比如，在此次检查中，检查组进驻现场后，遭遇到政策变化。保监会为引导更多的保险公司全面、客观、准确的暴露违

规问题,允许各保险公司将"回头看"自查环节发现的问题再次上报,并与前期上报问题享受"同等待遇"。Q市分公司也充分利用这一政策"红利",将所有有疑问的业务均以自查形式上报。上述原因使得检查突破点大大减少。此时,改"全面出击"为"顺藤摸瓜",才能集中精力,从已暴露问题中继续深挖,打破无从下手的僵局。

其三,掌握重点风险环节。检查人员一般都会及时总结当前市场热点,以公司惯用的违规手段。一方面,由于本次检查期间,市场实际手续费高企,且多数保险公司上级公司在核心业务系统内对跟单手续费配置管控严格,造成巨大手续费差额。另一方面,保监局对于专业中介代理公司的高压监管,堵塞了虚开发票的漏洞,造成保险公司普遍采用"虚挂个人代理人"的方式套取资金。结合对S支公司的非现场数据分析,检查人员直接找准突破口的机率就大大上升。

其四,找准人员突破次序。资金被套取以后,往往会形成事实上的"小金库",在公司体外进行循环。但这不意味着保险公司高管人员对该笔资金不做管控。保险公司会指定相关部门、人员,有组织地集中套取和使用资金。如果在检查初期,就贸然找公司高管人员谈话,可能会打草惊蛇,使得相关人员迅速串供,甚至毁损证据。在此案中,检查人员先从外围基层人员突破。由于基层人员参与度较低,心理负担不大,容易据实交待。在取得详细的作案手法后,再依次向上追询,能让相关管理人员无从抵赖。同时,再对其辅以"政策攻心",说明对抗检查的严重后果。最终,公司高管人员往往只能和盘托出违规事实。

案例 3-6：
G 保险经纪公司虚列费用案

一、案例简述

在"两个加强，两个遏制"专项检查中，发现 G 保险经纪股份有限公司（以下简称 G 经纪公司）在 2014 年期间存在虚假报销费用套取资金的行为，共套取资金 1 027 381 元，其中虚列培训费用 406 999 元，虚列办公费用 384 595 元，虚列宣传费用 194 872 元，虚列其他费用 40 915 元。被套取的资金主要用于公司的业务奖励费用和业务拓展费用。

二、检查过程

（一）调阅资料情况

根据保险经纪公司的经营特点，检查组调取了三类资料：一是费用类资料，主要包括 2014 年度公司的会计报表、会计明细账、会计凭证等，以及公司财务管控制度等。调阅此类资料是了解公司经营费用支出情况，核查公司是否存在虚列费用的行为。二是业务类资料，主要包括 G 经纪公司与投保人、合作保险公司签订的业务合作协议，公司制定的业务政策、费用政策等。调阅此类资料是了解该公司业务开展情况，核查公司在业务经营中是否违反相关监管规定的行为。三是内控管理类资料，主要包括公司日常管理制度等，重点了解公司的内部管理和运行情况，全面了解公司的经营状况。同时，也可以为检查工作提供必要的佐证。

（二）检查发现线索及可疑线索分析

现场检查开始后，检查组首先对 G 经纪公司业务经营数据进行全面分析，发现该公司费用支出存在明显异常，"主营业务成本"项下列支大量的会议培训费、宣传费、办公费等费用，与公司经营实际明显不符，如公司 4 月记 -41、记 -44 号的会计凭证显示，公司财务部工作人员林某在 J 百货商场内购买的办公用品 2 笔，共计支出 103 200 元，分别是以单价 328 元购买公文包 200 个，以单价 188 元购买笔 200 支。该公司员工仅 24 人，为什么要购买单价高、数量大的办公用品？为什么是由财务人员直接前去购买并报销，而不是办公室人员？这引起检查组的关注。检查组还发现，该公司 1 月份记－55 凭证报销电子耗材费用 31 915 元，名义为"转公司购淮矿业务项目办公耗材"。为什么要为一个业务项目单独购买耗材？为什么一个业务项目会消耗掉如此多的耗材？这也引起检查组人员的怀疑。

同时，检查组人员在对公司内控制度进行梳理时发现，G 经纪公司在公司《员工手册》的考核管理中明确规定，公司员工自行拓展的业务，可以按照经纪费收入的 35% 计提奖励费用，但在该公司的会计凭证中未发现公司计提相关奖励费用的会计记录。综合该公司费用报销中存在的疑点和公司关于业务奖励的相关规定，检查组工作人员经过深入讨论，一致认为 G 经纪公司存在虚列费用套取资金的嫌疑。

为全面掌握公司费用管理上存在的问题，检查组决定对公司管理费用进行全面排查，在夯实检查工作基础后，在通过与公司相关人员进行调查笔录的方式确定事实，避免公司工作人员之间的串供，以便尽可能全面查清公司违法违规的事实。

确定检查方向后，检查组重新调整人员分工，集中人力对公司 2014 年度全部的财务明细账和会计凭证进行梳理，将所有的费用报销事项按照报销日期、凭证字号、摘要、发生金额、发票日期、报销科目、报销明细、发票号码、开票单位、报销人等内容进行逐项登记。数据统计完成后，检查组人员就着手对费用事项的真实性进行核实。

随着检查工作的逐步深入，G 经纪公司在费用报销上的疑点越来越多，不仅大量办公费、会议费、电子耗材费等费用支出不符合公司日常经营实际，而且费用报销人员主要是财务人员和业务人员，却很少有应承担上述费用报销职责的办公室人员，违反公司内控管理制度的规定。

通过数据比对，检查组工作人员发现公司在 3 月—4 月举行的 4 次异地培训会议费的报销上存在明显造假行为，4 次培训会议的主讲人均为公司技术服务部经理谢某，但在公司出差费用报销单中却发现上述培训会议期间谢某均有因公赴其他地区出差的费用报销记录，两类公务活动中存在明显时间冲突。翻阅公司考勤记录发现，考勤记录与出差费用报销凭据记录相一致，检查组基本判断培训会议费用为虚假报销，涉及金额为 28.3 万元。

在检查工作中发现，公司大部分办公用品、宣传品、电子耗材用品都是在 J 百货商场进行的采购。J 百货商场是省内高档综合型百货商场，公司为什么选择在这里进行采购？检查组带着疑问对 J 百货商场进行外调，核实 G 经纪公司是否确实在这里采购了相关办公用品。外调工作中发现，J 百货商场从未销售过电子耗材用品，G 经纪公司不可能商场内采购相关产品，而且 G 经纪公司仅有 2 台打印机，全年却报销 7 万元的电子耗材费用，这不符合办公实际，此项费用也基本判定为虚假。

检查组取得相关证据后，便要求 G 经纪公司提供办公用品的出入库登记簿、培训会议的签到簿、会议材料和会议照片等资料，并要求公司使用价值 7 万元的电子耗材进行合理解释。G 经纪公司向检查组提供的出入办公用品库登记簿金额较低，与公司财务报销无法匹配，也未能及时提供培训会议签到簿和会议照片等资料，对电子耗材的使用情况也未能进行合理解释。

面对公司已经无法进行合理解释的局面，检查组立即开展了对相关人员的谈话工作，按照业务人员、办公室人员、财务人员的顺序，先后约谈了公司技术服务部经理谢某、业务二部经理苏某、办公室采购人员李某、财务部工作人员刘某、财务部经理高某。在确凿的证据面前，公司技术服务部经理谢某首先承认未能参加相关培训工作，对培训工作并不知情。业务二部经理苏某随后也承认其报销的会议培训费为虚假报销，同时还承认其报销的多笔办公用品费等也是虚假报销，并表示这是 G 经纪公司支付 35% 业务奖励费用的主要方式，业务奖励费用基本上都是用于业务拓展方面。公司财务部经理高某承认在 J 百货商场购买的电子耗材、办公用品等均为虚假费用，费用支付给商场后，该商场会将费用以现金形式返还给公司。最后，检查组通过与公司负责人查某和前任负责人黄某进行了谈话，确认了公司相关违规行为。经核实，G 经纪公司在 2014 年期间，通过虚假报销的方式共计套取资金 102.74 万元。

三、处理情况

（一）问题定性

保监局审理认为该公司通过虚假报销套取费用用于其他用途，明显违反《保险法》的规定，属于违法违规问题。

检查组通过获取相关会计凭证复印件、与公司相关人员调查笔录、公司费用政策文件、相关工作人员的考勤记录等资料，突出反映出公司报销事项为虚假。获取公司相关人员调查笔录，了解该笔费用的真实用途。获取公司费用政策文件，证实公司提取相关费用的比例和用处。

主要证据如下：

（1）G经纪公司的相关会计凭证；

（2）G经纪公司前任负责人黄某的调查笔录；

（3）G经纪公司负责人查某的调查笔录；

（4）G经纪公司财务经理高某的调查笔录；

（5）G经纪公司技术服务部经理谢某的调查笔录；

（6）G经纪公司业务二部经理苏某的调查笔录；

（7）G经纪公司关于虚挂费用的请款说明及清单；

（8）G经纪公司技术服务部经理谢某的考勤记录；

（9）G经纪公司的员工手册；

（10）G经纪公司高管任职文件。

（二）法律适用

该公司虚列费用套取资金用于支付业务费用的行为违反了《保险法》第八十六条第二款的规定，应当按照《保险法》第一百七十二条对该公司予以处罚，对直接责任人员应当按照《保险法》第一百七十三条进行处罚。

（三）责任认定

2014年期间，G经纪公司管理层发生变化，公司前任董事长黄某于2014年12月1日离职，公司董事会任命查某为公司董事长。从公司文件显示，查某从8月开始就参与公司决策。

该公司存在的虚列费用的行为由黄某、查某决策，两人均为直接负责的主管人员，应承担直接责任。

（四）处理措施

根据《保险法》第一百七十二条、第一百七十三条的规定，对G经纪公司、公司前任负责人黄某和现任负责人查某依法予以严肃处理。

四、原因分析

（一）内部管控薄弱

公司内部管理不规范，合规制度建设不健全，也未设定合规岗位对公司合规经营情况进行审核。公司决策管理层对于公司发展思路和行业定位缺乏清晰的认识，重业务轻管理，未能建立相对完善的公司管理制度，制度执行力较差，导致违法违规现象的出现。

（二）合规意识淡漠

公司员工对监管法规不了解，不学习，高管人员对法律法规和监管政策知之甚少，整个公司缺少合规意识导向，个别员工将违法违规行为当作行业潜规则，认为相关监管规定只是走走过场。

（三）专业技术不强

保险经纪作为客户代表，不仅应当掌握保险知识，对客户所属行业的风险管理技术也应有全面了解，但是该公司并不具备相应的条件，缺乏专业人才，制定保险方案千篇一律，只能通过加大费用投入的方式参与竞争。

五、点评

在对虚列费用套取资金的检查过程中，由于目前公司使用的发票均为真实发票，检查组如果不能取得确凿的证据，被检查公司往往会进行狡辩，并故意拖延时间。因此，在费用检查过程中，检查人员在确定事实前，应做好充分准备工作。首先，数据梳理工作一定要扎实，对于涉及关键岗位人员出差时间、开具发票单位、发票号码、报销人员的岗位、报销内容都要进行详细记录，并进行比对和逻辑分析。其次，要求公司必须提供相关佐证，培训或者会议召开一定要有会议通知、会议材料、会议照片、会议签到簿等资料,办公用品应有相关出入库登记,必要时是可以到相关业务单位进行外调,核实相关业务真实性。最后,要集中时间对相关责任人员进行谈话,适时抛出已经掌握明确证据的线索,迅速突破其心理防线,迫使其承认存在违法违规行为,然后再将但仍未掌握确凿证据的疑点抛给对方,要求对方进行解释,或者是要求对方供述为什么存在违规行为的公司经营政策,从而全面掌握公司存在违规的事实。

案例 3-7：
X 保险经纪公司虚列费用案

一、案例简述

在 2015 年"两个加强，两个遏制"专项检查中，发现 X 保险经纪公司 G 省分公司（以下简称"X 保险经纪公司"）在 2014 年 11—12 月期间，通过使用虚假发票和未真实发生事项发票的方式，虚列费用、套取资金的问题，主要表现为：一是使用虚假发票报销培训费。2014 年 11—12 月，该保险经纪公司使用虚假的 XX 大酒店等 2 家旅店业发票，虚列培训费共 8 笔计 48.85 万元。二是使用未真实发生事项的发票报销费用。2014 年 12 月，该公司通过与公司员工签订未真实发生印刷事项的合同、代开税务发票，虚列印刷费、套取资金共 2 笔计 18.82 万元。

二、检查过程

（一）检查启动原因

从公司上报的自查情况看，该公司在"两个加强、两个遏制"工作中共上报自查报告两次。第一次为零报告。第二次自查报告反映该公司在 2014 年业务经营中存在以下问题：一是 2014 年 10 月公司从保费代收专用账户中转出 35 万元用于资金周转，该笔款项于 2014 年 12 月转回专用账户；二是公司内部的报销环节存在票据不规范的情况；三是费用开支较大、计划性较差；四是员工培训的内容和深度不够。

检查组通过对该公司业务经营数据及公司自查报告综合分析，发现该公司在业务经营中存在以下问题：一是从业务数据看，公司 2014 年培训费支出较大，占营业费用的 45.06%，人均培训费用高达 13.93 万元，但公司自查报告却反映员工培训不够，培训费用支出较为异常。二是该公司作为一家经纪公司，其主要职责是为投保人与保险人订立保险合同提供中介服务，投保单、保单、保险发票等资料几乎都由保险公司提供，但其 2014 年印刷费支出高达 142.78 万元，占业务及管理费的 21%，印刷费的真实用途值得深究。三是自查反映的挪用保费代收专户资金、费用报销票据不规范等问题反映出该公司内部资金管控较为松散，财务、业务制度缺失或未能得到有效执行，财务违规风险较大。

结合前期市场巡查反映 X 保险经纪公司财务支付较为混乱的情况，XX 保监局将该公司列为"两个加强，两个遏制"专项检查重点检查对象，并确定对公司的培训费、印刷费支出情况进行重点检查。

（二）调阅资料情况

进入现场后，检查组首先重点调阅了以下资料：

（1）公司业务财务内控制度，从整体上了解公司业务办理及财务支付流程，看公司内部管控制度是否建立健全并有效执行，对关键环节及潜在风险点做出初步判断。

（2）银行账户开设情况说明，了解公司账户开设的基本情况及使用情况，重点关注公司基本户开设及使用情况，看公司基本户是否存在定期、大额的现金收支。

（3）2014 年分月财务业务报表，了解公司业务及资金支付分布情况，用以确定抽查的重点月份、重点项目。

（4）2014 年费用明细账，用以了解费用支付的分布情况、详细用途和实际对象，从整体上掌握资金的大致流向，综合考虑现场检查时间安排、检查人员人数等因素，合理确定抽查范围和重点。

（5）银行存款明细账、银行对账单（重点关注代收保费专户和基本户），从明细账及对账单的资金走向查找可疑线索。

（6）会计凭证，通过审核费用报销所附的发票、审核签批、科目使用、资金走向等要素，寻找问题线索。

（7）员工花名册（含已离职员工）和通讯录，用以了解费用支付对象是否系公司员工、费用支付是否与员工的岗位及职责相匹配、掌握公司人员联系方式以便后期核实相关情况。

（8）公司印刷品出入库登记簿，查看公司印刷品的出入库及结存情况，核对公司印刷品库存是否与登记簿一致，掌握公司印刷费发生的真实情况。

（9）培训费支付的内部管理文件，了解培训费支付的有关规定及流程，为审核培训开展的必要性、真实性以及培训费用报销是否合规提供内部评价依据。

（10）与保险公司签订的合作协议，用以了解公司与保险公司对于保费收取及划转、佣金支付比例及流程等方面的详细约定，对双方责权利做全面了解，看是否存在不合理、不合规的约定。

（三）检查发现线索及可疑线索分析

通过翻阅公司内控制度、财务业务报表、费用明细账、银行对账单等基础数据资料，检查组发现以下疑点：一是公司内部管控较为薄弱。由于该公司股东由总经理舒姓三兄弟组成，公司重大事项决定、重大财务支出较为随意、缺乏严格的审核流程管控，总公司对该分公司也基本没有进行日常业务财务指导及定期的合规性检查。二是公司基本户经常性发生大额现金提取的情况，但资金流出时并无具体使用事项，会计做账时常常挂在"其他应付款"科目项下。三是2014年4季度，该公司费用支出较为集中、单笔支出金额较大，年底突击用钱的情况较为明显。

针对以上疑点，检查组将该公司2014年4季度财务管理及资金支付作为检查重点，进一步锁定检查目标、缩小检查范围。通过翻阅公司相关财务凭证，进一步获取了以下线索：

一是公司基本户发生的经常性大额现金支出，都是以借款或归还垫款的名义支付给公司总经理舒某一、副总经理舒某二，以上资金支付均无具体发生事项，而是暂挂在公司"其他应付款"科目上，并以两人手工书写的借款或垫款收据抵库。

二是培训费、印刷费报销的资金并没有通过转账方式支付给发票上的收款方或报销人，而是直接冲抵该公司管理人员舒某三等人的借款或垫款。

三是相关凭证显示，培训费主要用于对省内各市州教育部门及参保学校相关工作人员的安全教育及保险知识培训，但发票开具单位主要为XX大酒店等两家省内较为有名的大酒店，且以上两家酒店主要集中于省会城市G市。此外，培训费报销凭证后未附会议通知、会议议程、签到表等印证资料。

四是印刷费支出发票均为税务代开发票，均无印刷品出入库清单，仅附与个人签订的合同作为费用支出凭据；与该经纪公司签订印刷合同的人员分布在全省各个市州，但印刷费发票却集中在 X 市同一国税局代开；发票上收款方虽然不同，但收款方的联系电话却是相同的，经翻阅公司通讯录，发票上的收款方联系电话均为该保险经纪公司办公室的联系电话。同时，通过核对印刷品出入库登记簿、现场查看公司印刷品库存，发现公司 2014 年只复印了少量安全宣传手册，实际印刷费不过 10 余万元，与公司账务支出严重不符。

（四）检查过程详述

从前期发现的疑点和线索看，公司虚列费用套取资金的事实已基本可以确定，但如何取证却成为检查组面临的问题。经过讨论，检查组决定着手查证发票的真实性，以便从根源确定该保险经纪公司虚列费用、套取资金的行为。

检查组决定到培训费发票开具单位 XX 酒店进行外部调查核实。通过对发票号码、内容等要素进行核对，该酒店表示并未开具过以上培训费发票，检查工作取得实质性进展。次日，检查组再次登陆省地税发票查询系统，系统提示"发票开具信息不符"，该经纪公司使用虚假发票报销费用的问题基本核实清楚。

由于"印刷费"发票均系税务机关代开，其为假发票的可能性较低。检查组决定从事项发生的真实性入手，通过对照公司花名册及通讯录，发现与公司签订印刷合同的人员、发票上的收款方杨某、周某均为公司离职员工。至此基本可以确定以上发票均由公司自行到税务机关代开并用于报销。

最后，检查组对公司负责人及相关人员进行问询，在大量的事实证据面前，公司负责人及相关人员承认了通过购买假发票或与公司员工签订虚假印刷合同、使用公司员工身份证代开发票的方式，报销培训费、印刷费套取资金的违法违规事实，套取的资金主要用于拓展市场、维系业务。

三、处理情况

（一）问题定性

保监局审理认为，X 保险经纪公司在 3 月 31 日之后"回头看"期间主动向监管部门反映了部分问题，且该公司在检查过程中积极配合，如实陈述违法行为，具有从轻处罚的情节。

（二）法律适用

公司使用虚假发票、未真实发生事项发票报销费用的行为违反了《保险经纪机构监管规定》（保监会令〔2013〕6 号）第八十四条规定"保险经纪机构有下列情形之一的，由中国保监会责令改正，处 10 万元以上 50 万元以下罚款；情节严重的，可以限制其业务范围、责令停止接受新业务或者吊销许可证；对该机构直接负责的主管人员和其他责任人员，给予警告，并处 5 万元以上 10 万元以下罚款：1.编制或者提供虚假的报告、报表、文件或者资料……"之规定。

（三）责任认定

检查组认为，舒某一时任 X 保险经纪公司负责人，对公司虚列费用、套取资金的行为起主导作用，故认定舒某一负有直接管理责任；该违法行为的实施主体为 X 保险经纪公司，故认定该保险经纪公司为责任主体。

（四）处理措施

根据保监局行政处罚裁量标准，该公司具备从轻处理的情形，但本案属于保监会认定的"五假"类案件，且涉案金额较大，依据《保险经纪机构监管规定》第八十四条的规定和保监局行政处罚裁量标准，经保监局行政处罚委员会审议决定，对 X 保险经纪公司及责任人舒 X 依法予以严肃处理。

四、原因分析

通过分析，检查组认为本案类似违规行为产生的原因主要有：

从内部管控的角度看。该案中的保险专业中介机构将角色定位于保险业务的获取并收取手续费或经纪费，对于业务办理和财务支付的合规性并未加以重视，合规经营意识不强，内部管控薄弱。加之保险专业中介机构准入条件较低，工作人员素质良莠不齐、综合素养不高，对于保险法律法规、财经纪律及相关监管政策的了解掌握不够，在一定程度上加大了公司违规经营风险。

从市场经营的角度看。近年来，市场竞争加大，校园方责任险、学平险等经营效益较好的险种，更是成为各保险经营机构努力争抢的对象。要获取业务，对相关单位及人员的关系维护是必不可少的，这促使保险公司把相当一部分的资源投入关系维护中，但这部分资金是无法通过正规渠道支付的，故保险经营机构通过各种方式套取资金用于所谓的"市场拓展维护"。

五、点评

通过对 X 保险经纪公司一案进行认真分析，保监局认为对于虚列费用等类似案件的查证工作，可以关注以下几个方面：

（一）注重对基础数据资料的提取分析

在进入现场检查前，检查组对 X 保险经纪公司近两年的财务业务数据、自查报告以及日常监管情况进行了全面整理分析，从公司数据资料中查找出异常并初步确定检查方向。进入现场后，全面收集公司财务业务凭证，通过比对分析、查找线索，进一步确定检查目标和重点，不断缩小检查范围、提高检查效率。

（二）注重从资金流向分析查证问题

财务管控问题，归根结底是资金流向问题，在现场检查中从资金的走向分析判断公司可能存在的问题，往往可以达到事半功倍的效果。本次现场检查，检查组在数据分析中发现公司费用支出异常后，着手从银行对账单、费用明细账、费用报销凭证及其附件中查看资金流向，查找问题产生的根源，逐步印证问题。

（三）注重对关键环节的取证

在检查过程中，检查人员往往会在发现线索时就找公司相关人员询问查证问题，但是对于很少接受检查或对监管政策不甚了解的公司及相关人员来说并非有效，反而可能影响检查进程。本次检查中，检查组人员在取得费用报销凭证、资金走向等书面证据的基础上,采取到开票单位调查核实、登录税务系统查询等方式对相关问题进一步佐证后,再对公司负责人及相关人员开展问询工作,避免了由于取证不够、相关人员拒不承认、询问工作走入死胡同无法进行的尴尬局面,对被检查单位及相关责任人也起到了应有的震慑作用。

案例 3-8：
H 保险经纪公司虚列费用案

一、案例简述

在"两个加强，两个遏制"专项检查中，检查组发现某经纪公司 H 省级分公司（以下简称"H 公司"）在自查报告上报问题外，在 2013 年 1 月至 2014 年 4 月间，通过虚假列支"销售费用——会议费"19 笔共计 763 365.85 元，经办人和审核人均涉及综合管理部财务人员徐某。

二、检查过程

一是提前收集线索，确定检查方向。H 公司是一家保险公司投资设立的经纪公司。检查组在现场检查准备阶段对 H 公司基本情况进行了摸底。在业务方面，H 公司除了维护保险公司固定大项目客户外，还自行开展部分市场业务。H 公司费用支出采取预算总额控制，即费用列支按照手续费收入的固定比例（根据业务类型不同，比例在 65% 到 90% 之间浮动）作为费用上限的预算总额，公司在上限内据实列支。而根据过往现场检查经验，采用费用包干形式的公司在费用报销的真实性方面管理较松，产生虚列费用的可能性较大。

检查组查看了 H 公司的自查报告，发现公司自查报告存在虚构中介业务套取费用和虚列费用的问题，但虚列费用问题的自查金额占公司总体费用支出的比例较小，可能存在瞒报的情况。因此检查组将虚列费用作为检查重点。

二是分析财务数据，锁定重点嫌疑。检查组进场后，调阅了 H 公司检查年度的会计报表、科目余额表、科目明细账，查看公司销售费用列支情况。检查组发现公司会议费列支存在几个疑点：首先，销售费用项下的会议费占到整个销售费用的 10%，费用比例明显与其业务特点不太相符。其次，在业务及管理费项下的会议费科目中列支的会议费用，没有再继续分立下级科目进行区分，但是在损益表内却将一部分会议费归属到销售费用，一部分归属到管理费用。而一般正常的会议费开支，在财务处理上为方便操作归集到一类即可。最后，在当年度列支的 21 项会议费中，单笔费用超过 1 万元的有 15 笔，表明公司如果召开会议，会议的规模应该较大。但公司员工仅 10 人，单笔会议费用过高明显与其员工人数不相符。因此，检查组认为 H 公司确实在虚列费用问题上存在一定的嫌疑。

　　三是整理会计凭证，发现疑点问题。检查组进而调阅了 H 公司会议费列支的相关凭证，将会议费涉及凭证逐一登记了发票号、开具时间、开具单位、发票金额、凭证摘要、报销人等相关要素，将发票开具时间与入账时间先后不匹配、发票连号等问题线索进行了收集整理。检查组发现 21 笔会议费中，有 17 笔为上海某会务公司开具的会议费发票，凭证仅后附会议意向协议，并未涉及会议召开的具体时间、地点和费用结算情况，也未附其他相关证明资料。而且，H 公司作为省级分支机构，经营范围仅在省内，也未从事大型商业风险或统括保单等业务，其总公司位于北京，会议费发票的提供方为上海会务公司与常理不符。另外，在报销会议费的会计凭证后附审批单中，报销人既有综合管理部门的内勤人员，也有业务管理部门的外勤人员。在正常情况下，即便是业务部门有召开会议的需求，也应由行政部门按照编制签报、联系会场、签订合同、组织召开、支付费用、获取发票、拿票报销的流程统一安排。这些情况引起了检查组对会议费用列支真实性的怀疑。

　　检查组随后查阅了公司财务报销制度，总公司《关于印发〈某经纪有限责任公司费用报销票据的相关规定〉的通知》中关于会议费的列支标准和所需单据要求，公司报销会议费"入账时应提供召开会议的审批文件（含预算安排）、合同（协议）、会议通知（列明会议名单、内容、时间和地点等信息）、会议费发票、款项支付证明等原始单据"。而检查发现的会议费报销凭证中显然未按照规定附加齐全的相关资料，缺少审批文件、会议通知，也没有现场照片、参会人员签到表、公司相关人员对应时间的差旅费报销记录等相关资料作为辅证。检查组认为 H 公司存在虚列费用的嫌疑进一步增大。

四是收集外部证据，补充证据材料。针对发现的问题，检查组通过税务机构网站或是拨打查询电话核实了发票的真伪。同时，检查组还电话联系了位于上海的发票开具单位，其表示可以代开发票。检查组进一步向开具发票单位核实 H 公司获得的相关会议发票是否为该企业开具，并意图了解会议是否实际召开，但该企业未予配合。

五是询问相关人员，锁定证据链条。检查组对报销经办人、财务负责人、业务负责人分别进行了问询，将检查过程中发现的疑点逐步提出要求其进行合理解释，并在谈话过程中适时抛出相关外围证据。相关人员无法对选择上海会务公司举办会议进行合理解释，也无法按照总公司的财务管理制度提供会议召开的相关证明资料，只能承认在销售费用项下虚列会议费套取资金用于展业过程中发生的费用或向无法列支佣金的人员发放佣金。报销人是业务部门的会议费用于业务部门展业中发生的其他费用和佣金补贴，报销人是综合管理部门的是由于内勤人员开展的业务无法直接列支佣金，因此通过虚列会议费用套取资金发放业务佣金。检查组将凭证中筛选的虚列会议费发票清单交由公司相关人员进行确认，最终确定虚列费用的总金额。

三、处理情况

（一）问题定性

保监局审理认为，H 公司违反总公司财务报销的规章制度要求，在会议费科目中列支虚假会议事项的发票，财务人员知情但未尽审查职责，审核通过并编制了资料不全的会议费报销的会计凭证，属于保监会认定的"五假"类案件中"虚列费用"问题，原则上不得在最低处罚幅度实施处罚。但公司在检查过程中配合程度较好，能够迅速提供检查相关资料，在检查组反馈问题后能够迅速进行整改，具有从轻处罚的情节。因此给予酌情考虑，在从轻处理区间进行处理。

相关证据如下：

（1）规章制度汇编目录；

（2）销售费用报销流程情况说明；

(3) 2014年会议费科目明细清单；

(4) 自查报告及附件；

(5) 2014年1月x号会计凭证复印件；

(6) 公司业务部负责人刘某、综合管理部财务人员徐某、综合管理部工作人员兰某的谈话记录；

(7)《关于印发〈某经纪有限责任公司费用报销票据的相关规定〉的通知》；

(8) 责任认定书。

（二）法律适用

某经纪公司H省级分公司通过列支"销售费用——会议费"问题，有2014年会议费明细清单、会计凭证、相关人员询问笔录等证据证明。该违法行为违反了《保险法》第八十六条"保险公司应当按照保险监督管理机构的规定，报送有关报告、报表、文件和资料"，依据《保险法》第一百七十二条第一款"违反本法规定，有下列行为之一的，由保险监督管理机构责令改正，处十万元以上五十万元以下的罚款；情节严重的，可以限制其业务范围、责令停止接受新业务或者吊销业务许可证：1.编制或者提供虚假的报告、报表、文件、资料的"的规定进行行政处罚。

公司综合管理部徐某对上述行为负有直接责任。根据《保险法》第一百七十三条之规定，应给予警告，并处一万元以上十万元以下的罚款。

（三）责任认定

公司综合管理部负责人徐某作为公司财务部门管理人员，负有财务审核职责，对公司虚列费用问题负有审核不严的责任。例如涉案会计凭证均未按照公司规定附上会议通知、签到表等证明材料，但其均予以财务审核通过；在会计科目的处理上，将真实费用在管理费用科目列支，将虚假费用在销售费用科目列支，说明其对于公司虚列费用的事实均知情，并且直接参与或协助。因此，认定徐某为直接责任人。

（四）处理措施

鉴于本案属于保监会认定的"五假"类案件，原则上不得在最低处罚幅度实施处罚，但具备从轻情节，综合考虑在从轻处罚幅度内且高于从轻处罚下限实施处罚。经局处罚委员会审议决定，对该公司及直接责任人许某依法予以处理。

四、点评

保监局归纳了以下几点检查中的关键环节供参考：

（一）快速确定检查方向

一般针对保险机构的常规检查或者风险排查，在检查时间有明确要求的前提下，不能采用遍地撒网的检查方法，尤其是对一些业务规模较大、分支机构和人员较多的机构，想要把问题都覆盖到无异于大海捞针。因此，必须在现场检查准备阶段，通过数据分析和线索收集提前确定检查方向。以本案为例，检查组对于公司的业务模式、财务模式进行了分析，结合以往检查经验，确定了检查的主要方向，并通过查阅自查报告对判断予以证实。如此一来既节省了检查时间，也提高了检查效率。

（二）制度入手查找漏洞

保险公司，尤其是上市公司和股份制公司，在内控制度建设上比较健全，一般问题不是出在制度设计不全面、不细致，而是出在内控管理流程执行不到位，比如审批流程和签字手续不全、会计凭证后附资料不符合要求、现金管理不符合制度要求等。以本案为例，公司对于费用报销政策有着细致明确的规定，在会议费列支的要求里明确了多项证明材料，但是公司财务审核人员未能严格落实管理制度，导致会计凭证附加资料与制度要求严重不符，基本可以直接锁定这类费用报销存在问题。

（三）外围证据辅助谈话

公司主要负责人、业务负责人、财务负责人等关键核心岗位，尤其是财务负责人，必定掌握着公司经营中所有的真实资料、了解内控管理中的不规范之处，因此对上述人员的谈话是获取问题线索、明确风险问题、锁定证据链条的关键环节。这类人员在谈话中往往利用监管人员信息不全、证据尚不充分的劣势进行模糊处理或故意编造虚假事实误导监管人员。检查人员应当在谈话前充分做好证据的收集整理，尤其是外围辅证的收集，在谈话中适时抛出，击垮被谈话人员的心理防线。以本案为例，在对业务部门负责人刘某的谈话中，其一再强调发票事项是真实的，检查组人员向其表示已与开具发票的企业进行了沟通联系，企业表示可以代开发票，并主动提供了打回套取资金的方式。刘某对检查组拿出的证据哑口无言，最终承认了发票事项不实的问题。

本案例的典型意义在于分析虚列费用动机、条件，以便于监管人员充分利用检查手段、完善查处流程。目前，虚列费用是保险机构多发的违法违规行为，通过会议费、燃油费、办公用品费、劳务派遣费等主要费用科目进行费用的虚假列支。对于燃油费，检查人员一般可通过核算公司车辆数量和使用情况，与燃油费总额进行比对的方式查实虚列。例如某机构年度燃油费用经测算需要公司车辆平均每天行驶400公里，明显与常理不符，存在虚假列支情况。对于办公用品费，检查人员可以通过盘点库存、查看出入库登记和领用记录的方式查实虚列。对于劳务派遣费，可以通过外调劳务派遣公司、约谈劳务人员的方式。而会议费用相对于其他费用，具有单笔金额大、方便取得、资金回笼速度快、监管追溯不便的特点，成为近一段时期保险公司或中介机构常用的虚列费用项目。作为保险监督管理部门，对于非保险业企业的外调往往不易得到相关企业和单位的支持与配合。一方面，需要保监局积极与工商、税务、公安等其他部门的协调配合；另一方面，需要从制度设计上对现场检查手段的丰富提供必要的支持。查处保险业的违法违规问题，往往需要摸清资金流向完整证据链条，而保险机构通过虚列费用等方式将资金转移到个人银行账户时，按照现行规定检查组需要获得保监会主席签发的账户查询授权书才能获得相应的银行卡明细。建议适当简化相关流程，使检查手段更加行之有效。

案例 3-9：
Z 产险公司虚挂绩效案

一、案例简述

2015年7月至2016年7月，Z 财产保险股份有限公司某中心支公司部分个人代理渠道业务按规定提取手续费外，还在公司正式员工名下计提上述业务的跟单绩效，然后套取跟单绩效支付给个人代理人或相关利益人，累计在詹某18人名下计提车险保单跟单绩效合计75万元。依据《保险法》第一百七十条、第一百七十一条的规定对 N 中支及相关责任人员予以行政处罚。

二、检查过程

（一）被检查对象基本情况

1. Z 分公司基本情况。Z 产险公司成立于2004年8月，下设8个中心支公司、16个县支公司和53个营销服务部。2015年，该公司实现保费收入8.9亿元，同比增长6.4%，市场份额4.2%；综合赔付率62%，综合费用率37.4%，承保利润518万元。2016年1—7月，该公司实现保费收入5.4亿元，同比增长1.3%，市场份额4.1%；综合赔付率66.3%，综合费用率39.3%，承保亏损2 852万元。

2. N 中支基本情况。

N 中支成立于2005年7月，下设5个支公司和4个营销服务部。该中支员工101人，其中管理系列人员37人，销售系列人员64人。2015年共实现保费收入7 941万元，同比增长1.2%；综合赔付率55.1%，综合费用率36.9%，综合成本率91.9%。2016年1—7月实现保费收入5 987万元，增长33.9%。综合费用率33.7%，综合赔付率88.7%，综合成本率122.47%。

（二）检查启动原因

一是自查暴露问题较少。在虚列费用方面，该中支自查报告仅反映虚列增值服务费 12 万元、不存在虚列绩效问题，而同期省公司自查报告反映虚列增值服务费和虚列绩效总量分别为 511 万元和 669 万元。二是业务增速相对较快。据统计，2016 年 1—7 月该中支全险种和车险保费增幅分别为 33.9%、3.2%，增速在同系统各地市中居于前列，而同期省公司增幅为 1.3%、−8.3%。

（三）调阅资料情况

检查组严格按照《中国保监会现场检查工作规程》进行资料调阅。

一是相关财务报表，主要是分月度保费收入情况表和费用明细表。目的是将各类费用占保费收入的比率与行业平均水平、上年同期水平进行比较，看是否存在异常。本案例中，检查组对具体费用项目进行分析比较，发现职工薪酬项目占比远大于同业平均水平，较为异常，就重点关注该费用项。同时，由于检查力量有限无法全面详查，选取保费收入增长较快的 2016 年 4 月进行重点检查。

二是 2016 年 4 月的工资发放明细表。调阅目的是取得工资发放的一手单证，核对工资发放表的具体项目设计是否合理，是否与工资领取人实际岗位职责匹配。经核对，检查组发现支公司班子成员在正常领取底薪、绩效外，还领取一笔车险维护绩效，其金额是根据具体保单逐单计算汇总而成，远高于其他工资构成项目。而支公司班子成员的职责侧重于管理，正常不应与具体业务直接挂钩，检查组将工资项下的车险绩效维护费当作重点检查对象。

三是有关薪酬管理的内控制度。检查期间该公司沿用的是《2014 年机构班子薪酬管理办法》《关于对 2014 年机构班子薪酬管理办法的补充规定及销售人员考核办法》《关于再对〈2014 年机构班子薪酬管理办法〉的补充规定》。调阅目的是看公司是否严格按照总公司制定的薪酬管理办法发放绩效。通过核对比较，发现公司薪酬管理办法没有"车险绩效维护费"这一项目。

四是调取公司 2016 年 4 月的业务台账，调取目的是了解上述"车险绩效维护费"所对应的保单属于何渠道，是否已计提相关手续费。检查发现上述相关保单均属于个人代理人渠道，已经计提手续费。

五是调取 Z 总公司制定的有关分支机构的费用考核办法,了解其对分支机构的费用核算是采取包干制还是预算制,目的是了解 N 中支"虚列绩效套取费用砸市场"的行为是否为总公司所知悉并默许。

(四)检查发现线索及可疑线索分析

通过中支各月的费用支出明细分析,发现其职工薪酬占比较高,2016 年 1—7 月该中支职工工资及福利费占业务及管理费的比例达 70.2%,而同期行业平均水平为 30%~40%。与此同时,该中支车险手续费率仅为 12.4%,远低于同期当地市场 18.5% 的平均水平。检查组初步判定该中支存在虚列绩效工资套取资金贴补市场费用的行为。检查组调取业务量较大月份的工资发放清单,发现支公司班子成员工资薪酬构成项中"车险绩效维护费"与其具体岗位职责明显不相符。至此,检查组就将支公司班子成员绩效工资中的"车险绩效维护费"列为重点检查对象。

(五)检查过程详述

检查组对 N 中心支公司的费用明细表分析发现,该公司工资及福利费占业务及管理费比例达 70.2%,明显高于行业平均水平;而车险手续费率为 12.4%,明显低于行业平均水平。于是检查组选取业务增长较快的 2016 年 4 月作为重点抽查对象。

调阅财务凭证发现:2016 年 4 月薪酬发放清单中,O 支公司主持工作副经理詹某、Y 支公司经理助理黄某在分别领取相应薪酬 14 078.63 元、3 283.9 元外,还跟单领取了车险维护绩效 131 909.42 元、27 180.85 元。绩效金额远超正常水平,而且相应保单此前已计提了手续费。其他四级机构班子成员也不同程度存在此类情况。

调阅内控制度发现:2015 年 7 月至 2016 年 7 月,该公司四级机构班子薪酬主要沿用《2014 年机构班子薪酬管理办法》《关于对 2014 年机构班子薪酬管理办法的补充规定及销售人员考核办法》、《关于再对〈2014 年机构班子薪酬管理办法〉的补充规定》。上述管理办法已明确规定四级机构主要负责人薪酬包括基本薪酬和绩效工资。基本薪酬均为 4 000 元,绩效工资 = 本机构保费收入 ×0.8%× 考核得分。副职的薪酬也包括基本工资和绩效工资。基本工资为 2 800 元,绩效工资按照每月个人业绩和渠道（新增或超过去同期保费部分）合计实收保费进行考核，其中非营业性车辆及非车财险按照实收保费的0.5%发放，营业性车辆按照实收保费的0.3%发放。对照上述管理办法，詹某、黄某在2016年4月领取的14 078.63元、32 83.9元薪酬已涵盖管理办法中的基本薪酬和绩效工资；另外发放的131 909.42元、27 180.85元维护绩效不符合公司相关办法。

访谈詹某、黄某、张某、施某、毛某等相关人员发现：中支总经理室针对当时某车险市场销售费用较高的情况，提出并经中支班子集体研究决定在跟单计提手续费的基础上，以业务维护名义提取额外绩效，用于补贴市场费用的情况。相关四级机构经理拿到额外绩效后也主要用于市场费用。

核对业务清单发现：2015年7月至2016年7月，该公司詹某等18位四级机构班子成员在正常领取工资和绩效外，还跟单领取车险维护绩效用于市场费用，共计749 854.69元。

三、处理情况

（一）问题定性

通过调取财务资料、打印银行回单、询问有关人员、电话回访客户等相关手段完善证据后，检查组确认N中支"虚列绩效套取费用"行为可定性为"两两回头看"检查重点"五虚"问题中的"虚列费用"。

（二）法律适用

N中支"虚列绩效套取费用"行为违反了《保险法》第八十六条"保险公司应当按照保险监督管理机构的规定，报送有关报告、报表、文件和资料。保险公司的偿付能力报告、财务会计报告、精算报告、合规报告及其他有关报告、报表、文件和资料必须如实记录保险业务事项，不得有虚假记载、误导性陈述和重大遗漏"的规定。

（三）责任认定

N中支应对"虚列绩效套取费用"的违法行为主体负责，同时毛某作为该中支的总经理，主持全面工作，应对违法行为负领导责任。

（四）处理措施

依据《保险法》第一百七十条、第一百七十一条的规定，对N中支处以30万元罚款；对时任总经理毛某予以警告，并处以6万元罚款。

四、原因分析

"虚列绩效套取费用"这一违规行为存在以下风险：一是变相套取资金支付市场，导致不正当竞争，扰乱市场秩序；二是数据失真，破坏行业基础数据，损害消费者利益；三是纳税风险；四是涉嫌商业贿赂风险。

上述行为屡禁不住，屡查屡犯的原因如下：

（一）外部环境原因

一是2016年人保产险将车险电销业务转回传统渠道，无形中提高保费增速，部分公司在对标考核机制下加大费用投入，逐步推高了当前车险市场费用率水平。其他经营主体在这种市场环境下被动加大市场费用投入量来争取业务。同时，2016年商车费改后，各公司的赔付率有所下降，使得市场费用投入的加大成为可能。

二是营改增后，非真实发生的费用发票越来越难取得，因为增值税对发票及交易的真实性要求更高，且虚开增值税发票是触犯《刑法》的行为。同时，中介市场清理整顿持续多年，成果显著，专业中介机构帮保险公司虚挂中介套取业务的行为有所遏制。这种情况下，虚列绩效工资成为套取费用的主要手段之一。

三是代理制保险销售从业人员税负过高，导致代理制销售从业人员有"合理避税"的冲动。目前，代理制销售从业人员的个人所得税计算适用劳务报酬所得，其抵扣标准是每月收入不超过4 000元时，扣减额为800元，超过4 000元时，扣减额为收入的20%，而普通员工的工资薪金所得扣除费用标准为每月3 500元。

（二）公司内部管理原因

Z总公司费用制度设计不太合理，涉嫌默许或纵容公司员工将部分利益支付给客户、中介或利益相关人。主要表现为工资薪酬管理较为宽松，赋予下级分支机构很大的管理权限，为其虚列费用行为有意无意地创造了条件。据了解，N中支在总公司制定的薪酬管理办法外仅通过中支班子成员会议就自行创造出"车险绩效维护费"这一薪酬明细，该明细的计提方法由某中支班子根据市场费用率变化随时调整；同时，该明细列支的工资费用明显高于按照总公司薪酬办法规定的正常工资薪酬支出。这样导致公司员工所得明显高于市场同等水平，有空间用于市场费用支出。

五、点评

"虚列绩效套取费用"这一违规行为存在以下几个特点：一是隐蔽性较强。若不对不同公司、不同岗位的员工工资进行必要的比对，只通过常规的会计账目检查发现疑点的难度较大。二是取证难度大。保险公司通过虚列绩效工资套取费用后，一般直接支取现金用于相关市场费用等活动，往往没有完整的账目，且支付方式多样，支付对象分散，要查实违规资金的流向并取得完整的违规证据链存在较大的难度。三是确定责任存在一定模糊性。现行保险法律法规和规范性文件对于绩效工资的计提方式、比例、险种等均没有明确的限定，而总公司制定的绩效工资管理办法通常未就具体的计提方式、额度等作出详尽规定，分支机构往往根据自身需要计提，在形式上难以认定其构成违法或者违反内控制度。即使分支机构未按总公司的管理办法提取，也仅能认定为未严格执行内控制度而难以确认其虚列费用的责任。

根据上述特点，在检查此类问题时应重点做好下列工作：

一是数据分析，发现线索。检查前充分进行数据收集、分析，从监管信息系统调取行业平均数据、同规模可比较同业公司数据及上年同期数据，先进行科目明细分析，再进行横向同业间、纵向不同期的比较分析，以发现异常，确定检查重点。

二是紧盯资金，不离主线。取得相关人员的工资薪资（含基本工资、绩效工资、奖金等所有的收入）发放表或手续费清单、业绩清单、业务台账等，按照公司薪金管理办法进行薪资计算，看应发与实际发放是否有较大金额的出入；要求上述人员提供工资卡交易记录，关注其在工资发放后是否存在资金的非正常转出现象，如多次定期转出较大非整数金额的款项等，若有就要关注转出对象，看是否是公司团队长或合作机构工作人员等。

三是认真访谈，明确责任。因为"虚列绩效套取费用砸市场"的责任确定具有模糊性，很容易被公司归为是员工个人行为。这就需要在书面证据已收集较完善、检查组对整个事件已有基础判断的情况下，对相关责任人进行谈话，引导其还原事实真相，从而确定是哪一层级的责任。谈话的小技巧主要有：谈话前要做充分准备，谈话要明确目的和方向，不同目的采取不同的谈话方式，谈话要循序渐进，注重创造恰当的谈话气氛，正确认识谈话对象，谈话中要讲清政策，视情要乘胜追击，谈话要做好笔录等。

四是做好外调，查实去向。外调所取得的证据是由独立于被检查单位之外的第三者提供，具有较高可信度，同时可以内外相互印证。外调的方式主要有电话询证、函证、延伸现场检查。本案例中，检查组就是通过电话询证个人代理人和相关利益关系人，证实N中支通过虚列绩效套取的资金是用于支付市场费用。

第四部分
财产险业务

案例 4-1：
R 产险公司水稻保险平均赔付案

一、案例简述

检查组检查时发现 R 产险公司 M 分公司在对因台风灾害遭受损失的水稻进行理赔的过程中，未依据农户的实际受损面积履行赔偿责任，存在平均赔付的情况，涉及赔款金额 181.61 万元。M 分公司理赔时，每个镇抽查 3 到 5 个村，每个村抽查 3 到 5 个农户，根据抽查农户的出险面积与报损面积的比例，推算出全村农户的出险面积进行赔付，未查勘到村、定损到户，与监管规定以及报备的水稻保险条款所约定的赔偿处理方式不一致。

二、检查过程

（一）检查启动原因。

保险监管机关选择对 R 产险公司 M 分公司农险业务进行延伸检查主要基于以下考虑：一是农业保险是监管重点。2014 年以来，保监会不断加强对农险的监管力度，连续三年部署对农险业务进行现场检查。二是 M 分公司自查发现问题较少。三是 M 分公司农险业务规模较大，优先选择农险保费收入多、赔款金额大的地区作为检查对象。

（二）调阅资料情况。

检查组调阅了 M 分公司 2014 年农险业务的承保和理赔清单，选择检查的重点方向。其中，甘蔗、橡胶保险为与其他地市共保项目，M 分公司非主承保方；蔬菜保险保费收入极少，未发生赔付。因此，检查组将该公司在当地独立承保的水稻保险等险种作为重点检查方向。

2014 年，M 分公司水稻保险签单保费 6 262.76 万元，赔款 809.44 万元，赔付率为 12.92%。针对水稻保险赔付率较低的情况，检查组调阅了分户理赔清单，分析农户的理赔情况；调阅了赔款账户清单，分析赔款到户情况。经分析发现，M 分公司水稻保险赔款到户的情况较好，赔款较为分散，几乎没有大户理赔的情况，虚构保险标的、制造虚假赔案、套取财政资金的可能性较低，便把重点转向检查是否存在平均赔付、损害消费者权益的问题上来。

检查组进一步调阅了水稻保险的条款、保单和赔案档案等纸质档案，并与公司的业务系统进行比对，发现了疑点。

（三）检查发现线索及可疑线索分析

通过比对M分公司水稻保险承保和理赔的分户数据，检查组发现存在以下疑点：一是农户的出险比例高。其中，109个保单出险的户数与承保的户数之比超过90%，涉及赔款73 357笔、199万元。二是农户的出险面积小。上述赔案中，68 916户农户受损面积与投保面积之比不超过50%，其中，42 572户的受损比例不超过20%。三是原始档案与业务系统的记录不一致。业务系统中，部分赔案的出险面积和损失比率等关键信息小于农户签字确认的纸质原始理赔清单中的记录，甚至存在损失程度低于保险条款约定的最低损失程度的情况。

据了解，当地水稻种植较为分散，户均种植面积约为3亩。该市水稻因台风灾害大面积出险，但每户仅有很小部分的水稻出险。如某村562户农户投保，561户出险，每户出险面积在0.1亩至0.2亩左右，出险面积最少的仅为0.04亩。结合台风这种自然灾害的特性及一般常识分析，基本不会发生上述出险情形。

（四）检查过程详述

检查组按图索骥，进一步开展了以下检查工作：

（1）检查业务流程和理赔档案。公司对业务流程的管控水平，很大程度上决定了公司经营行为的合规水平。检查组检查发现，业务管理中部分关键环节存在不合规情形:一是水稻保险承保清单存在代签名的情况；二是部分水稻保险保单承保时未进行公示；三是水稻保险报案管理不规范，接报后未及时转报"95518"专线；四是部分水稻赔案查勘定损照片数量偏少，不能充分反映损失情况；五是水稻赔案查勘定损不规范，大部分赔案未留存查勘定损原始工作底稿；六是部分水稻保险赔案公示时未取得受灾农户签名；七是部分水稻保险赔案公示受损面积与存档的纸质理赔档案中农户签名确认的受损面积数据不一致。

上述问题反映出，M 分公司农险业务管控不规范，特别是理赔环节缺少查勘照片、工作底稿、农户签名等关键资料，产生违规理赔的隐患。

（2）实地走访政府和农户。检查组走访了当地部分镇政府"三农"工作部门和部分受灾村农户，了解本次台风灾害后农户受灾和保险公司理赔情况。从理赔档案来看，当地镇政府及农业办分别在《水稻种植保险损失汇总》和《水稻受灾损失鉴定意见表》上签章，应当了解相关情况。但当地政府以经办人员不在为由，并未正面回答检查组的问题。农户则普遍反映台风造成了较大的损失，但是保险公司并未理赔或赔款很少。一些农户甚至不知道已经投保了农业保险，受灾后可以得到赔款。

一般而言，保险公司有效做好理赔工作，需要两个条件：一是当地政府部门特别是农业部门要积极配合；二是农户有效参与查勘定损。通过走访发现，当地政府部门对保险理赔有一定的回避情绪，未给予保险公司积极评价；多数农户反映未获得理赔或者赔款极少，甚至不知道保险的存在。检查组判断，M 分公司理赔可能存在问题。

（3）与经办人员谈话。检查组与 M 分公司负责农险理赔的相关人员进行谈话，了解有关疑点。经办人员称，本次台风过后，受灾的农户较多，公司并未"查勘到村、定损到户"，而是每个镇抽查 3~5 个村，每个村抽查 3~5 个农户，了解农户受损情况。公司收到损失清单并与抽查农户的受损情况进行对比后，发现镇、村上报的受损面积偏大，全部按比例核减该镇、村其他农户的出险面积计算赔款予以赔付。

三、处理情况

（一）问题定性

M 分公司自查中未按监管要求报告平均赔付的问题，保险监管机关审理后认为属于"从严从重处理"的情况。

（二）法律适用

M 分公司平均赔付的行为违反《中华人民共和国保险法》第一百一十六条"保险公司及其工作人员在保险业务活动中不得有下列行

为：……（十三）违反法律、行政法规和国务院保险监督管理机构规定的其他行为"，以及《农业保险条例》第十五条"保险机构应当按照农业保险合同约定，根据核定的保险标的的损失程度足额支付应赔偿的保险金"。

主要证据如下：

（1）投保清单；

（2）理赔影像资料及理赔清单；

（3）理赔公示影像资料；

（4）现场勘验笔录及部分案件清单；

（5）与支公司查勘员谈话笔录；

（6）与支公司"三农"部经理谈话笔录；

（7）M 分公司 2014 年高管任职分工汇总表。

（三）责任认定

保险监管机关审理后认为，虽然检查发现的平均赔付问题集中在 M 分公司下属的某支公司，但农险业务的承保、理赔权限在分公司而非支公司，因此，认定 M 分公司为机构责任主体。根据《关于谢 X 同志聘任职务的通知》和《关于调整 2014 年度 M 分公司领导班子工作分工及挂钩联系单位的通知》，谢 X 在检查区间内任 M 分公司副总经理，分管"三农"工作，应对检查发现的问题负责。

（四）处理措施

依据《中华人民共和国保险法》第一百六十一条、第一百七十一条规定，责令 M 分公司改正，罚款 24 万元，对责任人谢 X 警告，罚款 2.4 万元。

四、点评

（一）从检查看，应准确区分平均赔付与通融赔付行为

保险监管机关做出处罚决定后，M 分公司及相关责任人进行了陈述申辩。其主要理由是："水稻由于风吹存在轻微的物理损伤，适当加强田间管理对产量影响并不大。……镇政府希望保障农户的利益，按农户的实际损失率酌情赔付。公司考虑到村民情绪和政府的要求，在确定总损

失的情况下，平均赔付给了大部分农户。"

检查组审核后认为，一是确属应政府和农户要求的通融赔付，应提供相关的政府文件作为证明。二是根据走访农户的反馈，台风确实造成了水稻较大的损失，通融赔付与实际情况不符。三是 M 分公司 2014 年水稻保险的赔付率是 12.92%，而本次台风强度较大，其在登陆时中心附近最大风力达 13 级，A 省 3 地市 131.5 万人受灾，直接经济损失 16.1 亿元，水稻保险过低的赔付率显得不合常理。因此，保险监管机关审理后维持 M 分公司存在平均赔付行为的认定。

检查组认为，平均赔付与通融赔付的表现形式较为相似，在取证、确认时应周密考虑，避免被检查对象有意混淆二者的区别，逃避行政处罚。

（二）从农险经营看，应采取符合地方实际的业务模式

目前，农险经营行为受《农业保险条例》和《农业保险承保理赔管理暂行办法》等制度规范，制度所规范的内容比较全面而系统。但是，对于农户比较分散的地区和险种，要达到逐户签字确认承保和理赔情况确实比较困难，公示也往往达不到期望的效果。因此，对于不同的地区和险种，应当因地制宜地采取适当的经营模式。如对于农户较为分散的水稻保险业务实施区域统保、应保尽保，保费由政府全额补贴，同时允许农户自愿加保，既可以提升农户的投保意识，又能够大幅减少承保的工作量，并降低虚假承保的可能性，也可以在一定程度上提高理赔的效率。

案例 4-2：
R 产险公司编制防疫责任险
虚假理赔资料案

一、案例简述

2013 年 5 月至 2015 年 4 月期间，R 产险公司某支公司（以下简称 R 支公司）虚假报案，编造虚假保险事故照片、赔偿金支付尽职调查书、灾害事故现场查勘记录、保险定损及赔款明细表、保险索赔申请书等理赔资料，利用过往收集的兽医证书，虚构免疫接种责任险保险事故 105 起，套取赔款 98.39 万元。R 产险公司对赔案真实性未履行审核职责，在查勘人员未提供事故发生原因的证明材料、保险事故发生明显不符合逻辑的情况下，审核通过有关赔案。

二、检查过程

检查组分析分公司各项业务经营数据后发现，R 支公司责任险理赔情况存在明显异常，2013 年其承保了 Y 县畜牧兽医防疫责任险，2013 年至 2014 年保费收入 120 万元，赔款支出 101.57 万元。检查组核实发现，赔案主要发生在 2014 年，赔付金额为 89.03 万元，占总赔款金额的 87.65%。根据保险责任，2014 年，Y 县因兽医防疫死亡的生猪 2 000 余头，与当前的畜牧技术水平存在严重脱节，与 2013 年的赔付情况严重背离。赔付率如此之高的现象引发检查组深入探究其背后的原因。

检查组对该公司 2014 年农险赔付数据进一步筛查，发现其理赔数据"极为正常"，2014 年 R 支公司农业保险保费收入为 828.52 万元，赔款支出为 289.02 万元，赔付率仅 34.88%，未发现明显的虚假理赔表现。

但当检查组比对 R 支公司开办畜牧兽医防疫责任险以来的承保理赔数据发现，该险种赔付比例多年均维持在 80% 左右，比例赔付特征明显。检查组判断，R 支公司畜牧兽医防疫责任险业务存在较大虚假理赔嫌疑。

检查组进一步核查发现，该险种的保费由当地政府财政100%支付。但是，该地属于国家级贫困县，地方财政本就捉襟见肘。

检查组首先调阅了该险种全部理赔案卷，案卷中大量赔案照片雷同或似曾相识，如大量赔案卷中照片影像均为相同几只死猪的摆拍或是照片的放大和缩小。

同时，检查组开展外调工作，先后走访当地畜牧兽医部门、农户以及保险机构，相关机构或人员均反映当地近年来从未发生重大猪病疫情。

检查组及时固化客观证据，并对时任支公司经理、班子成员、理赔部经理、非车险理赔经办人员等逐个调查询问，被询问人员均如实说明利用畜牧兽医防疫责任险编制虚假赔案的违法事实。

检查组查实，R支公司于2013年5月至2015年4月期间，通过虚假报案、编造虚假理赔资料，虚构免疫接种责任保险事故105起，套取赔款98.39万元。

三、处理情况

（一）问题定性

保险监管机关审理认为，一是R产险公司上述行为是检查组进场后主动全面反映的问题，具有从轻处罚的情节。二是R产险公司及支公司在检查过程中积极配合，如实陈述违法行为，在案件移送处罚前积极整改并对相关责任人员进行了内部追责，具有从轻处罚的情节。三是R产险公司在自查工作中主动报告违规资金5 454.10万元。按照此次检查的方案和规定，对自查较为彻底、主动上报问题较多且整改基本到位，抽查发现自查以外问题不多的，适当从轻处理。

（二）法律适用

R支公司通过虚假报案，编造虚假理赔资料套取赔款98.39万元，事实清楚、证据充分，违反《保险法》第八十六条的规定。

主要证据如下：

（1）R支公司赔案案卷；

（2）R支公司原负责人调查笔录；

（3）R 支公司现任负责人调查笔录；

（4）R 支公司 2013 年和 2014 年班子成员分工情况说明；

（5）R 支公司理赔分部经理关于畜牧接种免疫责任保险自查问题的说明；

（6）R 支公司非车险理赔员工关于畜牧兽医免疫接种责任保险赔款的说明；

（7）现场检查事实确认书及反馈意见；

（8）R 支公司原负责人任职文件及身份证复印件；

（9）R 产险公司关于对 R 支公司责任保险赔案专项自查的报告。

（三）责任认定

检查组认为，陶 X 时任 R 支公司负责人，对该行为未履行管控职责，负有直接管理责任；该违法行为的实施主体为 R 支公司，R 支公司为机构责任主体。

（四）处理措施

依据《保险法》第一百七十条、第一百七十一条的规定，对 R 支公司及责任人陶 X 依法予以严肃处理。

四、原因分析

对政府直接购买服务的项目，保险公司应做好内部监督工作，确保项目发挥最大社会效益。本案例中，该保险公司对于涉及政府背景的项目避重就轻，认为业务是地方政府主导，不愿去从内部经营方面审核合规性，保险业务承保、理赔等环节的真实性得不到保证，衍生出一系列违法违规行为，最终损害了公司和行业的整体形象。

五、点评

（一）重点环节

本次检查能够取得突破，关键在于三个重点环节：

其一，数据分析环节。现场检查中，分析数据异常是发现违规经营行为的重要手段。如本次检查中，检查组要求公司在规定时限内提供涵盖各业务类别的承保、理赔等大量业务数据，发现 R 支公司在免疫接种责任险理赔方面存在"比例赔付"的异常现象。根据此线索，将该险种理赔行为确定为检查重点。

其二，违规风险点排查环节。本次检查中，检查组对近两年违规多发的农业保险业务做了一次数据筛查，并未发现明显违规的痕迹。进一步调查发现，R支公司承保的免疫接种责任险属于当地政府财政出资购买的业务，而从近年来检查情况看，该类业务容易发生套取财政补贴的违规行为。

其三，关键责任人确定环节。由于R产险公司理赔工作实行分公司垂直管理，陶X称其作为支公司经理不审核理赔材料真实性。在确定直接责任人方面，检查组做了较为细致的取证工作，特别对支公司理赔关键流程经办人、相关部门经理进行了询问，形成责任人认定的证据链条。最终判定编制虚假理赔资料不是单纯的基层人员个别行为，而是在支公司管理层、多部门参与默许下实施的，反映出支公司存在的重大合规管控漏洞。分公司理赔条线人员虽对赔案具有审核责任，但违法行为系支公司直接实施，陶X时任支公司经理，负责全面工作并分管农险业务，应承担直接管理责任。

（二）经验启示

对于农业保险的现场检查，可从保费收入、赔款支出等科目入手，采取进场前调查、稽核数据分析、审验账表凭证、查阅档案资料、询问当事人、实地查看等方式，全面检查各项内容，不放过任何一个疑点。尤其是要重点核查承保理赔的合理性，多做数据分析比对，多做合理性调查，提防保险公司"创新"违规手段和违规方式，警惕类似本案中涉及财政出资的险种通过虚假理赔进行违规套利。

案例 4-3：
Z 产险公司车险虚假理赔案

一、案例简述

2014 年 1 月至 3 月，Z 财产保险公司 D 分公司（以下简称 D 分公司）采取短期承保而保险责任覆盖全年的方式违规操作。车辆出险后，保险公司才将信息补录入承保系统，修改"道路交通事故认定书"出险日期，进行补充报案，对未在承保期限内的出险车辆进行理赔。D 分公司通过上述方式方法违规操作 3 笔赔案，套取赔款资金 60 163 元，给予投保客户保险合同以外其他利益。

二、检查过程

（一）检查启动原因

一是检查组日常监管发现，D 地区部分企业支付给保险公司的车险保费，无法覆盖企业全部车辆，但要求保险公司对所有车辆进行承保。保险公司在全部承保交强险业务的基础上，将剩余的保费用来承保商业车险，存在"保费不足"的问题。

二是 2014 年，D 分公司保费收入 2968 万元，其中，车险保费收入 2 415 万元，占总保费 81.37%，车险综合赔付率达到 62.83%。保险监管部门前期调研发现，D 地区相关企业车险赔付率不超过 20%。由于 D 分公司车险业务占比较大，赔付率较高，故将其确定为检查对象。D 分公司自查虚假理赔 11 笔，涉及金额 99.61 万元，检查组分析后，将该公司的虚假理赔作为检查重点问题。

（二）调阅资料清单

1. 车险已决赔案和报案登记簿；

2. 相关理赔案卷；

3. 报案电话记录；

4. 相关业务承保档案；

5. 相关保费进账财务业务凭证；

6. 相关赔款支付财务业务凭证；

7. 公司自查、整改报告；

8. 公司核保相关文件、规定；

9. 公司核赔相关文件、规定；

10. 2014 年、2015 年公司班子成员分工文件。

（三）检查过程详述

1. 资料梳理。检查组调取 2014 年度 D 分公司 434 件车险已决赔案和报案登记簿。对报案时间在保险期限之外的所有案件和理赔卷宗中"道路交通事故认定书"复印件不清晰的案件，在省保险行业协会的车险信息平台查询标的车交强险及三者车出险信息，发现在商业车险保险期限不足一年的 322 件且发生赔案的 30 笔业务中，除了自查出问题之外，发现 3 笔赔案车险信息平台显示的出险时间与 D 分公司理赔卷宗中登记的出险时间不一致，且"道路交通事故认定书"复印件不清晰。检查人员调取了报案电话记录，发现报案时间与台账登记的出险日期、时间以及地点不一致。检查人员调取了现场查勘相关信息，发现只有事故的简单描述，未发现现场照片、事件发生细节、当事人签字等关键信息。检查组判断，可能存在未在保险期限内进行理赔情况。

2. 延伸外调。检查组调阅了出险车辆交强险承保信息，发现出险车辆交强险未在 D 分公司承保。检查组根据内附"道路交通事故认定书"复印件的其他保险公司签章及车险信息平台查询结果，对赔案车辆涉及交强险其他 2 家保险公司进行走访外调，查阅三台标的车的交强险出险情况，发现附在其中 1 家财险公司理赔卷宗中的"道路交通事故认定书"原件出险时间与 D 公司理赔卷宗中登记的"道路交通事故认定书"复印件出险时间不一致，另外 1 家财险公司与 D 分公司同一台车辆交强险和商业车险实际出险时间不一致，且在承保期限内都仅出险一次，未发现其他出险记录。

3. 谈话取证。检查组分别与 D 分公司 2 名现场查勘员谈话，二人均表示，在出现场时未看到承保信息，如果将查勘信息录入系统中，只有在系统内有报案的情况下才能录入查勘内容。这 3 个赔案均是现场查勘后很长时间相关领导让补录系统中的。检查组与 D 分公司相关负责人进行谈话，该负责人表示 3 笔赔案均为出险后补录入承保系统的，当时补报案及录入系统中的赔案是其决定的。虽然知道出险时间不在保险期限内，但考虑三者车司机经常去投保单位吵闹，投保单位领导要求 D 分公司通融赔付，公司为了下一年度保险业务不流失，决定对 3 笔案件进行保险期限外赔付。

综合上述情况，检查组查实，D 分公司在 2014 年存在通过理赔给予客户保险合同以外其他利益的情况，涉及 3 笔赔案，合计金额 60 163 元。

三、处理情况

（一）问题定性

D 分公司通过对未在保险期限内出险的车辆进行理赔，给予客户保险合同以外其他利益的行为，违反了《中华人民共和国保险法》第一百一十六条"保险公司及其工作人员在保险业务活动中不得有下列行为：4.给予或者承诺给予投保人、被保险人、受益人保险合同约定以外的保险费回扣或者其他利益"之规定。

（二）法律适用

根据《中华人民共和国保险法》第一百六十二条"保险公司有本法第一百一十六条规定行为之一的，由保险监督管理机构责令改正，处五万元以上三十万元以下的罚款；情节严重的，限制其业务范围、责令停止接受新业务或者吊销业务许可证"，第一百七十三条"保险公司、保险资产管理公司、保险专业代理机构、保险经纪人违反本法规定的，保险监督管理机构除分别依照本法第一百六十一条至第一百七十二条的规定对该单位给予处罚外，对其直接负责的主管人员和其他直接责任人员给予警告，并处一万元以上十万元以下的罚款；情节严重的，撤销任职资格或者从业资格"的规定予以处罚。

现场检查主要证据如下：

（1）D 分公司报案登记表；

（2）D分公司赔案案卷（包括道路交通事故认定书、现场查勘资料）；

（3）D分公司保单抄件；

（4）D分公司保费进账凭证、赔款支付凭证；

（5）外调相关公司交强险承保相关信息；

（6）外调相关公司交强险赔案卷宗；

（7）行业协会信息平台数据；

（8）D分公司自查、整改报告；

（9）D分公司核保权限相关文件、规定；

（10）2014年、2015年D分公司班子成员分工文件；

（11）谈话笔录。

（三）责任认定

检查组认为，吴XX时任D分公司理赔负责人，在其权限范围内，对该行为直接操控、决定，未按照相关法律法规履行管控职责，故认定吴XX负有直接管理责任；该违法行为的实施主体为D分公司，故认定D公司为机构责任主体。

（四）处理措施

根据《中华人民共和国保险法》第一百六十二条、第一百七十三条，对D分公司及责任人吴XX依法予以严肃处理。

四、原因分析

从市场发展的内外部环境来看，此类违规行为产生的原因具体有以下几个方面：

（一）公司内部经营不科学

一是公司考核不理性。一些保险公司法人机构不考虑各地实际经济状况，考核指标按照不同比例逐年上涨，分支机构为了完成上级机构下达的指标，容易做出一些违法违规行为。二是内部管控不健全。各项合规制度流于形式，公司内部管控薄弱，上级机构未尽到对下级机构应有的管控责任。

（二）外部环境是诱因

从本案情况看，一是投保企业的保险业务保费来源存在"砍块业务"或者所谓"保费不足"现象。按照现行车险条款不能覆盖企业全部车辆，但投保企业要求保险公司对所有车辆进行承保。二是大型国企管理严格，保险事故发生率相对较低，各保险公司争夺激烈。

（三）监管对外缺乏有效手段

保险监管机关对于投保人监督、管控手段缺乏。当地保监局要求保险行业协会组织各保险公司与企业协商，讲解依法合规的重要性、必要性，争取理解、配合；要求省、市保险行业协会要严密监视保险市场动向，发现违法违规问题及时向保险监管机关报告。

五、点评

（一）业务违规环节检查

检查组分析了D分公司可能存在的问题后，抽调一定比例已决赔案和报案登记簿，对报案时间在保险期限之外的所有案件理赔材料进行分析、审核，选出疑似有问题的相关材料；调阅或者外调与其他相关联材料进行核对，发现"道路交通事故认定书"复印件与原件相应内容不一致；调取报案电话记录，发现报案时间与台账登记的出险日期、时间以及地点不一致；调取现场查勘信息，发现只有事故的简单描述，未发现现场照片、事件发生细节、当事人签字等关键信息；通过与相关人员谈话，确认现场未看到承保信息，赔案均为出险后，补录入承保系统。

（二）资金去向环节检查

一是调取投保单位相关资料，查看投保单位名称、险种等相关信息，核对出险后赔款支付对象名称、赔款事由等是否与其一致。二是调取财务账簿、原始凭证和银行账号等信息，审核支付款项金额、支付对象名称和账号等是否为投保单位预留，并与投保单位确认。三是通过谈话和外调等方式方法，结合实际情况确认资金用途。

案例4-4：
A公司违法设立总公司营业部检查案例

一、案例简述

2016年检查发现A公司存在违法设立总公司营业部的问题。经核查，A公司业务系统、财务系统、报表系统中均含有二级机构（省级分公司）"营业部"名称，A公司2013年1月恢复设立总公司营业部，2013年1月至2014年2月，营业部与总公司在同一职场办公。2014年2月底，A公司将营业部搬迁至总公司之外职场，营业部管理职能被剥离，负责拓展市场业务、收取保费，总裁专题会议明确"营业部按照分公司的考核方式进行，营业部的费用报销权限按分公司设置；公司营业部的核保工作由公司车险部、财产险部、人身险部负责；公司营业部的理赔工作暂由陕西理赔服务中心负责"。A公司为营业部任命负责人，调配专职工作人员，配备出单设备，设置出单工号，制作营业部公章，具备对外经营条件。检查显示，2014年3月至2016年10月，营业部与外部单位签署了业务合作协议，其承保打印的保单均显示归属为营业部，累计签单保费2 962.02万元，手续费及佣金支出163.55万元。A公司于2014年营业部搬迁后，下发了对营业部的考核办法，并进行了考核；2015年下发了对营业部的考核办法，但未公布考核结果；2016年将营业部人员全部转入销售序列管理，制定营业部2016年薪酬及考核方案。

二、检查过程

（一）检查启动原因

根据中国保监会"两两加强"回头看检查安排。第四检查组负责对A总公司进行检查。入场后，检查组在了解A公司基本情况过程中，发现在其业务系统、财务系统、报表系统中均存在二级机构"营业部"的名称，随后在听取各部门负责人工作情况介绍时，了解到总公司营业部在其总公司之外的专门职场办公，并且对外签署合作协议，开展保险经营活动。检查组在 A 公司持有许可证机构信息和监管信息系统中，均没有发现 A 总公司营业部设立信息。据此分析，检查组认为，A 违法设立总公司营业部的线索比较突出。

（二）调阅资料情况

检查组围绕 A 总公司营业部设立决策、高管人员、职场搬迁、业务经营、业绩考核等方面的事项，调取相关资料。一是决策设立过程，调取了总公司恢复设立营业部的文件、2014 年研究营业部搬迁事宜的总裁专题办公会会议纪要等。二是人员方面，调取了历任营业部负责人任命文件以及有关负责人离职文件、营业部人员考核和薪酬的文件。三是职场方面，调取了营业部职场搬迁情况的报告、现职场租赁协议等。四是业务方面，调取了营业部搬迁后至检查日前的业务清单、营业部与个别外部单位的业务合作协议等。在此基础上，检查组要求 A 公司分别就营业部搬迁过程、专职工作人员、考核等三方面情况，出具了情况说明。

（三）检查过程详述

根据初查发现的违规线索，结合调阅的各项资料，检查组认为 A 公司违法设立分支机构的事实逐渐清晰。对照中国保监会《行政处罚指导手册》认定构成未经批准设立保险公司分支机构应当同时具备的四个条件：一是有相对固定的营业场所；二是有相对固定的工作人员；三是从事保险业务经营活动，包括但不限于出单、承保、理赔等；四是面向不特定对象开展业务。检查组要进一步核查落实经营场所、工作人员、业务活动，同时为落实机构和高管同查同处的要求，必须查实营业部设立和搬迁的决策实施过程。

检查方向确定后，检查组立即开展一系列工作。

一是突击核查营业职场。考虑到事先通知检查，公司可能会隐匿相应开展业务的证据，或者有组织、有计划地布置有关措施应对检查，突击检查能够在最大程度上防止检查对象转移或销毁证据，有助于检查顺利开展。因此，检查组以了解公司经营状况为由，提出查看营业部职场。

到场后，检查组迅速对营业职场内的出单设备、已出保单、职场环境等进行拍照取证，并对营业部负责人和员工进行询问谈话，详细了解营业部设立以及搬迁的过程、业务经营状况等，初步掌握了违法设立营业部的基本事实。经核查，2012年11月A总公司召开四届董事会第五次会议，研究同意恢复设立总公司营业部。2013年1月，下发《关于恢复设立A财产保险股份有限公司营业部的通知》，决定恢复设立总公司营业部，并明确营业部"列入公司二级机构序列"。2013年1月至2014年2月，A总公司营业部与总公司在同一地址办公（X市高新区科技路50号）。2014年2月19日，公司召开总裁专题会议，决定"营业部搬迁至X市W区K大厦四层，房租费用减半摊销"。2014年2月底营业部全部搬迁到位。

二是调查了解营业部设立目的动机和工作职能。通过询问相关人员和查阅公司总裁专题会议纪要，检查组基本掌握了A总公司营业部设立以及工作职能的变化。2013年1月成立之初，营业部为了加大对股东业务的拓展，进一步服务经纪、代理、银行等总对总业务。2014年2月搬迁后，营业部管理职能被剥离，只负责拓展市场业务、收取保费，公司总裁专题会议明确"营业部按照分公司的考核方式进行，营业部的费用报销权限按分公司设置；公司营业部的核保工作由公司车险部、财产险部、人身险部负责；公司营业部的理赔工作暂由陕西理赔服务中心负责；原车商部、经纪及重客业务部、银保及代理业务部的管理职能，涉及车险业务的，划转到车险部，涉及非车险业务的，划转到财产险、人身险部"。为此，总公司为营业部配备了出单设备，设置了营业部出单工号，制作了营业部公章，使其可以开展正常经营活动。营业部可与外部单位签署业务合作协议（加盖营业部公章），其承保打印的保单均归属为营业部，保单"签单机构"一栏中均带有"A财产保险股份有限公司营业部"或"A财产保险股份有限公司营业部总经理室"等营业部的显示标识。

三是核查业务清单，了解业务经营情况。检查组详细查阅了A公司业务清单，从总抽取汇总了2014年3月营业部搬迁后的所有业务清单，通过对业务清单的分析，发现营业部所做业务中既有其员工陈某、赵某、苗某的车险散单业务，又有与A保险销售公司、T汽车销售服务有限责任公司、J保险销售有限公司、W保险销售服务有限公司合作开展的渠道业务。2014年3月—2016年10月（搬迁后）累计实现签单保费2 962.02万元，手续费及佣金支出163.55万元。检查组从业务清单中选取部分合作渠道，要求公司提供营业部与合作渠道签署的合作协议，从而进一步证实了营业部面向不特定客户开展业务的事实。

四是了解营业部人员配备情况。检查组在询问营业部现职工作人员的基础上，又向A总公司人力资源部、办公室等部门调阅人事任命文件，查清了营业部人员配备情况。公司于2013年2月5日下发文件，任命白某为营业部临时负责人；2014年1月22日下发文件，任命王某为营业部总经理；2015年10月10日与王某解除劳动合同关系，王某目前已离开公司；2016年1月29日下发文件，任命陈某为营业部总经理、苏某为营业部副总经理、陆某为营业部总经理助理、侯某为营业部总经理助理。进一步了解得知，目前公司对营业部人员安排的定位主要是安置部分老员工和不能胜任现岗位的员工，都是销售管理岗给予一定销售任务。目前，营业部有陈某、苏某等专职工作人员，多为年龄偏大在公司曾经担任过高管的人员，有个别工作人员为不能胜任岗位工作调整至营业部，原营业部总经理及部分工作人员均已离职。

五是落实高管责任。检查组按照机构和高管同查同处的原则，在查清违法设立营业部的事实后，继续深入核查，落实高管责任。核查发现，A总公司班子成员中没有分管营业部的领导，营业部成立时的第一任总经理也已经离职，无法直接落实责任。检查组随即转变思路，从营业部设立和搬迁的决策实施过程入手，查清事实落实管理责任，通过询问办公室、营业部有关人员，包括已经离职人员进行电话询问，查阅A公司会议制度，调取总裁专题办公会会议纪要和2014年专题会议纪要议题，确定公司总裁蒋某的管理责任并对其进行询问谈话。

公司在接受检查的同时，辩称一直都是将营业部作为内设部门在管理，营业部所在职场为其总公司电销中心职场，没有在外单独设立经营场所，也没有对外挂牌。对此，检查组进行了进一步核实，经核查2013年中国保监会下发《关于A财产保险股份有限公司电话营销专用机动车商业保险条款费率的批复》,文件显示"三、同意你公司将电话营销专用产品的运营场所设在 S 省 X 市 W 区 K 大厦四层。四、你公司应在电话营销专用机动车商业保险的保单上注明'电销专用'字样……"证据显示,该职场为公司电销专用职场,所做业务和保单只能是电销渠道专用。A 公司明确规定营业部房租在经营费用中减半摊销,营业部工作人员由总公司直接管理,不属于电销中心管理。营业部所做的业务有个人业务,也有与多家外部单位合作所做的渠道业务或单位业务,承保的保单"签单机构"一栏中均带有营业部的显著标识,没有显示"电销专用",且公司每年都对营业部进行单独考核,所有证据均显示 A 公司营业部符合保险机构的特征。

三、处理情况

(一)问题定性

A 公司设立总公司营业部属于未经批准设立保险分支机构的违法行为。该营业部具备保险分支机构的四个特征:一是有相对固定的营业场所。营业部单独租用办公场所,且总公司明确"房租费用减半摊销"。二是有相对固定的工作人员。A 公司为营业部配备了领导班子和工作人员。三是开展了保险业务经营活动。A 公司为营业部配备了出单设备,设置出单工号,刻制了公章,并明确"营业部按照二级机构开展管理",主要职责是拓展市场、收取保费,保单的保险人栏目均显示为营业部,并加盖营业部保单专用章。四是业务对象不特定。开展业务中既有其员工的车险散单业务,又有与网金保险销售服务有限公司等合作开展的渠道业务。2014 年 3 月至 2016 年 10 月,累计实现保费 2 962.02 万元,手续费及佣金支出 163.55 万元。

(二)法律适用、责任认定

A 公司未经批准设立总公司营业部的问题,违反了《保险法》第七十四条"保险公司在中华人民共和国境内设立分支机构,应当经保险监督管理机构批准"的规定,应依据《保险法》第一百六十四条"违反本法规定,有下列行为之一的,由保险监督管理机构责令改正,处五万元以上三十万元以下的罚款；……6.未经批准设立分支机构"的规定进行行政处罚。在责任认定上，检查组认为，A公司总经理蒋某参与决策并推动主导了营业部设立、搬迁、人员调配、业务考核全过程，应负主要责任，在对公司进行出发的同时，应对其按照《保险法》第一百七十一条"保险公司、保险资产管理公司、保险专业代理机构、保险经纪人违反本法规定的，保险监督管理机构除分别依照本法第一百六十条至第一百七十条的规定对该单位给予处罚外，对其直接负责的主管人员和其他直接责任人员给予警告，并处一万元以上十万元以下的罚款；情节严重的，撤销任职资格"的规定进行行政处罚。

四、点评

近年来，在中国保监会持续加强监管的压力下，未经批准擅自设立保险公司分支机构的违法行为明显减少，但检查发现在保险总公司层面仍然出现此类违法问题，暴露出保险公司对违法设立分支机构的认识仍然不足，对下一步监管工作提出了启示。

一是继续坚持严查重处，提高保险监管震慑力和有效性。本案例中，该营业部已经设立将近4年，2014年前还承担了车商部、经纪及重客业务部、银保及代理业务部的管理职能，在公司经营中起到了重要的作用，2014年搬离总公司后仍然持续开展保险经营活动，暴露出保险公司依法合规意识的淡薄，必须持续不断加强打击，严查重处，达到"检查一个、震慑一片"的效果。

二是引导行业建立良好用人理念，夯实行业发展基础。检查组深入挖掘设立营业部的动机发现，公司将营业部作为安置所谓"老员工"的机构，任其自由发展，充分显示了保险公司在人员调配尤其是"高龄"高管人员管理使用上的"人情淡漠"，大大挫伤了人员积极性，极易造成从业人员对保险公司甚至对保险行业的不认可、不信任甚至仇恨，不利于保险公司的稳健经营和保险行业的长远健康发展。

三是敢于动真碰硬。检查中在落实管理责任时，检查组在有关人员已经离职、班子分工不明的前提下，对是否追究公司总裁管理责任有所顾忌，但在大量前期工作基础上，包括询问已经离职的原办公室主任，查阅会议制度、总裁专题会议纪要和议题，逐步理清了决策过程，落实了管理责任，确保了机构和高管同查同处。

第五部分
人身险业务

案例 5-1：
G 人身险公司业务系统存在安全漏洞案

一、案例简述

2015 年，中国保监会检查组在对 G 人身保险公司总公司检查中，通过排查投诉台账及业务系统发现，客户张某某于 2009 年在该公司下属 A 分公司投保，客户张某某（与上述 A 分公司客户同名）2012 年在该公司下属 B 分公司投保。后 B 分公司客户张某某查询保单时发现其名下多出一张本不属于自己的保单，即 A 分公司客户张某某之保单，后 B 分公司客户张某某通过拨打客服电话对 A 分公司客户张某某的保单申请保单挂失、保单迁移和保单补发等一系列操作，将保单迁移至 B 分公司，最终于 2012 年 12 月将 A 分公司客户张某某保单退保，获利上万元。

二、检查过程

（一）检查启动原因

根据中国保监会关于开展监管抽查的工作要求，检查组对该总公司开展了现场检查。该公司市场份额较高，主要业务以银保渠道为主，客户群体较大。检查组分析，该公司客户信息安全性、真实性方面可能有所欠缺，一旦业务系统出现漏洞，发生客户信息被泄露、篡改、利用等情况，后果将极为严重。同时，客户信息有被大规模利用的可能，易引发较为严重的风险事件。因此，检查组集中力量，对该公司业务信息系统安全方面开展现场检查。

（二）调阅资料情况

检查组共调取了该公司的投诉台账、系统开发需求文档、公司所有姓名、性别、出生年月一致但身份证号码不一致客户承保信息清单、信息系统安全内控制度及系统穿行测试截屏等材料。同时，对该公司理赔部经理、核保部经理、信息部经理分别进行了询问并形成了调查笔录。

（三）发现线索及疑点分析。

检查组逐项排查 2014-2015 年投诉台账，希望通过逆向追查方式发现公司可能存在的问题，并督促公司及时处理。在上千件投诉案件中，检查组最终发现前述张某某案，并判断如公司系统确有此漏洞，极易被人为利用，甚至有可能发生公司员工与外部人员内外勾结，严重侵害客户利益的刑事案件。因此，检查组决定立即对该情况开展调查。

（四）检查过程

检查组发现张某某案后，立即进行深入调查。在对公司相关人员询问过程中得知，该公司业务系统有客户信息合并功能，即将系统认定为相同投保人的不同保单合并到同一个账户名下。例如：李某 2009 年在该公司投保一份短期人身意外伤害保险，2010 年又在该公司投保一份分红型普通寿险，在保单录入过程中，系统认定二者可能为同一人，将弹出对话框，由人工判别其是否为同一客户，如判别为同一客户，操作人员点击合并客户按钮，系统将二者合并为同一账户，该名下关联两张保单。

但本案中两位客户张某某明显不是同一客户，到底是什么原因导致错误合并呢？

为了还原张某某案发生的真实原因，检查人员设计了多种条件，进行数次系统测试,以了解该公司客户合并的覆盖规则。通过系统测试发现，该公司录入客户信息时，如有客户姓名、性别、出生日期三项与既往业务客户信息一致但证件类型、证件号码不一致的情况，系统会弹出相似客户验证提示，由操作人员人工判别其是否为同一客户，若判定其为同一客户，系统则进行客户合并。该操作为人工无复核人员的不可逆操作，且无客户身份信息变更提示，若柜面人员有意或无意的判别错误，对不同客户进行合并，系统则会用其中一名客户的身份信息将另一客户信息覆盖。张某某案发生时，覆盖规则为后录入客户信息覆盖之前录入客户信息，合并后与之关联的所有业务挂靠在后录入系统客户名下，被覆盖的客户信息在系中成为作废信息，且系统不留存客户合并及信息变更痕迹。

发现了上述情况后，张某某案件基本得到了还原：A 分公司客户张某某于 2009 年在该公司投保；B 分公司客户客户张某某 2012 年在该公司投保。B 分公司保单录入人员林某某在录入张某某保单时，因客户的姓名、性别、出生日期等信息与 A 公司张某某一致，在无复核人员的情况下，误将两名客户确认为同一名客户，导致 B 分公司客户张某某的客户信息覆盖了 A 分公司张某某的客户信息。客户合并后，系统自动将两张保单归属至 B 分公司客户名下。后 B 分公司客户过拨打客服电话将 A 分公司客户保单保单迁移至 B 分公司，于 2012 年 11 月在 B 分公司办理了保单挂失和保单补发，最终于 2012 年 12 月办理了保单退保，退费金额 10 597.78 元。

张某某案发生后，公司仅于 2014 年 11 月 21 日为 A 分公司客户张某某办理了保单满期领取手续，追回了被冒领的资金。将客户合并后覆盖前的规则改为前覆盖后，未对相关责任人进行责任追究，未对该情况开展风险排查工作，至今系统中仍显示两笔保单属于同一客户。

案件过程还原后，检查组高度重视，几次开会讨论该案件发生的原因，提出以下疑点：

（1）该案件中，B 分公司客户张某某整个退保的保全流程完全合规，幕后是否有知情人士指点，到底是操作人员误操作产生的，还是公司内部人员与客户内外勾结而产生的诈骗案件？

（2）该公司是否还存在此类情况但未被发现？

（3）该公司是否还有其他校验规则不健全导致客户信息被错误覆盖、合并的情况？

针对第一个疑问，检查组从该公司调取了此投诉案件的全部材料，得知 B 分公司误操作人员林某某已于 2013 年离司，其操作的业务中仅有此笔出现误操作。通过了解，得知林某某与张某某并不相识，且 2014 年 11 月，A 分公司客户张某某到公司办理保单满期给付发现该问题并投诉后，A 分公司立即与 B 分公司进行沟通，着手处理。B 分公司接到通知后，立即联系到了其客户张某某，及时追回了退保金。A 分公司于 2014 年 11 月为张某某办理了保单满期领取手续。因此，基本可以排除公司员工林某某与客户张某某内外勾结套取他人保险资金的可能。

针对第二个疑问，检查组要求该公司 IT 部门调取公司所有姓名、性别、出生年月一致但身份证号码不一致客户被合并的明细，但由于客户合并工作在该公司系统内并不属于保全事项，合并过程没有任何记录，无法提供上述明细，导致公司无法及时发现误操作情况，无法对此类问题开展具有针对性的排查工作，即公司仍有可能发生类似张某某案情况，但无法排查，只能案发一起处理一起。

针对第三个疑问，检查组顺藤摸瓜继续追查，最终发现该公司仍存在类似问题。一是信息错误覆盖导致客户系统留存银行账户名变更。公司在新增客户信息时，若客户银行卡账号输入错误，且错误号码属于既往业务客户留存的银行卡账号，则系统用新录入客户账户名称将既往业务客户留存的银行卡账户名称覆盖，被覆盖的客户信息在系统中成为作废信息，系统不留存客户信息变更痕迹。公司已经发生由于该问题引发的投诉案件，客户将自己银行卡号码填写错误，错误银行卡号码属于系统中另一客户，该错误致信息原有系统中客户银行卡账户名变更为后录入信息客户名称，导致原有客户银行划款失败，保单失效。二是同一客户信息合并时信息覆盖导致客户信息发生变更的问题。在公司既往业务排查中发现，该公司录入意外险客户信息时，如系统中存在该客户身份信息，但二者电话号码等信息不一致，系统则自动用新录入信息覆盖旧信息，被覆盖的客户信息在系统中成为作废信息，且系统不留存客户信息变更痕迹。公司发现该情况后于 2014 年 2 月对系统规则进行修改，针对短期险和极短期险，若确认为老客户，则不使用新客户的联系方式信息覆盖老客户的信息。但系统规则修改后该公司未对既往业务是否大量存在该问题进行排查，导致 2014 年 7 月客户余某某投诉案发生，该客户于 2011 年因投保航意险导致其于 2010 年投保的长期险保单电话号码由正确号码 1382360XXXX 变为其投保航意险时输入的错误电话号码 138XXXX，使客户未能及时收到缴费通知，长期险保单失效。

三、处理情况

（一）问题定性

上述业务系统存在的漏洞，有被人恶意利用或内外勾结，导致投保人保险资金被非法套取的风险，从而引发客户因利益受损、信息被私自篡改而产生投诉或诉讼纠纷。同时，该公司发现系统存在校验规则漏洞后，未及时披露系统风险状况。涉嫌违反保监会《保险公司信息系统安全管理指引（试行）》（保监发〔2011〕68号）第22条"在信息系统可能对客户服务造成较大影响时，根据有关法律法规及时和规范地披露信息系统风险状况，并以适当的方式告知客户"的规定。

（二）责任认定

一是业务管理部门对系统客户信息合并模块提出的需求存在漏洞，对于系统客户信息安全重视不足，未经客户授权便通过客户信息合并等方式变更了客户信息。二是IT部门未对业务系统进行全面测试，对客户信息合并的操作未设置记录功能，导致操作无法回溯，后期无法对已经发生的问题进行排查、清理，留下了安全隐患。

四、原因分析

上述系统漏洞源于该公司对于客户信息安全的重视程度不足。一是该公司对于客户信息合并、覆盖的条件设置不合理，如不同身份证号码的客户可以合并、同一客户错误电话号码覆盖正确电话号码、错误银行卡号覆盖正确银行卡号等。而该公司业务规模较大，客户较多，产生上述问题的可能性极大，但又无法进行有效排查。二是操作人员可以在无客户授权、无复核人员把关的情况下进行客户信息的合并、覆盖操作。三是外部或内部人员可以利用以上系统漏洞，进行损害客户利益的行为。四是客户信息合并、覆盖等自动变更客户信息的过程无操作记录，系统中无迹可寻，公司无法主动进行系统排查。仅能被动发现一例修改一例。五是上述问题涉嫌在未经客户授权的情况下，擅自修改客户信息。

五、点评

此案所反映出的信息系统安全问题，在行业内具有典型性。大多数保险公司出于整合客户信息、提高系统效率等方面的考虑，在系统中均设置有客户信息合并等相关功能，极有可能存在与此公司类似的问题。

借此案提示各公司：一是完善系统校验规则，以保证客户不因系统问题导致利益受损，不被不法分子利用非法牟利。二是所有涉及客户信息变更的工作均要得到客户授权或确认才可操作。如此案件中，客户信息合并等操作，实际上已经修改了客户信息，但完全为公司操作人员操作，其过程并未得到任何客户授权。三是关键信息变更，要设置复核人员，严格把关，防止误操作的产生。四是涉及客户信息合并、覆盖等关键操作，应在系统中留有工作轨迹，并能进行回溯或复原，一旦发现由于系统校验规则漏洞而产生的风险事件，能及时查找原因，并开展具有针对性的排查、清理工作。

检查组在检查过程中，创新检查手段，提高检查效率，通过分析公司咨询投诉数据方式向上回溯，倒序追查发现了该公司系统存在的风险问题，后又严密设置各种条件进行系统穿行测试，不放过任何一种导致客户信息错误合并、覆盖等系统漏洞的可能性，最终达到了发现问题，查明原因，提示风险，警示公司的作用。

案例 5-2：
M 人身险公司拼凑团险业务案

一、案例简述

2014 年 6 月，M 人身保险公司 A 省分公司 B 市分公司在承保 XX 团体人身保险业务时，由银保销售团队通过社会关系寻找亲属、朋友等人开办的企业或个体户作为名义上的投保单位进行投保，所有保单均非投保人真实意愿投保，绝大多数被保险人为该分公司银保渠道内勤、外勤人员或其亲属，且保费多数由银保内勤、外勤人员筹资。该分公司上述违规业务涉及保单 35 笔，保费 322.20 万元，公司为上述业务向保单对应的销售人员共支付佣金及奖励金 41.89 万元。

二、检查过程及主要证据

（一）检查启动原因

M 人身保险公司 B 市分公司在 B 市保费规模较大，市场份额近四成，2015 年 1-5 月保费增速 42.65%，在当地寿险行业具有较大影响。市场秩序信息反映该公司违规经营情况较多，公司投诉量在当地亦居行业前列。XX 保监局在开展本次专项检查前已处理该公司其他地市分公司多起违法违规行为，但对 B 市分公司近年内未开展过现场检查。同时，B 市分公司在"两个加强，两个遏制"自查整改阶段报送问题较少，与其业务规模明显不符。鉴于以上情况，XX 保监局选择 B 市分公司作为本次专项检查的检查对象。

（二）调阅资料情况

本次专项检查是在公司第一阶段自查整改基础之上的检查，检查重点为公司自查未发现问题的领域，重点核实公司是否漏报瞒报、隐匿违规行为，不同于常规检查，资料调取需突出重点。为保证检查时效，提高工作效率，检查组采用"二分法"调阅资料。一是分层级调阅资料。为避免资料异地存放给调阅资料带来困难，检查组同时向 A 省分公司和

B市分公司两个层级调阅资料，避免地市机构请示省级机构异地调阅资料对时间的消耗，减少内部沟通障碍。二是分时段调阅资料。按照资料使用先后有序、检查领域重点突出两个原则，检查组将整体调阅资料清单划分为三部分：一部分为优先调阅资料清单，一部分为后续调阅资料清单，一部分为留档待查资料清单，要求公司分时提供，突出重点，显著提高了检查组工作效率。

调阅资料的内容从属性上可以分为三大块：一是客服及内控模块，包括投诉台账、内审报告、内控管理制度，以及自查报告等，旨在从公司内部发现违规线索；二是业务模块，包括产说会档案、宣传资料、承保及退保清单、赔付清单、回访资料等，旨在掌握公司业务数据；三是财务模块，包括财务三大报表、分渠道业务及管理费用明细账、手续费及佣金科目明细账、工资及佣金发放明细表等财务报表，旨在掌握公司财务数据。

（三）检查发现线索及可疑线索分析

在对B市分公司银保渠道承保清单进行分析时，检查组发现涉案保单承保时间较为集中，且集中在同一时间退保（检查组入场后）。该情况引起检查组的关注。经进一步分析，发现该团体人身保险的承保时间集中在季度末，且其他时间均无承保，检查组初步判断该业务可能属于保险公司为满足考核要求而开展的季末冲刺，并由此推断可能属于虚构业务。一般情况下，若某产品用于业务冲刺，则退保损失可能较小，且相应激励方案中的奖励基本能覆盖退保损失，否则虚构业务成本较高，则在经济性上不具备冲刺业务的便利条件。依照这一思路，检查组着手核实该业务的激励情况，调阅了该业务激励方案。经核实，该业务激励方案所产生的激励基本可覆盖退保损失，且略有盈余。随即，检查组对涉案保单的投保人及被保险人进行研究，结合相应的费用缴款凭证，比对公司内勤、外勤人员花名册，最终发现上述业务多数被保险人清单中含有公司银保内勤、外勤人员，且多数保单的名义单缴费人亦为公司内勤、外勤人员。至此，B市分公司拼凑该团体保险业务用于业务冲刺的违规行为基本上显现。在此基础上，检查组迅速约谈经办人员，在其中一名经办人员如实陈述拼凑团体保险的实情后，其他人亦无法隐瞒，均向检查组据实反映了拼凑团单的行为，相关的管理层亦对上述行为予以确认，B市分公司拼凑团单的行为最终得以确认。

（四）检查过程详述

1. 对承保及退保数据进行分析。利用 Excel 表数据分析功能，通过筛选、数据透视、纵向查找函数等分析工具，对承保及退保数据进行深入分析，发现 B 市分公司的 XX 团体人身保险业务具有以下几个可疑点：一是承保时点集中，上述 XX 团体人身保险业务承保时间集中在 2014 年 6 月 27 日至 30 日之间，季末冲刺业绩痕迹明显，且该险种在全年其他时点均无承保记录。二是投保人均为不同的主体，投保人包括 B 市 XX 实业有限公司、B 市 XX 区 XX 电脑商行、B 市 XX 县汽车修理厂等各种类型的企业或个体户，不仅投保主体各不相同，而且分布区域也遍布全市各地。三是涉案业务在同一时间集中退保。公司发现检查组对该业务关注后，迅速对上述业务进行退保，上述若干笔不同地域、不同投保人投保的 XX 团体人身保险业务，在 4 月（检查组入场后）开始集中退保，该情况更加引起了检查组对该业务的关注。

2. 调阅公司相关激励文件。基于上述三点，检查组判断该 XX 团体人身保险业务属于季末冲刺业务，存在虚构业务的嫌疑。检查组迅速调取公司关于该业务的激励方案。经测算，该业务在承保时计提并发放给银保专管员的佣金，基本上能弥补该业务在一年左右退保的损失。由此判断，该业务基本具备了季末冲刺业务的条件。

3. 对承保及退保资料进行分析。调阅涉案保单的承保及退保资料，重点研究被保险人清单。在纸质被保险人清单上，检查组发现，不同被保险人签字基本一致，疑似代签名。进一步，检查组对电子版的被保人清单进行分析，并与公司内勤、外勤人员花名册进行匹配，发现大量内勤、外勤人员出现在被保险人清单中。同时，检查组还对上述保单的名义缴费人与内勤、外勤人员花名册进行匹配，发现多数名义缴费人同样与内勤、外勤人员重合这一特征。

4. 调阅相关财务凭证。根据涉案保单名义缴费人存在大量内勤、外勤人员的情况，立即调阅涉案保单的缴费凭证。经核实，涉案保单中多数保单确由内勤、外勤人员缴纳保费,检查组立即对相关财务凭证进行复印留底,固化重要证据。

5. 紧急约谈涉案人员。针对公司内勤或外勤作为保单名义缴费人和被保险人的保单,在已掌握初步证据的情况下,立即约谈相关人员,要求上述人员对保单承保情况进行如实描述。在证据面前,公司经办人员据实说明了相关情况:公司为完成业绩考核目标,通过测算发现XX团体人身保险业务在一年左右退保的费用较低,且现行激励方案给予该业务较高的奖励,基本能覆盖退保损失,理论上可以通过该业务虚增业务,达成业绩考核目标,且能同时保证相关的经办人员没有亏损。因此,公司银保部内勤、外勤人员开始通过经营个体户或公司的亲戚朋友帮忙,以其名义在公司投保该XX团体人身保险,投保过程中只需使用公司或个体户的公章,用以投保单上的投保人签章,其他包括被保险人签名、保费的筹措和缴纳等均由经办人员处理,最终完成拼凑团单业务。对于上述事实,检查组共约谈包括公司管理层在内的5名工作人员,整理案件调查笔录6份,形成了较为完整和有力的证据。

6. 制作事实确认单和事实确认书。对于M人身保险公司A省分公司B市分公司拼凑团单的行为,检查组根据前期调查情况,按照现场检查程序要求,制作了事实确认单及事实确认书,交由公司负责人签字并进行确认,该公司拼凑团单的行为得以最终确认。

三、处理情况

(一)问题定性

M人身保险公司A省分公司B市分公司拼凑团单的行为,所承保保单实际上并非投保人投保意愿的真实表述,亦非投保人真实缴纳保费,实际上是虚构业务的行为,导致公司相关业务及财务数据严重失真。主要证据有:事实确认书、事实确认单、任职分工文件及谈话确认记录,案件调查笔录、承保清单、保单资料及财务凭证复印件。

(二)法律适用

M人身保险公司A省分公司B市分公司拼凑团单的行为违反了《中

华人民共和国保险法》(2009年修订，下同，依据从旧兼从轻原则)第一百一十六条第（十三）项以及《关于规范团体保险经营行为有关问题的通知》(保监发〔2005〕62号）第二条的规定。

（三）责任认定

M人身保险公司A省分公司B市分公司明知拼凑团单行为的发生，不但未予以制止，还制定相应的激励方案来保障该行为的实施，对上述违规问题具有不可推卸的责任。

上述违法行为发生期间，李某任B市分公司总经理助理，为对上述XX团体终身寿险业务违法事实直接负责的主管人员。

（四）处理措施

依据《中华人民共和国保险法》第一百六十二条的规定，XX局责令该公司改正，并给予其罚款24万元的行政处罚。

依据《中华人民共和国保险法》第一百七十三条的规定，XX局决定给予李某（时任B市分公司总经理助理）警告、罚款2.4万元的行政处罚。

四、原因分析

M人身保险公司A省分公司B市分公司上述问题暴露了以下几个问题：

（一）合规经营意识不强

纵观整个案件的流程，B市分公司从上至下，从分管领导到部门负责人，从银保内勤到银保专管员，几乎所有层级的工作人员均参与其中，且上述人员均未对拼凑团单、虚构业务的行为提出异议，这说明保险公司合规经营的氛围还不浓厚，对于明显不符合规定的行为，公司高层放任不管，公司中层有意为之，工作人员只能听之任之，重业务轻合规的思想仍然较为普遍。

（二）考核机制不够科学

从技术层面看，保险公司产品激励方案的设计缺乏科学性和严谨性，未充分考虑退保损失与佣金激励之间的关系，导致套利空间的形成。分支机构面临考核压力，在业务为王的思想影响下，利用了系统漏洞，从而导致违规行为的发生,既给公司造成了损失,也导致业务数据及财务数据的失真,最终触犯了法律法规的红线。

(三)内控机制有待完善

在B市分公司的违规过程中,其实存在着诸多漏洞,特别是投保环节,大量被保险人签名字迹雷同,但系统或核保人员没能及时识别和预警业务风险,上级机构亦没有对短时间内集中大量出现的业务及时关注。内控管理机制薄弱的公司,就如身体免疫能力下降的机体,各种疾患也会随之而来,M人身保险公司A省分公司及B市分公司内控管理机制的薄弱,也是导致该案件发生的主要原因。

五、点评

通过对该案的系统思考,我们认为,要做好现场检查工作,必须做到以下几点:

(一)检查前充分准备

在检查前,要对公司经营情况进行认真分析,充分利用非现场监管数据库、市场秩序信息反映、信访投诉情况等信息,既保证准确选择检查对象,也做到对检查对象知根知底。

(二)检查中认真细心

一是要细心,善于发现经营数据或财务数据的异常。二是要认真,敢于同被检查单位较真,对于任何疑问,都要有打破砂锅问到底的态度,抓住异常不放,步步紧逼,往往能最终发现违规行为。

(三)检查证据完整有效

对于上述案件,被检查单位一度对部分检查事实予以否认,并对处理结果提出申诉,但在完整的笔录、纸质档案、电子档案、系统截屏等证据面前,保险公司的任何辩驳都苍白无力,无法挑战监管权威。

案例 5-3：
J 人身险公司重复计提佣金及伪造印章案

一、案例简述

J 人身保险公司 S 分公司成立于 2005 年 11 月，2014 年该分公司实现保费收入 1.9 亿元，其中直销、个险和银邮三个渠道保费收入分别为 8 000 万元、2 500 万元和 6 500 万元。Q 保监局在对 S 分公司实施检查中发现 S 分公司除了自查反映的财务数据不真实问题外，还存在其他诸多违法违规行为。较为突出的，一是使用伪造的企业公章假借其他单位名义投保。团险业务员刘某使用伪造的两家企业印章，假借其名义汇集资金办理理财型保险业务，并在个别保全业务中使用上述伪造印章。二是重复计提佣金。6 笔个险保单应为两家专业保险中介公司的代理业务，在已向相关保险中介公司总共支付 1.52 万元手续费的同时，还向个险营销员郭某计提佣金 0.79 万元。

二、检查过程

检查入场后，检查组要求 S 分公司提供了业务数据（包括各渠道承保清单、自保件清单、保全清单）、财务数据（包括佣金发放表、工资明细表）、行政数据（包括内勤和外勤人员名单），并结合保监会统信系统数据（主要为月度保费情况及月度费用情况）进行了数据分析，确定可能存在问题的领域。

（一）使用伪造印章假借其他单位名义投保

检查组对 S 分公司承保清单、退保清单、保全清单等业务资料进行了初步分析审查，发现有两家民营酒店分多次投保了大额"XX 团体医疗保险"。经查询产品信息库并询问团险部相关人员，确认"XX 团体医疗保险"是 S 分公司的理财型险种。上述两家酒店 2014 年皆在 S 分公司投保了团体意外保险，应为 S 分公司真实客户，但是以餐饮为主的民营酒店将巨额资金投保理财型保险产品，于常理不符，尤其是 B 酒店 2014 年 1—3 月 7 笔共投保 485.5 万元，C 酒店 2014 年 3—9 月 13 笔共投保 1 319 万元，业务合理性令人生疑。

检查组调阅了上述两家酒店的所有投保资料（包括正常投保的团体意外险），逐份审核投保内容，重点查看投保单位联系人、业务员及公司盖章等事项。检查发现，上述两家酒店投保理财型业务所使用的公司印章，与团体意外险正常投保单、退保申请单上所用印章存在明显差异，且正常用印业务的日期在上述理财型业务多个保单投保日之间，基本排除投保单位更换印章的可能性。经进一步比对发现，B 酒店理财业务所用印章印迹极重，应为使用印泥所致，而单位真实投保印章印迹较轻，应为使用印油；C 酒店理财业务所用印章与单位真实投保时使用印章相比，字体明显偏细。至此，检查组基本可以判断上述两家民营酒店理财型业务投保单上所用印章为假印章。

检查组随即对涉及上述两家酒店的所有保险业务进行了全面清查（包括退保、保全），发现 B 酒店因投保方案有变出现的退保重投保全申请单上使用的印章亦为上述假印章（保全业务为真实业务）。

检查组立即对团险部内勤、相关业务员、团险部经理分别进行调查询问。起初，业务员刘某和团险部经理均坚称不知情，团险部内勤则称系外围人员带章来使用，非公司人员私刻。检查组随即对 S 分公司加大施压力度，告知相关人员作出虚假声明可能导致的后果，并采取适度引导、攻心为上的方式，最终业务员刘某承认系为方便开展理财型业务，私刻印章假借该单位名义拼凑被保险人（被保险人主要为公司员工及亲属）团体投保，涉及保费 1 804.5 万元，而真实的退保重投业务之所以也使用该假章也是为了图方便省事。

（二）重复计提佣金

检查组在翻阅公司提供的财务凭证过程中，发现有两笔分别支付给 D 代理公司和 E 代理公司的手续费，其所附保单清单为个险期缴产品，应为经代业务。但公司之前提供的承保清单中并无此类经代业务。检查组就清单中所列保单进行系统查询,发现清单中的保单业务皆挂于个险营销员名下。

起初检查组判断可能为个险业务虚挂中介套取高额手续费,于是调阅了相关保单的投保资料,发现所有投保单上都标明了 D 或 E 代理公司的名称,且不似事后补登。检查组就此情况对中介部主管进行了询问,对方称此系真实的经代业务,但由于总部业务系统并无个险渠道的经代统计模块,故这些业务只能暂挂于个险营销员名下,但并不向个险营销员支付佣金。

检查组就对应相关月份的个险营销员佣金计算表进行了比对,发现有 6 笔保单除向上述两家代理公司支付了代理手续费外,还向个险营销员郭某支付佣金共计 7 948.3 元。检查组就相关事实向 S 分公司进行了确认,S 分公司自查后承认佣金确系重复计提,乃相关工作人员工作失误所致,相关佣金已由分公司及时从个险营销员郭某处追回。

三、处理情况

(一)关于使用伪造印章假借其他单位名义投保问题

该项违法行为违反了《保险公司管理规定》第五十五条"保险公司应当建立健全公司治理结构,加强内部管理,建立严格的内部控制制度"和《保险销售从业人员监管办法》第二十四条"保险公司、保险代理机构应当规范保险销售从业人员的销售行为,严禁保险销售从业人员在保险销售活动中有下列行为:……(六)伪造、擅自变更保险合同,或者为保险合同当事人提供虚假证明材料"。

依据《保险公司管理规定》第六十九条"保险机构或者从业人员违反本规定,由中国保监会依照法律、行政法规进行处罚;法律、法规没规定的,由中国保监会责令改正,给予警告,对有违法所得的处以违法所得 1 倍以上 3 倍以下罚款,但最高不得超过 3 万元,对没有违法所得的处以 1 万元以下罚款……"和《保险销售从业人员监管办法》第三十四条"保险销售从业人员有本办法第二十四条规定行为之一的,……对该保险销售从业人员给予警告,并处 1 万元以下的罚款"的规定,应给予 S

分公司行政处罚。

鉴于该项违法行为性质较为恶劣，依据上述法条，按上限实施处罚，对 S 分公司警告并罚款 3 万元；对相关责任人团险业务员刘某警告并罚款 1 万元，对团险部经理王某警告并罚款 1 万元。

（二）关于重复计提佣金问题

该项违法行为违反了《保险公司管理规定》第五十五条"保险公司应当建立健全公司治理结构，加强内部管理，建立严格的内部控制制度"的规定。

依据《保险公司管理规定》第六十九条"保险机构或者从业人员违反本规定，由中国保监会依照法律、行政法规进行处罚；法律、行政法规没有规定的，由中国保监会责令改正，给予警告，对有违法所得的处以违法所得 1 倍以上 3 倍以下罚款，但最高不得超过 3 万元……"的规定，应给予 S 分公司行政处罚。

鉴于 S 分公司解释重复计提佣金实为相关人员工作失误所致，非故意性重复提佣，结合 S 分公司自查情况，考虑重复提佣金额较低，在总体违规金额中所占比例较小，不具有普遍性，对 S 分公司罚款 1 万元，对相关个人罚款 0.5 万元。

四、原因分析

上述问题表面上看属于普通工作人员的违规行为，实则暴露出 S 分公司在合规经营意识及内控风险管理方面存在严重问题。具体分析如下：

（一）合规意识欠缺

一是 S 分公司的"XX 团体医疗保险"承保对象基于单位团体，作为团体保险的投保人必须是正式的法人组织，法人组织有特定的业务活动，并且经济核算独立。在与个险产品保障范围大致相当的情况下，团体保险投保方式灵活，对体检、投保年龄的要求较为宽松，保费相对更加便宜。作为团体部业务人员，理应熟知团体承保的规定和要求，出于增加团险业务保费和争揽客户的目的，采取利用伪造公章拼凑业务的违规行为，反映出公司经营管理者法律意识非常淡薄，对合法、合规理念缺少最基本的认知。二是对后续业务活动带来的风险缺少认知。利用私刻公章承保业务，表面上看只是对业务归属有影响，但后续一系列保全、退保等各环节都需利用私刻的公章来完成相应的交易活动，如客户在不知情的情况下提出索赔，既使得客户在理赔时因不符合条件而遭遇麻烦，也造成业务真实性难以保证，对分公司的经营造成潜在风险，也对行业的整体形象不利。

（二）内部管理基础薄弱

S分公司虽成立多年，在当地寿险市场份额居于中等水平，但从上述问题看，分公司管理基础仍较为薄弱。一是管理重心偏重业务发展。公司面临考核压力，重业务轻管理的思想在一定范围内仍然存在，管理层多关心保费收入多少、承保面大小，对业务人员的考核还是主要以保费数量定优劣，没有将业务质量的把关放到同等重要位置。二是内控建设缺少系统性。内控监督部门要以内控合规制度建设和执行为重点。从公司目前部门设置看，人事行政部、监察审计部、法律合规部、IT统计部作为一个部门合并管理，未建立独立的内控管理体系，对相应人员的岗位专业化缺少要求，从严约束和规范基层人员的行为缺乏一定机制和手段。三是核保管理不完善。核保是人身保险承保中不可缺少的环节，在人身保险经营中起着非常重要的作用。公司对于核保人员虽定有岗位职责，但没有明确相关部门负责人如果出现核保问题后如何进行处罚等措施，这就容易造成部分核保人员责任心不强、工作不认真。如该案例中，如果对投保资金或对展业人员开展保前调查，就能够发现真实情况。

（三）信息化管理跟不上业务管理需要

目前，分公司业务系统的开发与维护均来源于总公司的信息支持，业务数据系统管理应当基于基层公司的业务渠道来源，满足业务发展要求，S公司的业务渠道管理授权可以同中介业务机构进行合作，但系统对业务渠道的维护却未及时改进，造成系统记录与实际业务清单不一致，信息管理手段的不足加之工作人员责任心的缺失造成公司出现不应该的违规。应自上而下理顺业务归属流程，实现业务财务无缝对接，提高系统的协同水平。

五、点评

在本次检查中,检查人员注重运用多种检查方法,增强了检查的针对性,主要有以下几点:

一是充分运用数据综合分析查找问题线索。在对 S 分公司的检查中,面对检查中的大量承保数据,检查人员首先分析了分公司的业务特点,针对团体业务在公司业务结构中占比较大的情况,有针对性地提取了该险种的承保清单,将承保业务清单按照投保单位名称排序,对清单中涉及同一投保单位出现多次投保某一团体理财险种的情况抽取筛查,通过筛选、排序、统计,发现两家酒店在年内出现 20 余次投保记录。结合投保次数、投保金额及理财产品的性质等情况,对投保单位投保理财分红产品的资金能力及常理做法进行分析,在得出有悖常理的疑义后,迅速调取该投保单位在公司的所有理财产品保险业务投保资料,查看投保单相关信息,重点查看单位签章、投保人签名、业务员签字及联系方式,并调取该投保单位在本公司投保的团体意外保险保单资料。经过认真比对,发现了团险理财投保单与意外险真实投保单的单位签章印迹轻重明显不同、印章字体粗细不一的问题线索。

二是询问谈话确认问题关键。询问核实是现场检查的重要环节,主要根据发现的问题线索与相关当事人进行谈话。这一阶段的关键是做好谈话前准备,与谈话有关的证据要确保充分,尤其要区分谈话对象设计谈话提纲。本次检查中,检查人员对团体部负责人与业务人员分别进行询问,针对其先期谈话不配合的问题,在嫌疑线索较为充分的情况下,将被谈话人员采取不同方式处理,对负责人老练世故的遮掩搪塞一针见血指出问题,打消其蒙混过关的念头;对待业务人员则耐心启发,循循善诱,摆事实讲道理,不断增加其心理压力,最终业务人员承认其不单单是利用伪造的印章办理了理财产品承保中的拼凑业务。

三是运用财务科目的对比关联分析业务的合理性。现场检查需要检查人员专业的业务知识,还要善于发现蛛丝马迹,不仅能查出简单浅显的,还要能查复杂曲折隐晦的。检查不同,运用的技巧和方法也不同。在对 S

公司手续费科目的财务检查中，检查人员运用关联对比法，针对所有支付对象调取业务清单，从业务数据入手，进行初步整体判断，发现手续费支付出现多笔两家 D 代理与 E 代理公司业务，而对比于保单业务系统，确无此渠道业务数据，而是全部记于个人营销员名下，承保保单的记录多为长期期缴型业务。保费收入的来源记录不同是否意味着支付时也会出现不同对象。针对这一线索，检查人员调取佣金科目的支付清单，将手续费清单与佣金业务清单通过相应保单号进行逐一匹配，最终确认了同一保单重复计提费用问题。

案例 5-4：
L 人身险公司委托不具有合法资格的机构销售保险产品案

一、案例简述

2014 年 9 月，L 人身险公司 A 分公司（以下简称 A 公司）分别与异地的某环保科技有限公司（以下简称某科技公司）、某保险销售服务有限公司（以下简称某保险销售公司）签订协议，约定某科技公司作为该公司互联网保险销售平台服务提供商，为公司提供实时系统数据对接的 IT 开发服务，按照实收保费的 92% 按月收取网络服务费，并设立保费专户代收保费；约定某保险销售公司代理销售保险产品，按保费的 1% 收取手续费。三方合作的保险产品为航意险等 7 款意外险产品。经查，某保险销售公司名为代理人，实际上仅作为中间人为 A 公司和某科技公司介绍业务，未进行保险销售、代收保费等保险代理活动。某科技公司自行联系线下机票销售点代售 A 公司意外险，与 A 公司之间存在事实上的保险手续费支付以及保费归集行为，构成实质代理。由于某科技公司未取得保险销售资质，保监局认定 A 公司存在委托不具有合法资格的机构销售意外险产品的问题，依照《保险法》对该公司及责任人进行了行政处罚。A 公司于检查期间主动停止了该项业务。

二、检查过程

（一）检查启动原因

A 公司于 2011 年开业，下设 4 个支公司，近几年依托银保渠道业务发展较快，保监局对其业务发展和结构情况一直保持关注。特别是自 2014 年底以来，其意外险业务突飞猛进，2015 年一季度更是达到了 186% 的增幅，偏离了市场正常发展速度。保监局通过前两年的专项检查和投诉检查也发现，该公司成立时间不长，中层管理人员经验不足，内部管理较为粗放，存在较多内控不严的问题，曾引发过群访群诉事件，尤其在意外险等创新业务上，对监管政策把握不准，也引发过一些风险性问题。因此，将 A 公司确定为检查对象。

（二）调阅资料情况及可疑线索分析

进场前，检查组通过监管数据报表对 A 公司的业务情况进行了分析，将其作为业务主要增长点的银保业务和短期内大幅增长的意外险业务确定为本次检查重点。

进场后，为核实 A 公司意外险业务大幅增长的原因，检查组首先调阅了其意外险业务清单，排查其业务分布结构，发现自 2014 年底以来，该公司意外险业务中以互联网这一新兴渠道的增长最为迅猛，是拉动其意外险业务增长的主要因素。据此，检查组确定将互联网意外险作为 A 公司意外险检查的重点。

确定好检查方向后，检查组要求该公司提供其互联网意外险的合作协议文本及相关保费、手续费结算的财务凭证。在核查该公司与某科技公司、某保险销售公司就同一项目分别签订的《保险项目网络平台服务合同》《人身保险专业代理委托协议》时，检查组发现，协议约定某科技公司作为 A 公司互联网保险销售平台服务提供商，负责技术对接，A 公司向其支付的技术服务费为保费的 92%；某保险销售公司负责代理销售 A 公司意外险产品，A 公司向其支付的手续费仅为保费的 1%。检查组进一步调阅了该项目的保费确认、支付技术服务费的财务凭证、银行电子回单等资料的，确认上述费用的支付比例与协议一致。

检查组通过搜索网站查询某科技公司，未能查询到其正规网站，而 A 公司自身也未建立网站。检查组对此产生了初步怀疑，首先，该项目费用支付比例存在明显疑点，代理人收取的代理手续费远远低于技术提供商收取的技术服务费，不符合常规的保险代理活动操作模式。其次，检查组进一步调阅了该公司保费账户电子流水，发现该项目的保费均来自于某科技公司，而非传统代理模式中的某保险销售公司。也就是说，某科技公司实际代收了保费。第三，该项目的网销属性存疑。

（三）检查过程

根据发现的可疑线索，检查组经过分析，锁定两个检查突破方向：一是核实某科技公司在该项目中所起的真实作用；二是核实该项目的渠道属性是否确为互联网。

检查组初步判断该意外险项目的实际代理人应为某科技公司，A公司支付的技术服务费实际上应为代理手续费。为印证判断是否正确，检查组需进一步核查某科技公司是否实际从事了保险代理销售活动，而正确确认某科技公司在该意外险项目中实际所起的作用，是检查的核心关键点。该点如果得以突破，接下去的检查就事半功倍了。要有所突破，除了目前已经掌握的客观证据外，还需要辅以当事人的关键笔录。

检查组对该项目的负责人（团体业务部经理程某某、业务经办人黄某某）进行了调查询问，以全面了解整个业务的运作模式。被调查人员坚持认为，该项目采用网络接口对接传送保险数据，属于网销，消费者在商旅类网站和票点上购买机票和保险，由某科技公司向商旅类网站和票点提供技术服务并代收保费，手续上资料齐全，公司向某科技公司支付技术服务费不存在问题，因此在前期的"两个加强、两个遏制"自查中未作为问题上报。

基于被调查人员一直强调的网销属性，检查组要求公司提供商旅类网站的具体网址和票点名称、地址供检查组延伸核查，并出示合作协议、财务凭证、账户流水等相关证据，要求合理解释费用支付比例存在的显著疑点。在客观证据面前，A公司不得不承认无法提供商旅类网站网址，表示并无网站代销保险，均为线下机票销售点，公司未与这些机票销售点直接对接，不清楚其销售保险的具体情况，都是由某科技公司自行联系各地机票销售点并代销保险。总公司通过接口程序与某科技公司对接，某科技公司再与线下机票销售点对接，使其销售的意外险业务能够实时进入保险公司核心业务系统。至于某科技公司如何与线下机票销售点技术对接，A公司并不了解，系统后台也无法查询。客户投保后可通过A公司总公司官网打印电子保单，客户所缴保费由机票销售点与某科技公司定期结算，某科技公司通过自有账户代收保费，并按月转入A公司账户。

经检查组调取保费和费用明细账核实，2014年11月至2015年3月，某科技公司转入保费合计 433.34 万元，A 公司共向某科技公司支付费用 398.67 万元，向某保险销售公司支付费用 2.95 万元。

至此，某科技公司名为技术提供商，实际从事了保险代理销售活动的情况已基本印证属实。但另一个疑问由此产生，A 公司何以要如此大费周章，引入三方协议，并扣上互联网保险的帽子，其直接与某科技公司签订代理协议不是更简单？依照公司的说法，因为某科技公司是某保险销售公司牵线的，双方此前并不认识。实际情况真的仅仅是这样吗？检查组合理怀疑，某科技公司是否不具备保险销售资质，才需要引入有保险销售资质的某保险销售公司混淆视听，并假借互联网保险的幌子在异地开展保险销售业务？基于此怀疑，需要进一步核查某科技公司的保险销售资质。由于该科技公司在外省，检查组向该省保监局发函，请其协助调查该科技公司是否具备保险销售资质，该保监局复函明确该科技公司无保险销售资质。

为确保证据链完整，检查组延伸向某保险销售公司调查，以核查某保险销售公司在该项目中实际所起的作用。该保险销售公司向检查组出具了书面盖章的《情况说明》，承认其未实际开展代理保险销售服务，也未提供收取保险费及相关的保险代理服务。由于某科技公司无保险销售资质，但有互联网业务资源，为促进业务合作，才与 A 公司签订了保险代理协议。

通过以上调查，检查组查实确认 A 公司存在委托不具备保险销售资质的机构代理销售保险业务的行为。

三、处理情况

（一）问题定性

经查，一是 A 公司明知某科技公司没有保险销售资质情况下，通过订立名义为构建保险网络销售平台的服务合同，委托该科技公司进行保险销售活动；二是某科技公司形式上以技术提供商的名义与 A 公司进行技术合作，但其没有为 A 公司建立互联网保险销售平台，销售航意险的线下机票销售点由其自行联系并发生业务往来，A 公司对终端销售机构的所有信息均不掌握；三是A公司总公司核心业务系统与某科技公司的信息系统实时对接，但由该科技公司信息系统与机票销售点相连接，以此进行保单销售和承保；四是A公司按月与某科技公司进行保费和手续费结算，存在事实上的保险手续费支付及保费归集行为。因此，A公司存在以合法形式掩盖非法目的、委托不具有合法资格的机构销售保险的问题。

（二）法律适用

A公司存在委托不具有合法资格的机构销售保险的行为，违反了《保险法》第一百一十六条"保险公司及其工作人员在保险业务活动中不得有下列行为：……（八）委托未取得合法资格的机构从事保险销售活动"的规定。

（三）责任认定

该项目为A公司以公司名义与某科技公司签订协议，是违法行为的实施主体，因此A公司为机构责任主体；具体事务由A公司团体业务部全程经办，程某某作为团体业务部经理，对上述行为负有直接管理责任。

（四）处理措施

根据《保险法》第一百六十一条"保险公司有本法第一百一十六条规定行为之一的，由保险监督管理机构责令改正，处五万元以上三十万元以下的罚款；情节严重的，限制其业务范围、责令停止接受新业务或者吊销业务许可证"以及第一百七十一条"保险公司、保险资产管理公司、保险专业代理机构、保险经纪人违反本法规定的，保险监督管理机构除分别依照本法第一百六十条至第一百七十条的规定对该单位给予处罚外，对其直接负责的主管人员和其他直接责任人员给予警告，并处一万元以上十万元以下的罚款；情节严重的，撤销任职资格"的规定，对A公司和责任人程某某依法予以严肃处理。

四、原因分析

（一）从内部管理看

一是分支机构对意外险有较大定价权。A公司总公司对短期险采取全授权方式，将短期险的新契约承保权限、保全权限和费率浮动权限全部授予省级分公司，无需总公司批准，使得分公司在参与市场竞争时有相当大的意外险费率浮动自由，手续费率也因此有了较大的调整空间。二是意外险保费确认方式有避税空间。A公司意外险组合产品包含意外身故伤残责任和意外医疗责任，其中意外医疗责任按统计口径归属健康险，可免营业税。A公司在进行保费确认时，将保费分拆为10%的意外险和90%的健康险，以此最大限度地规避营业税缴交，也为手续费率上浮留下空间。意外险的"灵活"模式极大地刺激了A公司的意外险展业冲动，仅在2014年底，A公司与一家合法的在线旅游网站合作的意外险保费就超过了2 000万元。

（二）从外部环境看

近年来，"互联网+"概念风行，互联网保险成为热点，2015年之前对保险公司的互联网业务监管规定未出台，实质上处于监管真空地带，客观上也促使各种名目的创新不断涌现，有的打擦边球，有的名不符实，已触犯监管底线。本案即为A公司为突破经营区域限制，假借互联网保险名义进行跨地区意外险销售的案例。保监会《人身意外伤害保险业务经营标准》规定，保险公司不得委托经营区域外的保险中介机构或个人销售意外险产品；同时，又规定中国保监会对网络销售、电话销售另有规定的从其规定，为互联网保险留了口。而当时的互联网保险监管规定仍处于征求意见阶段，对何为互联网保险未有明文界定，A公司错误认为提供技术接口服务就是互联网保险，可以不受地域限制，由此产生了上述业务模式。

五、点评

本案所暴露的违规问题隐蔽性高，风险极大，必须予以遏制。某科技公司在本身无证代理的情况下，又进一步对业务进行转代理，销售终端由某科技公司负责联系，保险公司对销售终端的机票代售点名称地址、是否具有代理销售资质、如何进行保单销售完全不掌握，且这些终端销售机构已超出本地范围，向全国扩散，A公司对其缺乏有效风险管控，易引发各类投诉纠纷，甚至假保单、挪用保费等更大的风险，极易失控。

对本案中的违规问题，一旦有线索，要查实并不困难，其涉及的证据相对简单，主要是合作协议、相关费用财务凭证等，检查中运用"以己之矛攻己之盾"的方法，顺着公司自己的说法要求其提供证据自证，如提供网址证明该业务确属网销保险，公司无法提供，只能承认网站并不存在。此外，通过非现场的数据分析，往往能发现疑点。如本案的疑点有三：一是A公司的意外险业务在短期内异常增长；二是技术服务费与代理手续费支付比例严重倒挂；三是多方共同介入一个简单的代理活动。顺着这些与正常情况或合理做法有异的疑点顺藤摸瓜，逐个突破，推断保险公司意图，从而透过现象看本质，起到事半功倍的效果。

案例 5-5：
K 人身险公司退保金直接冲减保费案

一、案例简述

从 1999 年起，K 公司采取退保金直接冲减退保年度保费收入的方式处理长期险的非正常退保业务，截至 2015 年 4 月 15 日，采用上述方式处理非正常退保的累计金额为 27.16 亿元，其中 2014 年为 6.15 亿元。

二、检查过程

（一）检查启动原因

K 公司成立时间长，市场份额较大，从业人员和分支机构众多，业务合规性的历史遗留问题较多。从其报送的自查整改情况来看，存在前期自查不彻底、自查报告数据质量不高、对下级机构指导不到位、整改工作不到位的问题。故该公司被列为重点检查对象之一。

（二）检查过程

在对该公司财务业务真实性的检查中，检查组根据该公司特点和以往对该公司的检查经验，把检查重点放在公司的业务推动费、非正常退保费用方面。业务推动费、非正常退保费用是该公司比较容易出现违法违规问题的环节，而上述费用的申请、审批、划拨、使用等往往涉及多个部门，检查组重点调阅该公司关于上述费用的审批签报，查看是否存在违法违规问题。一是查看签报明细清单，标注存在疑点的签报；二是调阅疑点签报逐份查看；三是就发现的疑点对相应人员开展询问或访谈；四是调阅相关业务清单；五是了解公司业务财务系统，并在该公司系统中对部分涉及保单进行穿行测试；六是调阅直接冲减保费责任认定有关证明资料责任人认定。

检查发现，该公司《关于扣减 2013 年度非正常退保业务费用的请示》签报显示："2013 年采取退保费处理的非正常退保业务合计冲减新单保费 8.08 亿元，同比 2012 年增长 2.03 倍。"经与公司业务管理部、会计核算部、内控合规部等有关人员沟通并审核有关证据资料，公司确认存在通过直接冲减保费方式支付退保金问题。

经查，该公司综合业务处理系统保全受理平台开发了非正常退保模块，其中"中止计算类别"菜单有两种可选的退保方式，分别是"保费"和"退保金"。选择"保费"方式后，业务系统将按照退保费方式进行处理，业务信息流转至财务系统后，财务系统自动通过直接冲减保费方式进行会计处理（同犹豫期内退保）。选择"退保金"方式，财务系统将通过退保金科目扣除手续费后退还客户所交保费。根据公司提供的"直接冲减新单保费支付退保金统计表"，从1999年至2015年4月，该公司通过上述"保费"方式处理非正常退保，涉及金额27.16亿元，共涉及36个分支机构。其中，2014年通过此操作模式支付的退保金为6.15亿元。

（三）公司申辩情况

K公司就该行政处罚事项与检查组沟通，认为采用直接冲抵保费收入方式处理的非正常退保业务均为无效合同，符合企业会计准则有关规定。在实务操作中，根据退保方式的不同，K公司在核心业务系统采取不同处理方式。

一是投保人正常解除保险合同，业务系统按照"退保"模块，退回现金价值，会计处理在"退保金"科目核算。

二是对于非正常退保的，业务系统设定"非正常退保"模块，通过该模块最高可以退还所交保费。该模块包含两种非正常退保方式，分别是"冲减保费"和"退保金"，由分公司根据退保原因进行选择。在"冲减保费"方式下，采用与犹豫期内撤单相同的财务处理方式，相关退保金额直接冲减当期保费收入；在"退保金"方式下，相关退保金额计入"退保金"科目。但是，业务系统和相关操作指南并未对分公司在何种情况下选择"冲减保费"方式，何种情况下选择"退保金"方式进行具体规定，而是完全由分公司自行选择。

2014年K公司非正常退保总件数3.88万件，金额19.23亿元。其中，采取"退保金"方式处理的约2.46万件，金额13.08亿元；采取"冲减保费"方式处理的约1.42万件，金额6.15亿元。

（四）补充调查情况

经认真研究，并对相关问题进行了进一步调查核实，检查组认为，对于无效合同，采用直接冲减保费收入的会计处理方式符合企业会计准则。但是K公司在其业务系统中并未对无效合同的界定标准进行严格定义，而是由分公司自行选择决定，导致无效合同的确认标准不统一。在现场检查期间，通过穿行测试抽查发现，部分采用此方式处理的保单，客户退保原因并不符合相关法律对于无效合同的定义，而是已经生效的保险合同因客户对分红收益不满而要求全额退保。此类合同不应属于无效合同，按照会计准则，应当在"退保金"科目核算。

为此，检查组要求K公司对2014年采用"冲减保费"方式处理的1.42万件非正常退保保单中的退保原因进行具体分析。5月16日，K公司反馈了核查结果，如下表所示：

序号	退保原因	数量（件）	金额占比（%）
1	公司解除合同：代签名	5 062	35.57
2	公司解约：客户补充告知拒保	190	1.34
3	公司解约：投保人因过失未履行告知义务	21	0.15
4	公司解约：投保人年龄不真实	17	0.12
5	公司解约：投保人故意未履行告知义务	3	0.02
6	公司解约：对分红水平不满	1 679	11.80
7	公司解约：客户经济原因	415	2.92
8	公司解约：受同业公司或媒体负面影响	259	1.82
9	公司解除合同：公司有责	236	1.66
10	公司解除合同：其他	6 351	44.62
	合计	14 232	100.00

检查组对上述退保原因是否属于无效合同进行了逐一分析。关于合同无效的法律条款主要包括：

（1）《保险法》第三十一条："订立合同时，投保人对被保险人不具有保险利益的，合同无效。"第三十四条："以死亡为给付保险金条件的合同，未经被保险人同意并认可保险金额的，合同无效。"

（2）《合同法》第五十二条："有下列情形之一的，合同无效：1. 一方以欺诈、胁迫的手段订立合同，损害国家利益……"第五十四条："下列合同，当事人一方有权请求人民法院或者仲裁机构变更或者撤销：……一方以欺诈、胁迫的手段或者趁人之危，使对方在违背真实意思的情况下订立的合同，受损害方有权请求人民法院或者冲裁机构变更或者撤销。"

K公司非正常退保原因中，代签名通常为代投保人签名，与未经被保险人同意并认可保险金额并无直接联系，不应直接认定为合同无效。《保险法》第十六条规定："投保人故意或者因重大过失未履行前款规定的如实告知义务，足以影响保险人决定是否同意承保或者提高保险费率的，保险人有权解除合同。"但是，"投保人故意不履行如实告知义务的，保险人对于合同解除前发生的保险事故，不承担赔偿或者给付保险金的责任，并不退还保险费。"因此，客户补充告知拒保、客户投保人年龄不真实，以及投保人故意未履行如实告知义务这三种情形不属于合同无效。只有投保人因过失未履行如实告知义务，根据《保险法》第十六条"投保人因重大过失未履行如实告知义务，对保险事故的发生有严重影响的，保险人对于合同接触前发生的保险事故，不承担赔偿或者给付保险金的责任，但应当退还保险费"，可以采用直接冲减保费方式处理。除此以外，对分红水平不满、客户经济原因、受同业公司或媒体负面影响、公司有责以及其他情形，均不能认定为无效合同。

综上所述，检查组认为，K公司2014年按照冲减保费方式处理的非正常退保业务中，仅0.15%可以直接冲减保费。其余业务不应认定为无效合同。根据会计准则有关规定，对于属于现金价值的部分，应当在"退保金"科目核算。对K公司违规金额调整为6.14亿元〔6.15亿元×（1-0.15%）〕。

三、问题定性及处理措施

该公司通过直接冲减保费方式支付退保金造成财务数据存在虚假问题，违反了《中华人民共和国保险法》（2009年修订）第八十六条："保险公司应当按照保险监督管理机构的规定，报送有关报告、报表、文件和资料。保险公司的偿付能力报告、财务会计报告、精算报告、合规报告及其他有关报告、报表、文件和资料必须如实记录保险业务事项，不得有虚假记载、误导性陈述和重大遗漏。"依据该法第一百七十二条"违反本法规定，有下列行为之一的，由保险监督管理机构责令改正，处十万元以上五十万元以下的罚款；情节严重的，可以限制其业务范围、责令停止接受新业务或者吊销业务许可证：1. 编制或者提供虚假的报告、报表、文件、资料的……"的规定，对 K 公司责令改正，并罚款 40 万元。

四、风险分析

（一）业务财务信息失真

该公司通过直接冲减保费方式支付退保金，会严重影响业务财务数据的真实性，信息披露失真可能会误导投资者，影响监管评价。

（二）合规经营意识淡漠

该违规问题从 1999 年一直持续到 2015 年 4 月被检查之时，时间跨度长，涉及层级和部门多，公司专门开发了业务系统支持该项业务操作，暴露了该公司各层级人员合规意识淡漠，内控管理缺失。

（三）非正常退保压力大

公司违规的根源在于业务迅速发展的同时积累了大量风险，非正常集中退保压力高企，公司需要必要的非正常退保费用来维稳。比起虚列费用，直接冲减当期保费的手法较为隐蔽，且通过内部系统可以控制，一定程度上能降低不良影响。

五、点评

此检查案例的关键在于通过公司内部审批签报找到可疑线索，然后针对疑点顺藤摸瓜逐步掌握公司违规事实。因为业务推动费及非正常退保费用涉及多个部门、多个环节，且公司内部每个部门开展某项工作之前都需要得到授权，涉及涉嫌违反监管规定的事项，更是要得到上级和其他部门的支持，以尽量规避本部门的风险和责任。而公司的内部签报是上下级之间、各部门之间沟通的渠道，基于此检查组选择调阅该公司签报寻求突破。检查人员通过查看签报明细清单，抽调与业务推动费、非正常退保费用相关的签报认真查看研究，并就发现的疑点对相应人员开展询问或访谈，同时调阅相关业务清单，了解公司业务财务系统，并在该公司系统中对部分涉及保单进行穿行测试，一步步掌握公司的违规事实，最后对违规问题确定相关责任人。

案例 5-6：
Z 人身险公司团险承保理赔不规范案

一、案例简述

2016 年 11 月，S 保监局依法对 Z 人身险分公司（以下简称 Z 人身险公司）进行了现场检查。经查，Z 人身险公司存在团险渠道部分业务承保理赔不规范的行为，具体包括：一是承保环节通过签署补充协议，改变产品条款中的理赔条件，突破产品条款限制；二是在理赔环节未按协议规定收集理赔资料，进一步放松理赔限制；三是在理赔环节审核不严，导致虚假赔案发生。

二、检查过程

（一）检查启动原因

检查组进场后首先调阅了 Z 人身险公司的承保及理赔清单。经数据筛查比对发现，团险渠道业务存在大量密集、大额、万元整数的赔案。根据以往现场检查中发现的利用账户式（或基金式）团体医疗保险产品违规经营的经验，推断公司上述赔案涉嫌虚假理赔，遂进一步调阅业务资料，核查承保责任、理赔内容、理赔资料中医疗诊断、费用单证票据的真实性。其中，S 市 N 网络股份有限公司（以下简称"N 网络"）投保的《Z 人身险公司团体综合医疗保险》的万元整数赔案最多、理赔频率最高、累计赔款数额巨大，遂将其列为重点对象深入开展核查。

（二）调阅资料情况

根据检查需要，检查组集中调阅了可疑赔案卷宗、《Z 人身险公司团体综合医疗保险》条款、N 网络团体业务投保单及所附资料、理赔清单、N 网络李 F 和李 J 等被保险人的理赔资料、《Z 人身险公司团体业务投保规则及核保实务》《Z 人身险公司团险新契约业务管理办法》等纸质资料，并及时登陆 Z 人身险公司核心业务系统，调取承保、理赔操作记录留存。依据上述材料理清问题事实后，进一步对 Z 人身险公司运营部相关人员进行了调查谈话。

（三）相关业务情况及问题分析

2015年5月8日，Z人身险公司承保了由N网络投保的《Z人身险公司团体综合医疗保险》业务，保单投保单号为#0××××50#，被保险人共计451人，保险费合计20.4万元，缴费方式为趸交，保险期限为2015年5月1日至2016年4月30日24时止；固定公共保额为20.4万元，单一被保险人个人可使用额度无具体限制。2015年5月19日、7月30日、9月29日、11月27日及2016年2月26日，N网络先后五次增加公共账户金额，最终达到119.6万元。

根据《Z人身险公司团体综合医疗保险》条款,该产品保险责任为"个人综合医疗保险金""公共综合医疗保险金"，即被保险人遭受意外伤害或疾病时，Z人身险公司按照与投保人约定，从被保险人个人综合医疗账户或公共综合医疗账户中给付保险金，保险金金额以相应账户余额为限。同时，Z人身险公司与N网络签署《Z人身险公司健康保障委托管理合同》，约定各类疾病给付金额标准，并规定"如果被保险人患以上特定疾病一种以上，可以重复申请保险金额"。

经检查组进一步核查，发现上述团体保险业务承保理赔存在以下问题：

一是双方委托协议与合同条款内容不一致。N网络投保的"Z人身险公司团体综合医疗保险"产品条款中，保险责任和理赔条件的规定较为简单，双方通过签署协议进一步细化权利义务。经查，合同条款中对理赔资料要求提供完整的病历、相关检查检验报告、医疗费用收据正本及清单，而双方协议明确理赔资料只需要病历、检查报告单或诊断证明书中的任意一种即可，委托协议明显不符合条款规定，导致理赔环节管控进一步松散。

二是实际理赔情况与委托协议约定不一致。Z人身险公司与N网络的协议约定理赔申请应在出院或急诊后30日内提出，但实际查验理赔资料发现，部分疾病诊断时间与理赔申请时间相差一年，远超协议规定时限。

此外，双方协议约定，理赔所需资料原则上需要客户提交原件。对于不能留存原件、需留存复印件的,理赔人员应该对原件进行审核,并在复印件上签名确认复印件与原件一致。经查,N网络投保的《Z人身险公司团体综合医疗保险》,在理赔档案仅仅包括理赔申请书、Z人身险公司健康保障委托管理合同文本及附件综合医疗保险保障表、公共账户使用授权书复印件、某医院疾病证明书复印件、受益人身份证复印件和银行卡正面复印件,但相关复印件缺少客户及理赔人员核对一致后的签名。

三是单一保险年度内密集大额整数理赔。经检查发现,2015年至2016年10月,N网络已申请理赔金额累计1 396 000元,其中部分被保险人密集理赔,如被保险人李J在2015年5月至2016年3月期间理赔6次,保险金总额累计20万元,理赔事由包括"腰椎神经损伤(3次)、高血压、偏头痛、急性肾炎"。具体理赔清单如下表:

理赔案件号	被保险人	理赔金额(元)	理赔受理时间	诊断医院	诊断时间	诊断结果
××××9903	曾某	50 000.00	2016/3/16	B人民医院	2016/1/7	高血压病
××××6903	曾某	30 000.00	2015/12/7	B人民医院	2015/10/26	慢性胃炎
××××0903	李F	50 000.00	2015/12/7	C市第三人民医院	2015/721	高血压
××××4903	李F	30 000.00	2015/5/15	M县人民医院	2014/3/15	腰椎神经损伤
××××4903	李F	30 000.00	2015/5/27	M县人民医院	2014/3/15	腰椎神经损伤
×××83903	李F	30 000.00	2015/8/6	M县人民医院	2014/3/15	腰椎神经损伤
××××3903	李F	30 000.00	2015/10/27	B人民医院	2015/10/26	偏头痛
××××8903	李F	30 000.00	2015/3/16	B人民医院	2016/1/8	急性肾炎
××××1903	李J	50 000.00	2016/3/16	B人民医院	2016/1/23	慢性肾炎
××××0903	李J	30 000.00	2015/8/6	M县人民医院	2014/4/12	腰椎神经损伤
××××7903	李J	30 000.00	2015/12/7	B人民医院	2015/10/26	慢性胃炎
××××8903	李J	20 000.00	2015/5/15	M县人民医院	2014/4/12	腰椎神经损伤

续表1

理赔案件号	被保险人	理赔金额（元）	理赔受理时间	诊断医院	诊断时间	诊断结果
×××2903	刘Y	40 000.00	2015/5/28	L区人民医院	2014/4/28	糖尿病
×××3903	刘Y	30 000.00	2015/12/7	B人民医院	2015/10/26	慢性胃炎
×××6903	刘Y	30 000.00	2016/3/16	B人民医院	2016/1/16	脂肪肝
×××6903	刘Y	26 000.00	2015/8/6	L区人民医院	2014/4/28	糖尿病
×××56903	刘Y	20 000.00	2015/10/12	L区人民医院	2014/4/28	糖尿病
×××4903	彭T	30 000.00	2015/5/15	Z医院	2014/2/17	腰椎管狭窄症
×××8903	彭T	30 000.00	2015/5/28	Z医院	2014/2/17	腰椎管狭窄症
×××7903	彭T	30 000.00	2015/8/6	Z医院	2014/2/17	腰椎管狭窄症
×××5903	彭T	30 000.00	2016/3/16	B人民医院	2016/2/8	痛风
×××9903	彭T	20 000.00	2015/10/27	B人民医院	2015/10/26	慢性咽炎
×××4903	汪Y	50 000.00	2016/3/16	B人民医院	2016/1/17	慢性肝炎
×××4903	汪Y	30 000.00	2015/12/7	B人民医院	2015/10/26	慢性咽炎
×××1903	袁H	120 000.00	2015/5/27	S市第二人民医院	2014/4/4	糖尿病、高血脂、脂肪肝、前列腺增生
×××1903	袁H	80 000.00	2015/5/15	S市第二人民医院	2014/4/4	糖尿病、高血脂
×××2903	袁H	50 000.00	2015/10/12	S市第二人民医院	2014/4/4	糖尿病、高血脂、脂肪肝
×××8903	袁H	30 000.00	2015/12/7	B人民医院	2015/10/26	慢性胃炎、胃溃疡
×××7903	赵L	40 000.00	2015/5/15	S市人民医院	2015/4/10	高血压病

续表2

理赔案件号	被保险人	理赔金额（元）	理赔受理时间	诊断医院	诊断时间	诊断结果
××××7903	赵L	40 000.00	2015/8/6	S市人民医院	2015/4/10	高血压病
××××7903	赵L	40 000.00	2015/10/27	S市人民医院	2015/4/10	高血压病
××××6903	赵L	30 000.00	2015/12/7	B人民医院	2015/10/26	慢性胃炎
××××6903	赵L	30 000.00	2015/12/7	B人民医院	2016/2/20	脂肪肝
××××6903	赵L	40 000.00	2015/12/7	C市第二人民医院	2014/7/24	高血压病
××××6903	赵L	40 000.00	2015/12/7	C市第二人民医院	2014/7/24	高血压病
××××6903	赵L	30 000.00	2015/12/7	C市第二人民医院	2014/7/24	高血压病
××××6903	赵L	30 000.00	2015/12/7	B人民医院	2016/1/20	痛风
××××6903	赵L	20 000.00	2015/12/7	B人民医院	2015/10/26	慢性胃炎
合计		1 396 000.00				

四是部分理赔资料中疾病证明书连号且重复使用。N网络业务的团体保险理赔中，被保险人李F、李J使用的疾病证明书连号（编号分别为XXXX172号和XXXX173号），均由M县人民医院骨外科出具，但落款时间分别为2014年3月28日和2014年4月18日，其中李F利用XXXX172号证明书先后理赔3次，理赔时间为2015年5月14日、5月25日和8月6日；李J利用XXXX172号证明书先后理赔2次，理赔时间为2015年5月14日和8月4日。

三、原因分析

一是从保险公司内部经营管理来看，保险公司保费至上的经营理念及粗放式经营为洗钱及逃税行为提供了便利条件。目前，部分保险公司仍然注重保费规模，忽视承保质量、效益，粗放式经营。部分保险公司实行费用"包干制"，即上级机构按照下级机构实现保费收入的一定比例核定其全年费用，而费用由下级机构自行支配，上级机构不进行管控。

在这种费用包干模式下，动辄上千万元保费的团险业务对保险公司具有巨大的吸引力。为获得这些保费，保险公司不惜突破合规底线，擅自通过扩展责任的形式变更条款，不严格执行向中国保监会报备的条款费率，为了蝇头小利铤而走险，冒着承担协助逃税、洗钱、贪污、侵占等各种违法风险来迎合投保人的不合理要求。

二是从当前外部社会环境来看，部分被保险人实现逃避税收、侵占企业财产、洗钱等非法目的的需要。以管理型团体补充医疗保险产品为例，保险公司对被保险人的保障程度通常以其个人账户余额（或附加公共账户的一定比例）为限，而保险期结束后，被保险人账户余额全部归投保人所有。这意味着投保人实质上仅购买了保险公司的账户管理服务，并没有购买保险公司提供的风险保障服务，被保险人以虚假理赔资料套取的资金属于投保人所有。而保险公司的默许或纵容正好迎合了被保险人侵占企业财产或洗钱的需要。尤其是考虑到企业在购买保险时可享受一定的税收优惠，以及被保险人获得理赔金时无需缴纳个人所得税等，这种方式比直接以薪酬方式发放具有较大的成本优势，能够达到避税的目的。

四、点评

（一）检查前周密部署、有的放矢

检查方案制定阶段，检查组严格贯彻落实保监会"回头看"检查要求，将虚假承保、虚假理赔等"五虚"问题作为重点，特别是针对Z人身险公司开业时间短、业务结构单一等经营特点，提前推演，预判违法违规问题及风险要点，科学配置检查人力，充分开展查前培训，提高检查工作针对性。

（二）调查中紧扣重点、胸有成竹

检查人员进场后，严格落实"回头看"检查方案重点，结合以往现场检查工作经验，在进场之初即迅速调阅保险公司承保、理赔数据，正确定位了检查方向；随后核查过程中，充分运用数据分析、比对，筛选锁定异常线索，实现对同类违规问题的一网打尽，起到了事半功倍的效果。

（三）检查中大胆推测、小心求证

检查组先是调阅了 Z 人身险公司的承保及理赔清单，经筛查比对发现，团险渠道业务存在大量密集、大额、万元整数的赔案，与常理不符。根据以往检查经验，检查组推测公司上述赔案涉嫌虚假理赔，遂进一步调阅业务资料进行核查。检查人员在查看重点核查对象 N 网络公司的理赔清单时，发现案件号为 9900000 XXXXXX903 的理赔案件存在明显可疑之处。该案件的被保险人袁某为女性，但被保险人用于理赔的诊断结果中，却包含了男性专有疾病前列腺增生，据此检查组基本可以认定此案应为虚假赔案，进一步印证了先前的推测。

（四）取证中依法合规、讲究技巧

在补充完善证据过程中，严格对照现场检查规程和相关监管规定，注重方式方法，在仔细对比研究新旧团险监管规定基础上做出判断，同步调取公司纸质赔案卷宗、核心业务系统理赔数据和理赔政策制度文件，每项证据材料均由检查人员亲自提取，限时完成，既避免打草惊蛇，又保障了证据材料的完整性、有效性。

案例 5-7：
H 公司互联网保险业务违规案

一、案例简述

根据《保险机构"两个加强、两个遏制"回头看工作监管抽查方案》有关要求，保监会检查组于 2016 年 11 月到 12 月期间对 H 公司开展两两回头看监管抽查。检查工作紧紧围绕"发现问题、揭示风险"的首要任务，重点针对公司治理风险、产品风险、资金运用风险、偿付能力风险、资产负债错配风险、互联网保险非法经营风险、防范和处置非法集资工作、"五虚"问题、风险防控有效性九个方面的风险问题开展检查，同时对公司"两两回头看"工作开展情况和问题整改情况进行核查。检查组采取了进场会谈、专项访谈、调阅制度文件、查询信息系统和穿行测试、现场查核审验档案资料、调查取证、座谈询问等方式，特别注重规范检查程序、优化检查方法，确保检查不遗漏，事实有依据，责任有归属。

检查发现，H 公司在经营互联网保险业务过程中存在通过互联网渠道向未设立分支机构地区客户销售万能险投连险等新型产品、互联网渠道收付费通过第三方归集转账、互联网渠道保单客户回访状态与真实情况不符、业务系统缺少对部分客户信息的筛选和控制功能、网销渠道部分保单客户信息缺失、网销渠道电子投保单自动生成错误信息等违规和风险问题。检查组综合运用多种检查手段和技术手段，发现公司违法违规线索，并进行了准确、高效的调查和取证，取得了良好的检查成果。

综合现场检查发现的所有违法违规问题，检查组建议就两项直接违反《保险法》的违法行为对公司从严从重进行处罚，同时对公司总经理、副总经理和相关管理人员给予警告和罚款。针对公司互联网保险业务违反保监会相关规范性文件的问题和风险，主要采取下发监管函、监管谈话等监管措施责令公司限期整改。

二、检查过程

（一）检查启动原因

2016年前3季度H公司累计实现规模保费收入353.78亿元，同比增长204.43%。从渠道看，网销渠道规模保费326.33亿元，占比92.24%；银邮渠道规模保费26.87亿元，占比7.60%。从险种看，2016年前3季度投连险规模保费326.58亿元，占比92.31%；万能险规模保费17.17亿元，占比4.85%；传统险规模保费10.03亿元，占比2.84%。2016年前3季度公司退保金支出415.71亿元，退保率达68.47%，简单退保率达117.51%。从H公司业务结构看，网销渠道是公司最重要、最主要的经营渠道。因此，检查组根据风险评估结果，将公司的互联网保险业务合规性作为现场检查的重点内容之一。

（二）主要检查过程与发现的违规问题

1. 通过互联网渠道向未设立分支机构地区客户销售万能险、投连险等新型产品。检查发现，公司互联网业务规模较大，涉及的保单和客户数量极多，而且销售的主要是投连险、万能险等新型产品。由于互联网保险相关监管制度中对网销业务经营范围和可以跨区销售的险种有着严格规定，所以检查组根据风险分析，首先抽取了一部分保单进行查阅，发现存在部分保单的投保人联系地址位于公司未设立分支机构的省份和地区。随后，检查组要求公司利用大数据手段，对检查时间范围内所有承保的保单投保人联系地址进行筛查，以掌握违规问题的完整情况。根据H公司对客户联系地址等信息数据的筛查结果，2015年10月至2016年10月期间，公司通过互联网渠道向未设立分支机构的省、自治区、直辖市等地区的客户销售万能险、投连险等新型产品，共承保保单137万件，涉及保费金额113亿元，约占公司同期业务总量的40%。公司未在前期向保监会报送的自查工作报告中反映该问题。

2. 互联网渠道收付费通过第三方归集转账。检查发现，H公司很多网销保单都是通过J网络平台进行销售，涉及大量的资金收付业务。检查组为了解资金流转的全过程，对H公司与J平台及其子公司签订的协议进行了研究，同时抽查财务系统中的数据进行验证，发现 H 公司网销收付费存在一定问题。根据 H 公司与 T 保险经纪有限公司（J 网络平台全资子公司，以下简称"T 公司"）签订的相关协议，投保人通过 J 网络平台购买 H 公司产品并交纳保费后，保费资金首先转账至 T 公司账户，T+1 日再由 T 公司账户转账至 H 公司保费收入账户。因退保、满期给付等原因需要付费时，H 公司先将相关资金转至 T 公司账户，同时发出退款指令，由 T 公司根据退款指令转账至投保人投保时的缴费账户。

3. 互联网渠道保单客户回访状态与真实情况不符。H 公司网销业务主要由互联网平台和外包商开展客户回访。以 J 平台为例，客户完成投保后，由 J 平台向客户推送回访界面、记录回访结果并通过系统接口回传至 H 公司。H 公司将未完成线上回访的保单数据发送至外包商，由外包商开展电话回访并将回访数据及录音回传 H 公司，回访不成功的再由渠道联系客户开展上门回访等后续工作。经实际操作验证，通过 J 平台购买 H 公司某产品，J 平台并未向客户推送回访界面，也未将相关保单作为问题件发送给公司，H 公司业务系统显示相关保单已经完成线上回访。根据公司说明的相关情况，线上回访完成后不需要客户提供在线照片或视频，也未提供电子签名，无法核实是否客户本人接受回访。互联网平台在完成线上回访后，仅将回访结果回传至公司系统，但并未留存回访界面相关数据，无法事后备查，公司也无法开展对线上回访的抽检和监测。

4. 业务系统缺少对部分客户信息的筛选和控制功能。检查发现，H 公司核心业务系统未对网销渠道客户信息设置重复联系方式筛选等控制功能。H 公司银保通系统会在投保录入界面对不同投保人录入同一联系方式进行提醒，但该提醒为非阻断提示，仍可直接录入保存成功。H 公司外包回访系统无法对重复联系方式进行筛选，只能通过询问客户身份、确认客户是否为投保本人等方式甄别。经查，H 公司网销和银邮渠道均存在不同投保人使用同一联系方式等问题。

5. 网销渠道部分保单客户信息缺失。检查组要求 H 公司对承保的保单客户信息情况进行了全面排查。排查发现，2015 年 10 月 1 日至 2016 年 10 月 31 日 H 公司通过互联网销售的保单中，部分保单客户联系方式不完整，仅记录到区、县等。

6. 网销渠道电子投保单自动生成错误信息。检查组通过实际操作发现，在网上投保 H 公司网销产品后，获取的电子投保单上部分信息显示异常。经查，H 公司通过 J 平台销售的部分保单无法获取客户银行账号信息，H 公司系统在自动生成电子投保单时将投保人身份证号作为缴费银行账号填列。根据 H 公司对相关信息数据的筛查结果，2016 年 9 月 1 日至 10 月 31 日通过互联网渠道承保的业务中，存在上述问题的保单共有 68 372 件，约占同期新单业务量的 16.8%。

三、处理情况

一是 H 公司通过互联网渠道向未设立分支机构地区客户销售万能险、投连险等新型产品的行为违反了《互联网保险业务监管暂行办法》第七条"保险公司在具有相应内控管理能力且能满足客户服务需求的情况下，可将下列险种的互联网保险业务经营区域扩展至未设立分公司的省、自治区、直辖市：1. 人身意外伤害保险、定期寿险和普通型终身寿险；……对投保人、被保险人、受益人或保险标的所在的省、自治区、直辖市，保险公司没有设立分公司的，保险机构应在销售时就其可能存在的服务不到位、时效差等问题做出明确提示，要求投保人确认，并留存确认记录"的规定。

二是 H 公司互联网渠道收付费通过第三方归集转账的情况违反了《互联网保险业务监管暂行办法》第十三条"投保人交付的保险费应直接转账支付至保险机构的保费收入专用账户，第三方网络平台不得代收保险费并进行转支付"的规定。

三是 H 公司互联网渠道保单客户回访状态与真实情况不符的情况违反了《互联网保险业务监管暂行办法》第三条"互联网保险业务的销售、承保、理赔、退保、投诉处理及客户服务等保险经营行为，应由保险机构管理和负责"、第十五条"保险机构应完整记录和保存互联网保险业务的交易信息，确保能够完整、准确地还原相关交易流程和细节。交易信息应至少包括：产品宣传和销售文本、销售和服务日志、投保人操作轨迹等。第三方网络平台应协助和支持保险机构依法取得上述信息"以及第十六条"保险公司应加强互联网保险业务的服务管理,建立支持咨询、投保、退保、理赔、查询和投诉的在线服务体系,探索以短信、即时通讯工具等多种方式开展客户回访,简化服务流程,创新服务方式,确保客户服务的高效和便捷"的相关规定。

四是 H 公司业务系统缺少对部分客户信息的筛选和控制功能的情况违反了《人身保险客户信息真实性管理暂行办法》第十五条"人身保险公司应采取以下措施对客户信息的真实性进行审核:1.人身保险公司的核心业务系统、银(邮)保通系统及其他与核心业务系统对接的保险专业中介机构的业务系统应具备客户信息字段完整性和逻辑准确性的控制功能"的规定。

五是 H 公司网销渠道部分保单客户信息缺失的情况违反了《互联网保险业务监管暂行办法》第十八条"保险机构应加强客户信息管理,确保客户资料信息真实有效,保证信息采集、处理及使用的安全性和合法性"的规定。

六是 H 公司网销渠道电子投保单自动生成错误信息的情况违反了《互联网保险业务监管暂行办法》第十一条"第三方网络平台应于收到投保申请后 24 小时内向保险机构完整、准确地提供承保所需的资料信息,包括投保人(被保险人、受益人)的姓名、证件类型、证件号码、联系方式、账户等资料",第十七条"保险机构应加强业务数据的安全管理,采取防火墙隔离、数据备份、故障恢复等技术手段,确保与互联网保险业务有关交易数据和信息的安全、真实、准确、完整,"以及第十八条"保险机构应加强客户信息管理,确保客户资料信息真实有效,保证信息采集、处理及使用的安全性和合法性"的相关规定。

综上,对 H 公司违反《互联网保险业务监管暂行办法》的违规行为,依法予以严肃处理。

四、原因分析

综合对 H 公司的现场检查情况,H 公司网销业务发生较多违规问题的原因主要有以下几个方面：

一是合规意识不强，内部控制薄弱。现场检查发现，H公司经营管理的基础较为薄弱，人员的合规意识不强。在自查过程中未充分揭示公司的违法违规问题，对于保监会2015年检查发现的违规问题也未完全整改到位。公司在开展网销业务的过程中，对于各个业务环节是否完全合规并没有进行过完整的自查检验，对明显与监管规定不符的情况视而不见。

二是业务发展对网销渠道较为依赖。公司业务模式主要是通过第三方网络平台销售收益率稳定且实际存续期较短的投连险产品，业务发展高度依赖互联网渠道。因此，在网销收付费、客户信息、客户回访等方面都必须依赖第三方网络平台去实施，公司基本处于合作的劣势地位。出于经营成本以及各方面考虑，H公司在网销渠道的业务环节上尽量简化，压缩成本，导致很多地方没有达到监管的最低要求，甚至明显违反规定。

三是业务规模与管理能力不匹配。H公司截至2016年3季度末共有存量保单334万件，客户234万人，但公司总部及各分公司内勤员工总数不到200人，只能维持基本的日常运营，缺乏足够的资金投入、人员配备和管理能力。检查发现，公司网销业务在承保、回访、客服、系统维护等工作环节大量使用劳务派遣人员和采取外包形式进行管理，缺乏有效管控。

第六部分
中介业务

案例 6-1：
D 产险公司虚挂摩托车交强险中介业务案

一、案例简述

2015 年，H 保监局对 D 产险公司 H 省分公司（以下简称 D 公司）进行了专项现场检查，检查范围是该公司"两个加强、两个遏制"自查整改情况和 2014 年度、2015 年 1—5 月的公司业务经营合规性情况。在对该公司自查情况、中介业务情况、财务情况、业务管理情况、内部控制情况等方面进行全面分析的基础上，检查组发现 D 公司 2014 年 1 月至 2015 年 5 月期间，在摩托车交强险业务经营活动中存在虚挂个人代理人渠道的行为，其中，虚挂保费 84.15 万元，套取代理手续费 3.3 万元，套取的资金主要用于向不具备保险中介从业资格的机构和个人支付市场销售费用。

二、检查过程

（一）圈定重点找准目标

检查组进场后，通过对 D 公司核心业务系统承保数据、相关财务报表数据、监管报表数据、摩托车交强险业务分布数据进行分析，发现与其他在保费规模、经营风格、客户类型等方面较为类似的财险公司比较，该公司摩托车交强险业务量在公司整体车险保费规模中的占比较大，且全部摩托车交强险业务均通过公司少数个人代理人销售，这种经营特点与本省摩托车交强险业务的实际展业模式存在较大出入。此外，D 公司自成立以来，业务主要来源于公司大股东在 H 省的相关企业法人或分支机构投保的企财险和车险，相对稳固的零售业务团队仍然没有建立起来，公司参与车险业务主要依靠团体渠道、交警网点或车行等资源渠道。从以上两方面考虑，该公司摩托车交强险业务基本符合虚挂中介业务的典型特征，如：虚挂渠道与真实业务模式不相吻合、业务销售所依靠的特殊渠道的机构和人员不具备中介从业资格等，因此，检查组认为该公司在个人代理人名下虚挂摩托车交强险业务存在较大嫌疑，进而将摩托车交强险业务作为该次检查的一项重点。

（二）对摩托车交强险业务的实际展业模式做充分了解并总结相关特点

为了准确掌握H省财险公司摩托车交强险业务的真实展业模式，进一步印证D公司在该项业务中的经营表象与真实情况不一致的初步假设，检查组通过向其他财险公司、保险中介机构、相关中介从业人员了解情况，亲赴交警部门、摩托车销售网点等相关单位体验实情等有效方式，基本掌握了H省摩托车交强险业务的实际展业主要有三种模式：一是对大部分已上牌照的旧摩托车，交强险业务的销售地点主要集中在交警摩托车年检网点，销售人员是在交警网点业务窗口外代办年检等手续的社会人员。保险公司每天派人到摩托车年检网点收取保费和投保材料，当天即送回公司机构出单，第二天将正式保单送回年检网点由代办业务的社会人员转交给车主。二是对大部分未上牌的新摩托车，交强险业务的销售地点在摩托车行，由销售摩托车的商家为客户提供新车上牌、交强险投保等手续，销售人员是摩托车行的工作人员。保险公司一般也是每天派人到摩托车行收取保费和投保材料，当天送回公司机构出单，第二天将正式保单送回车行由车行的经办人员转交给车主。三是还有小部分摩托车交强险业务是通过客户自行上门投保方式销售。

通过对H省摩托车交强险业务实际展业模式的分析，检查组对其特点做了进一步的总结，得出该公司在该项业务中据实列支手续费的可能性较小的结论，基本确定该公司虚挂中介业务的动机是套取手续费以向不具备中介从业资格的机构或人员支付销售费用。H省摩托车交强险业务具有以下特点：一是渠道控制力度大。除了极少数自主上门投保的客户外，绝大多数客户的业务促成是在交警网点和摩托车行这两大类渠道。二是财险公司销售人员的介入比较有限。业务的实际销售人员是交警网点代办年检业务的社会人员和摩托车行的工作人员，财险公司的销售人员并没有实际介入的机会，而只是协助公司处理单证和保费的收集、保单的派送等工作。三是据实列支代理手续费的可能性小。从机构看，交警网点不可能取得兼业代理许可证，摩托车行在H省近几年治理收紧兼业代理资格核准审批后，也无法为失效的兼业代理资格复效。从人员看，财险公司一般不会选择与代办年检业务的社会人员和摩托车行的工作人员签订代理合同。从机构和人员这两个决定业务经营的关键方面看，D公司如果选择据实列支摩托车交强险代理手续费，将在公司核心业务系统、财务凭证、付款记录等方面留下明显证据，因此，该公司通过虚构中介业务、虚列费用等方式套取资金用于支付相关费用的可能性大。

（三）注重从蛛丝马迹中找寻辅证

除了分析掌握业务真实展业模式并围绕这一核心要点收集相关主要证据这一条检查的主线外，检查组还注重从外围的细节中寻找有助于检查取得突破性进展的辅证，对多角度、多维度核实公司的违规行为，加快检查的落实进度起到了积极作用。在对D公司核心业务系统抽查摩托车交强险保单信息的过程中，检查组发现部分保单的信息录入（"录单"）、核保、单证打印（"出单"）和保费收取的时间在当日22:00—次日0:00之间。此外，由于摩托车交强险业务基本上采用向车主收取保费现金，在保险公司刷卡后见费出单的方式，该公司摩托车交强险业务刷卡缴费基本集中在几个负责业务辅助性工作的虚挂个人代理人账户上。以上一系列细微的证据也从侧面证实了该公司摩托车交强险业务，一般是当天由公司人员从交警检测网点和摩托车行收集投保材料后，在接近下班的时间才送回公司机构。为了保证在次日将保单交给车主，在当日业务量较大的情况下，部分保单必须在下班后加班加点完成保单的录单出单工作。

（四）克服阻力做好客户回访

由于交警年检网点及摩托车行相关人员是虚挂中介业务行为中的既得利益者，检查组认为从这些人员口中取得证言的可能性不大，因此将突破口锁定在D公司的摩托车险客户。由于H省省会城市已经禁摩多年，摩托车交强险业务一般分布在省内经济相对落后的地区，加上摩托车车主受教育程度普遍不高，对保险产品、保险行业和保险监管部门的认知和接受程度较低并具有较强的排斥心理。此外，H省非省会地区的民众使用地方方言较为普遍，而且地方语言种类多，民俗习惯、表达方式也各有不同，如何与受访客户有效沟通也是检查组面临的难题之一。面对种种客观困难，检查组及时总结经验，通过"拉家常、讲方言"等方式，拉近了与被访客户的距离，在确保被访客户充分知晓调查人员身份和调查目的的前提下，让客户能够放心为检查人员提供真实的信息。通过大量客户回访印证了客户购买渠道并非该公司业务系统中记录的个人代理人。

（五）充分准备做到对公司相关人员调查谈话的一次突破

对虚挂中介业务行为，调查谈话是常用的检查手段。虽然常用，但要用好用巧却颇有难度。调查谈话往往是一把"双刃剑"，既有可能通过一次谈话查清事实，斩断相关人员狡辩回避的念想，也有可能在一次谈话中让公司有所察觉，进而隐匿证据，串通口供，切断检查重要线索的相互联系，增加检查深入开展的难度。在本次检查中，检查组将调查谈话放在了最后一环，在谈话实施前，集中了公司摩托车业务的真实销售渠道、公司摩托车业务录单出单的主要时间段、部分客户的回访录音等有力的证据材料；同时，将谈话对象直接锁定为省级分公司车险业务部负责人和分管领导等熟悉业务情况的人员，防止出现非主要责任的受谈话人员以"踢皮球"推诿责任的方式回避检查影响正常工作进度。由于证据充分、逻辑严密、技巧得当，D公司最终承认摩托车交强险业务虚挂个人代理人渠道的事实，共虚挂保费84.15万元，套取代理手续费3.3万元，套取的手续费主要用于向交警年检网点的社会人员和摩托车行的工作人员支付交强险业务的销售费用。

三、处理措施

对于D公司在"两个加强、两个遏制"的自查中存在不深入、不充分的情形，导致漏报了公司虚列个人代理业务、虚挂保费84.15万元、套取手续费3.3万元的问题，检查组充分考虑到公司能够积极配合检查发现问题，并进行深刻整改，同时，检查组通过与该公司在前期自查中反映的虚挂保费 416.73 万元，套取手续费 74.54 万元的结果进行比对分析，发现本次检查所查实漏报的违规金额占比相对较小，在综合考虑日常监管有关情况的基础上，H 保监局对 D 公司和相关责任人依法予以严肃处理，并要求其立即整改，同时加强对个人代理人渠道的管理、监督和考核，杜绝虚挂个人代理人业务的发生。

四、点评

对保险公司的检查，特别是对保险公司虚挂中介业务的检查，对检查人员的综合能力和水平提出了越来越高的要求，检查工作的成效与检查人员经验积累的程度和应对复杂问题和局面的能力密切相关，因此，保险监管部门从事现场检查的一线工作者更应注重采取各种有效措施提高自身的综合素质。

一是随着监管部门多年来的持续打击，保险公司虚挂中介业务的行为由一开始简单粗暴的直接操作变得更加隐蔽深晦。在打击虚挂中介业务的较早时期，通过翻阅会计凭证就能发现一部分违规线索。但目前保险公司涉及虚挂中介业务的会计凭证、业务和财务系统相关记录的"明账"与套取手续费的"暗账"基本全部隔离。因此，在检查中广开思路、灵活应对、找准方法是能够查实虚挂中介业务行为的关键，而这些能力的提高和经验的积累又主要依靠监管人员平时不断学习和总结。例如：将虚挂中介业务及其背后真实的展业模式联系起来互证矛盾是找到检查突破口的有效方法，而这就需要监管人员注重平时相关信息的收集和积累。

二是虚挂中介业务定性的证据一般包括物证和证人证言。从取证的难度看，取得物证的难度和成本相对较高，而多数的检查案例已经证实，有力的证人证言往往能够直接击垮公司参与实施虚挂中介业务人员的心理防线，起到事半功倍的效果。如何在检查中取得有效的证言证据，考验的是检查人员的综合能力，包括临场应变能力、面对强大阻力的心理承受能力、把握谈话对象心理变化的能力、外围证据的收集和应用能力、谈话技巧的运用和关键时机的把握能力等等，这些能力素质的培养同样也需要监管干部平时用心总结和提高。

案例 6-2：
W 产险公司虚挂医疗责任险、承运人责任险等中介业务案

一、案例简述

检查发现，W 产险公司 D 市中心支公司（以下简称 D 公司）存在虚挂兼业代理业务套取费用的问题。2014 年，该公司下辖部分支公司（营销服务部）、业务团队，将公司员工自身开拓的业务虚挂在某汽车运输公司名下套取手续费，涉及某某县人民医院医疗责任险、某县交通警察大队执法人员团体人身意外伤害险，以及两家公共交通企业承运人责任险等业务，涉及保单 370 笔、保费合计 214.89 万元，套取手续费 37.39 万元。

二、检查过程

（一）检查对象基本情况

D 公司 2014 年保费收入 1.84 亿元，支付赔款 1.04 亿元，简单赔付率 56.73%，业务管理费 2 083 万元，手续费 2 200 万元，简单费用率 28.61%。与 D 公司开展合作的中介机构共 29 家，其中兼业代理机构 26 家，专业代理机构 3 家。兼业代理机构中，汽车销售公司 10 家、汽车运输公司 6 家、商业银行 9 家、寿险公司 1 家。在上述兼业代理机构中，有 1 家汽车运输公司（简称 Y 汽运公司）的主营业务为货物运输，2013 年曾因利用业务便利为某产险公司谋取不正当利益，受到 XX 保监局的行政处罚。检查组结合日常监管情况，经过多方了解，将 Y 运公司作为重点调查对象。

（二）可疑线索分析

检查组向 D 公司调阅了与其合作的全部兼业代理机构合作协议原件及资质材料，并提取了 2014 年 D 公司车险、非车险中介渠道业务清单，在不打草惊蛇的情况下重点关注归属在 Y 汽运公司名下的险种、业务及

标的构成，从兼业代理机构主营业务与代理保险业务之间的逻辑关系入手，核实相关业务的真实性。

经分析发现，2014 年 D 公司通过 Y 汽运公司，承保了部分与货物运输关联性较小的非车险业务，如道路客运承运人责任保险、医疗责任保险、执法人员团体人身意外伤害保险等。其中，医疗责任险、执法人员团体人身意外伤害保险明显与 Y 汽运公司主营的运输业务不符，且这两类业务的被保险人为县级机构，与 Y 汽运公司的主营业务所在的市区也有所不同。道路客运承运人责任保险看似属于运输企业业务，但经了解，Y 汽运公司旗下从未开展公共交通业务，且该业务的被保险人为当地较为知名的公共交通企业，通过 Y 汽运公司投保道路客运承运人责任保险有些蹊跷。总体来看，上述三类业务与 Y 汽运公司的营业区域、主营业务均无逻辑关系，且上述业务在 D 公司归属于 3 个不同的业务部门，虚挂中介业务嫌疑较为明显。

（三）检查过程详述

在锁定嫌疑对象及嫌疑业务后，经侧面了解，Y 汽运公司在 2013 年保监局对其开展的现场检查中具有较好的配合态度，积极反映某产险公司虚挂中介的问题。Y 汽运公司实际控制人较为年轻，据与其打过交道的人反映，其思路清晰、头脑灵活，善于做出最有利于自己的决定。检查组进一步了解到，Y 汽运公司主要依赖收取货车挂靠费用及开展大货车销售分期贷款经营，代理保险业务收入对其盈利的贡献度相对较小。结合上述情况，检查组决定将 Y 汽运公司作为检查的突破口。

确定主攻方向后，检查组派出两名同志先行对 Y 汽运公司的营业场所进行暗访。暗访发现，Y 汽运公司在营业场所内设置了专门的保险大厅，与其开展合作的保险公司均在该大厅设置远程出单点现场开展业务，在大厅投保办理保险业务的多为挂靠在 Y 汽运公司的营运货车车主，这验证了检查组之前关于该公司代理保险业务实际情况的判断。检查组当即联系 Y 汽运公司实际控制人，前往其在大厅二楼的办公室开展攻心谈话。在开始的谈话中，该实际控制人对相关问题有所回避，并反复暗示其在当地开展业务，不愿得罪合作伙伴。检查组对其进行了 3 个多小时的攻心，通过政策宣传、业务来源分析、告知检查组掌握的违规线索、摆明利弊等方式，打消了该实际控制人的顾虑，最终承认 D 公司通过 Y 汽运公司虚挂道路客运承运人责任保险、医疗责任保险、执法人员团体人身意外伤害保险的事实，详细描述了手续费往来的具体步骤，并向检查组展示了手续费转入转出所涉及银行卡的交易记录，以及 D 公司与其联络回收手续费的员工名称和相关银行卡号，使检查组掌握了强有力的证据资料。

结合上述笔录及证据资料，检查组回到 D 公司，对业务清单显示的经办人及所在部门负责人开展逐一谈话，重点是对 Y 汽运公司提到的联络人进行核实。在扎实的证据面前，相关人员无法自圆其说，只能承认通过 Y 汽运公司虚挂兼业代理的事实，并向检查组提供了情况说明、银行交易流水等资料。根据业务参与双方提供的书证、物证及笔录，检查组确认 D 公司存在通过 Y 汽运公司虚列兼业代理业务套取手续费用的违法事实。具体为：D 公司员工自身开拓了相关业务，但由于直销渠道费用无法支持业务开展，经员工所在业务部门负责人请示 D 公司负责人同意，与 Y 汽运公司沟通开票费用后，相关业务在保险公司核心业务系统中被归属在 Y 汽运公司名下。Y 汽运公司收到 D 公司转来的手续费后，扣除开票费用，将剩余手续费转至 D 公司联络人个人银行账户中，再由联络人取出，分发给相关业务部门用于支持对应业务。

三、问题定性及处理措施

（一）问题定性

D 公司虚挂中介业务的行为属于"利用保险代理人、保险经纪人或者保险评估机构，从事以虚构保险中介业务或者编造退保等方式套取费用等违法活动"的行为，D 公司提供的该公司通过 Y 汽运公司虚挂医疗责任险、执法人员团体意外险、承运人责任险套取费用的情况说明、D 公司与 Y 汽运公司联络员工关于使用其本人银行卡接受 Y 汽运公司返还中介业务手续费的情况说明、相关业务保单及清单、D 公司向 Y 汽运公司支付手续费的财务凭证、Y 汽运公司打印的手续费发票存根、相关参与人谈话笔录、D 公司签署无异议意见的事实确认书等证据资料证实 D

公司存在虚挂中介业务的事实。

（二）法律适用、责任认定及处理措施

D公司的上述行为违反了《保险法》（2015年修正）第一百一十六条"保险公司及其工作人员在保险业务活动中不得有下列行为……（十）利用保险代理人、保险经纪人或者保险评估机构，从事以虚构保险中介业务或者编造退保等方式套取费用等违法活动"的规定，依据《保险法》（2015年修正）第一百六十一条"保险公司有本法第一百一十六条规定行为之一的，由保险监督管理机构责令改正，处五万元以上三十万元以下的罚款；情节严重的，限制其业务范围、责令停止接受新业务或者吊销业务许可证"、第一百七十一条"保险公司、保险资产管理公司、保险专业代理机构、保险经纪人违反本法规定的，保险监督管理机构除分别依照本法第一百六十条至第一百七十条的规定对该单位给予处罚外，对其直接负责的主管人员和其他直接责任人员给予警告，并处一万元以上十万元以下的罚款；情节严重的，撤销任职资格"的规定，对D公司及其总经理依法予以严肃处理。

四、原因分析

（一）内控制度不完善，执行不到位

部分基层公司常以业务发展为名，忽视基础管理，甚至为违规经营找借口。上级公司则担心影响业务发展，疏于对下级公司经营合规性、发展合理性、数据真实性等方面的关注和考核。有的公司甚至在信息系统方面留有漏洞，下级公司利用系统或管理漏洞肆意在业务系统中虚挂中介业务，随意配置出单设备等。

（二）考核政策不科学助长短期行为

一是考核指标侧重经营结果，轻管理过程。部分公司在对下级公司费用考核方面仍然是以费用打包方式为主，对费用管理更多控制总额，对真实性和合规性关注不够。部分分支机构为达到考核要求，不惜采用违规手段，短期行为在所难免。二是考核指标侧重短期经营成果，轻长期基础建设。对员工的培训往往重视在口头上，难以落实，基层员工的薪酬吸引力和工作满意度在考核指标中更加难以体现。

（三）保险公司现行费用核算模式限制费用出口

保险公司目前竞争的主要手段依然为费用投入，在上级公司制定的费用比例固定、费用出口单一的情况下，虚挂中介业务列支手续费因简单易操作、风险低往往成为保险公司的主要选择，且被上级公司默许或纵容。同时，当前中介机构尤其是兼业代理机构经营保险业务资格审批放缓，大量手中握有业务资源的机构无法获得合法的经营资格，也就无法将业务资源变现为合法的手续费，保险公司为获得业务，只能通过将业务虚挂在有合法资格的专业或兼业代理名下套取费用，供给不具备资格的机构。

（四）内部监督作用发挥不充分

目前公司内部监督稽核机制的作用发挥并不充分，内审质量不高。内审中对规范经营的关注度不够，对一些合规问题要么避而不谈，要么避重就轻，自查自纠自处机制尚未有效形成。部分公司往往是检查前后不一样，有无检查不一样，时常抱有侥幸心理，甚至对监管也抱有无所谓的态度。

五、点评

随着监管力度的不断加大，以虚挂中介业务为主的违法违规形式向隐蔽化、分散化、多样化转变。此前保险公司虚挂中介业务的特点主要是虚挂在保险专业中介机构名下。从此案例来看，保险公司通过保险中介机构虚开发票有逐渐向兼业代理机构转移的趋势，利用兼业代理机构门槛低、数量多、内部管理不规范等特点，躲避监管或为检查取证制造困难。此外，在现场检查中，保险公司、销售人员和中介机构彼此间极易结成攻守同盟，监管机构往往面临业务归属界定难、违规事实举证难等现实因素。面对此类困难，首先要在数据分析方面做好文章，通过对业务财务数据进行分析和逻辑判断查找问题线索，如兼业代理主营业务与代理保险业务不匹配、续保业务前后归属中介渠道不同、团体业务同年度归属在不同渠道名下、保险公司多个部门与同一保险代理机构合作、大量新车业务归属在保险专业代理名下等逻辑疑点，在确定线索后，找准最容易突破的方面进行主攻,通过攻破一点达到撕裂一面的目的。同时，要注重交易记录等物证的积累，形成扎实、完整的证据链条，尽量摆脱对人员口供的依赖性。

案例 6-3：
H 产险公司虚挂车险中介业务案

一、基本案情

（一）检查对象基本情况

H 产险公司 H 中心支公司（以下简称"H 中支"）筹建于 2013 年初，成立于 2014 年 4 月。2014 年，实现保费收入合计 665.63 万元，赔款支出合计 42.03 万元，业务及管理费支出合计 203.34 万元，中介业务占比为 69.42%，佣金及手续费支出 57.12 万元，承保亏损 123.94 万元。

保险监管机关非现场分析发现，H 中支业务呈现以下特点：一是中介业务占比处于市场较高水平；二是与中介机构合作协议中除格式化条款外，没有具体约定，未明确约定手续费率；三是手续费实际支付标准处于市场较高水平；四是筹建期间当地业务均挂在中介机构名下。

当前，利益驱动和规避监管是虚挂中介业务的两大动因。前者源于中介业务与直销业务实际收益的差异，近些年来，由于手续费的全面放开，产险公司手续费率逐年攀升。据统计，2015 年，该地区商业车险手续费率普遍维持在 20% 以上的水平，部分车型甚至超过 40%，造成直销业务绩效奖励和中介业务手续费"剪刀差"日益扩大，中介渠道成为各家产险公司竞相笼络的对象，通过虚挂中介业务获取违规利益的现象屡禁不止且手段隐蔽。后者源于一些掌握客户资源的主体不具备保险从业资格、部分尚处筹建阶段的保险机构急于开展业务，将自身业务伪装成中介业务的形式规避监管。

鉴于该公司存在种种涉嫌虚挂中介业务行为的迹象，保险监管机关将该机构列为重点检查对象。

（二）案件基本情况

经查，2013 年 9 月至 2014 年 5 月，H 中支在筹建期和开业后通过某分公司开展业务，将非专业代理机构的业务虚挂在专业代理机构名下，涉及虚挂保费合计 344.62 万元，虚挂手续费合计 81.21 万元，收到相关中介机构返还手续费 72.94 万元。2014 年 4 月至 2015 年 2 月，H 中支直接虚挂保费合计 96.46 万元，虚挂手续费合计 22.01 万元，收到相关中介机构返还手续费 20.01 万元。

具体操作过程如下：2013 年 8 月，H 中支筹建期负责人从其他保险公司引进一些业务人员，后通过业务人员的介绍，2013 年 8 月至 11 月，一些专业代理机构与 H 中支的上级机构某分公司签订代理协议。H 中支综合兼财务岗人员定期将来自本公司和其他公司业务人员做的业务清单发送上述专业代理机构，将涉及的手续费通过某分公司转账至相关专业代理机构的银行账户。相关专业代理机构则按照商业车险和交强险保费的一定比例，扣除开票费用后，将剩余资金转入 H 中支综合兼财务岗人员的个人银行账户，由其发放给相关业务人员。H 中支成立后，2014 年 5 月，上述专业代理机构又先后与 H 中支签订代理协议，涉及的手续费由 H 中支直接转账至相关专业代理机构的银行账户，继续采取上述手段将业务虚挂中介机构套取手续费。

H 中支在筹建期虚挂中介业务主要是出于规避筹建期不能展业的法律规定，成立后则出于抢占市场，追求直销业务绩效奖励和中介业务手续费"剪刀差"收益的目的。该行为扰乱了保险行业市场秩序，造成保险机构的财务业务数据严重失真，增加了企业经营成本，影响公司的偿付能力，最终损害保险消费者的合法权益。

二、检查实施

（一）检查过程

1. 检查前准备。查前准备阶段，保险监管机关坚持程序性复核前置，大数据分析并行的原则，一方面，全面审核公司自查方案、流程记录和工作底稿，同一系统不同分支机构自查结果相互对比，找出公司自查薄弱环节，为精准击破找准切入点；另一方面，通过省车险信息平台、保险监管信息系统数据挖掘、系统内同类公司经营数据相互比对、保险公司与中介机构的自查情况相互印证的方式，进行深入的非现场分析。

通过前期资料收集和数据分析，保险监管机关发现 H 中支中介业务占比在系统内同类机构中处于较高水平，有专业代理机构在自查报告中反映其存在虚挂中介业务行为，但 H 中支的自查报告显示辖内不存在上述违规行为。H 中支开展的主要业务是车险，保险监管机关依托行业车险信息平台，全面调取了 H 中支所有保险车辆 2012 年以来挂靠中介机构的具体信息，发现该机构承保的车辆在不同年份所挂靠的中介渠道均不相同，初步判断业务并不属于某家固定的中介机构。再调取承保机构信息，发现上述业务的承保机构也是不断变化的，如调取 2014 年 H 中支的车险业务以及 2014 年 4 月前 H 中支筹建期间通过某分公司名义与某代理合作的业务，涉及保单笔数合计 635 件，保费收入合计 162.66 万元。上述业务前两年均不在该代理机构名下，其中仅有两笔 2012 年以来一直由某分公司承保，没有挂靠代理机构；调取数据时已到期重新承保的业务也均不在该代理机构名下，其中仅有 4 笔业务仍在某分公司承保，挂在其他代理机构名下。初步判断 H 中支虚挂中介业务的嫌疑较大。

2. 现场检查。检查组从虚挂中介业务套取手续费流程入手，赴相关中介机构实施外围突破，开展延伸检查，获取开票证据，揭明事实真相。

一是赴相关单位调查实施外围调查。检查组依托前期调取的中介机构自查数据，通过与保险机构自查数据相互比对，发现某专业代理机构报送的辖内分公司虚挂中介机构与被检查单位相关，且数额较大。检查组首先将该代理机构列为外部调查对象，希望以此作为突破口。但该代理机构总公司未能向检查组提供辖下两家分公司为 H 中支虚挂保费的事实证据。据该代理机构总经理陈述，总公司仅根据税务部门开具的手续费发票金额、代理业务规模是否超出合理水平等因素，判断下辖分公司是否存在为保险公司虚挂中介业务行为，而非依据记载保险代理业务的专门账簿来核实业务的真实来源和资金的实际去向。检查组随后赴相关分公司开展调查，相关分公司承认存在为 H 中支虚挂中介业务的行为，但与总公司提供的数据相比，金额较小，且由于相关人员的离司，相关邮件往来和转账凭证等关键证据已无法提供。此番调查的结果与检查组预期差距较大，但初步确定了 H 中支虚挂中介业务的事实存在。

二是开展延伸检查寻找关键证据。在确认 H 中支存在虚挂中介机构的行为之后，检查组进一步分析了 H 中支中介业务的渠道构成，发现其主要的合作对象除了前述代理机构外，还有一家 Z 代理机构。从行业车险信息平台调取的挂靠在该中介机构的保险车辆 2012 年以来的挂靠轨迹显示，这些车辆在不同年份挂靠的中介渠道也是不断变化的，存在较大嫌疑。调取其自查报告，发现自查问题为零，因此，保险监管机关将 Z 代理机构列为延伸抽查对象。现场检查阶段，检查组发现该公司人员较少，职场设施较为简陋，与其业务量相比人员设施配备相对不足；同时还发现，该公司未严格根据相关法律规定设立专门账簿记载保险代理业务的收支情况。虽然公司无法提供详细业务财务资料，但检查组已有所预期，通过深入细致的现场查验，最终从代理机构职场和工作人员电脑中获取了开票清单和转账记录，最终掌握了保险公司虚挂中介业务的关键证据。

三是把握策略逐步攻破对方防线。通过外围调查确认 H 中支存在虚挂中介机构的事实后，保险监管机关分别与其筹建期间和成立后的主要负责人进行谈话，在等待公司进一步深入自查的同时，继续深入延伸检查单位开展工作，要求曾经主动交代问题的中介机构提供有效证据；同时，通过 POS 机的使用记录判断缴费等各种蛛丝马迹查找违规线索。在 H 中支未能在规定时间主动交代的情况下，保险监管机关向其出示了多家代理机构扣除开票费用后向保险公司工作人员返还资金的银行转账记录以及邮件和 QQ 沟通的往来记录等，公司在大量证据事实面前不得不承认其虚挂中介业务的事实。

（二）重点检查方法和手段

本次检查主要运用了轨迹追踪法。顺着既定的轨迹进行追踪是寻找猎物常用的方法，本案中，碰到更多的是一些零乱的、失踪的、偏离的轨迹。如何在轨迹异常的地方判断正确的方向，继续追踪，是考验现场检查人员的判断能力，并决定检查成败的关键。

一是从零乱的轨迹处选择抽查对象。零乱的轨迹是指不断变化的标的承保机构和挂靠中介机构。产险以一年期的保险业务为主，保单逐年签发，承保机构、中介渠道等信息逐年更新，在公司核心业务系统和行业车险平台中留下相应的历史轨迹。在不同的年份里，真实的中介业务往往与稳定的中介渠道相关联，当然，现实中存在个别的业务变更中介渠道的现象是正常的，但大量普遍地频繁变动则是明显异常情况，可以根据承保挂靠轨迹的不稳定性来选择重点抽查对象。

二是从失踪的轨迹处实施精准突破。失踪的轨迹是指代理机构往往缺乏完整的业务台账和财务资料。一般说来，代理机构在从事"开票"业务时往往是通过定期与保险机构相关人员结算手续费并返还手续费，具体的业务经营过程不可能留下任何记录，也无法提供完整业务台账及具体业务人员的档案资料；同时，为了规避监管，中介机构一般采取编造业务管理费用或人员工资绩效方式提现后将手续费返还给保险公司，公司账户上不会留下相关的转账痕迹。此时无声胜有声，从轨迹消失之处入手往往能够直接切入违规发生的核心，快速精准突破。

三是纠正偏离的轨迹实现检查目标。偏离的轨迹主要是指公司最终确认违规行为前从完全漠视到试图逃避这段过程在认识上的偏差。保险监管机关在H中支的检查经历可谓一波多折。起初，该公司甚至向保险监管机关写下辖内不存在虚挂中介业务的承诺书，随着检查的深入，公司又将责任转为个别人的行为，直至最终检查组掌握充分证据，公司方才消除了侥幸心理承认事实。根据保监会总体部署，本次检查注重自查与抽查的有机结合，重点抽查的目的并非单纯为了惩戒，更重要的是通过发现保险机构自查的薄弱环节，促进保险机构正确认识自查工作的重要性，提高自查工作的有效性。保险监管机关采取有理有利有节的策略，使公司的认识最终回归正轨。

三、查实的违法违规问题和处理结果

问题一：H中支虚挂中介业务的行为违反了《中华人民共和国保险法》第一百一十六条"保险公司及其工作人员在保险业务活动中不得有下列行为：……（十）利用保险代理人、保险经纪人或者保险评估机构，从事以虚构保险中介业务或者编造退保等方式套取费用等违法活动"的规定，应依据第一百六十一条"保险公司有本法第一百一十六条规定行

为之一的，由保险监督管理机构责令改正，处五万元以上三十万元以下的罚款；情节严重的，限制其业务范围、责令停止接受新业务或者吊销业务许可证"和第一百七十一条"保险公司、保险资产管理公司、保险专业代理机构、保险经纪人违反本法规定的，……对其直接负责的主管人员和其他直接责任人员给予警告，并处一万元以上十万元以下的罚款；情节严重的，撤销任职资格"进行处理。

问题二：ZC代理机构虚挂中介业务的行为违反了《中华人民共和国保险法》第一百三十一条第八款"保险代理人、保险经纪人及其从业人员在办理保险业务活动中不得有下列行为：……（八）利用业务便利为其他机构或者个人牟取不正当利益"的规定，应依据第一百六十五条"保险代理机构、保险经纪人有本法第一百三十一条规定行为之一的，由保险监督管理机构责令改正，处五万元以上三十万元以下的罚款；情节严重的，吊销业务许可证"和第一百七十一条"保险公司、保险资产管理公司、保险专业代理机构、保险经纪人违反本法规定的，……对其直接负责的主管人员和其他直接责任人员给予警告，并处一万元以上十万元以下的罚款；情节严重的，撤销任职资格"进行处理。

综上，做出如下处理意见，责令H中心支公司停止接受车险新业务3个月、对公司现任和原任负责人警告，并处6万元罚款；责令Z代理机构改正，并处30万元罚款、对代理机构负责人警告，并处3万元罚款的行政处罚决定。

四、点评

在虚挂中介业务的检查中，由于保险公司、销售人员和中介机构彼此结成攻守同盟，监管机构往往面临业务归属界定难、违规事实举证难等现实因素。轨迹追踪法遵循了"内控留痕"的原则，一般说来，会计核算要求完整性、连续性和一贯性。完整性是指要对全部经济业务进行记录，不得遗漏；连续性是指不间断地进行记录；一贯性是指前后各期保持一致不得随意更改。保险机构的内部控制是防范风险的重要手段，也应当具有上述特点。一旦弄虚作假，必然要在原始记录上做文章，通过抹去原有痕迹，或者是让痕迹偏离预定的轨道，在财务账簿、业务档案处理上呈现粗放性、模糊型、残缺性的特点。运用轨迹追踪法从轨迹消失或偏离之处切入违规发生的核心，就能揭开虚假的面纱，还原事物的真相，达到精准突破的效果。轨迹追踪法不但可以运用于虚挂中介业务的检查中，对于其他一些保险机构试图通过抹去过程痕迹蒙蔽监管视线的违规行为，包括虚列费用、虚假承保等，轨迹追踪法也都能得到有效运用。

案例 6-4：
X 产险公司虚挂车险中介业务案

一、基本案情

从 X 产险公司 S 分公司自查发现的问题来看，主要集中在虚列费用和虚假中介业务两个方面。检查组随即对公司两次自查情况进行了逐项核实，发现公司自查暴露问题不彻底、不充分，整改不到位，对于部分问题性质的认识避重就轻，如服务费问题，公司自查属于"财务科目使用不当"。检查组进场检查后发现，S 分公司存在虚挂中介业务，涉及违规金额 74.73 万元。

二、检查过程及主要证据

（一）检查前准备

查前准备阶段，保险监管机关坚持数据分析先行、疑点分类排查的查前分析原则，层层推进四个核查分析环节：一是全面审核公司自查报告、方案、流程记录，同一公司不同分支机构自查结果的相互对比，突破公司在自查中避重就轻的项目和薄弱环节，为现场检查找准突破点。二是通过省保险车险信息平台、稽核数据、统计信息系统，将公司经营数据和财务指标，与历史水平、行业平均水平相互比对，查找偏差异动。三是延伸线索追踪。通过对涉及的中介机构的代理保费收入、手续费支出等数据细化排查，对公司自查情况开展双向印证。

（二）检查发现线索及可疑线索分析

通过初步分析发现，S 分公司中介业务占比在系统内同类机构中处于较高水平，该公司在自查报告中反映其存在虚挂中介业务行为，但违规金额占其保费收入比例非常小，并且只在极少部分地市分支机构暴露自查该问题。检查组进一步从业务和财务两个维度重点锁定现场检查范围。一是涉嫌虚假中介业务。S 分公司车险业务占比超过 80%，检查组全面调取了检查时段内所有保险车辆连续 2 年的业务渠道信息，以及中介业务台账，发现该机构承保的车辆在不同年份所挂靠的中介渠道均不相同，初步判断业务并不属于某家固定的中介机构。检查组调取了部分保单客户联系方式，设计电话访谈模板，对部分客户开展电话回访，并确认部分客户是直接在 S 分公司营业场所柜面购买的保费产品，并不知晓其归属的代理机构。分析表明，S 分公司虚挂中介业务的嫌疑较大。

（三）现场检查过程

进场后，检查组围绕查前确定的疑点，紧扣资金流向，收集相关证据支撑，层层印证分析判断。从 S 分公司财务业务资料来看，手续费的比例、支付方式形式完备，与代理公司手续费支付账务往来数额清楚准确。检查组根据检查经验，采取从业务源头入手，通过大量客户访谈、出单数量校验、出单 IP 地址核查、业务结构剖析等手段，核实代理业务来源真实性。通过对照总、省两级机构销售人员基本法以及相关管理制度，梳理员工招聘、引进和管理方面的重要环节，对劳动合同逐份检查、对离司人员面访、电话访谈，对销售人员管理系统进行核查，从而查找人员招聘和管理方面的漏洞，进一步印证检查组对公司虚列劳务人员的怀疑。

一是赴代理公司实施现场调查。核查手续费最终流向是核实业务归属的关键证据，现场检查阶段最重要的工作就是固定证据，查明事实，揭示真相。检查组从虚挂中介业务套取手续费流程入手，赴相关中介机构实施外围突破，对代理公司出单人员、财务人员和负责人当即果断实施多轮访谈，并针对访谈明显漏洞及说法不一致的地方，交换访谈人员，进一步详访，访谈事前详拟提纲，想好对策，从大量业务数据、业务板块特征入手，结果显示代理机构对代理业务构成完全不知晓，对代理业务相关信息不掌握。

二是以数据为核心逐步攻破对方防线。S 分公司经代部负责省公司代理中介业务。按照检查组前期了解和访谈的情况，由代理机构负责代理渠道的出单，并且省公司为出单电脑配备唯一的 IP 地址，该代理机构所属出单电脑显示仅为一台，出单人员 2 人。检查组分别对两名出单人员进行访谈，并要求代理公司提供出单台账，重点访谈日均出单数量、年度出单总量、客户类型等涉及渠道的相关信息。检查组对锁定代理公司出单电脑 IP，对其全年的出单数量进行统计核对，发现与公司记录的出单数量有较大差异，表明大量保单并不是由代理机构出具的。

三是紧抓客户源头掌握第一手信息。检查组涉及客户访谈专项模版，并集中进行大量访谈，针对新车客户大部分是在 4S 店购买的保险，检查组抽取了较多比例的新保客户，从而印证了客户并未在代理机构出单，不知晓该家代理机构，甚至部分客户表示是在公司柜面或者 4S 店购买的保险产品。

（四）重点检查方法和手段

本次检查主要运用了数据对比法和漏洞查缺法。面对纷繁复杂的保险经营数据，查找偏差、统计分析是有效的追踪、整合零乱的、失踪的、偏离的轨迹的重要方法。

一是从零散的数据中确定检查范围和重点方向。产险以一年期车险业务为主，保单按年签发，承保机构、中介渠道等信息逐年更新。对于同一业务真实的业务来源和业务归属相对比较固定，在不同的年份里，个别的业务变更中介渠道的现象是正常的，但大量普遍地频繁变动则是明显异常情况，因此，可以根据业务渠道归属变动异常来确定检查范围。

二是用可靠的数据信息增加访谈的筹码。代理机构和公司的账面业务台账和财务资料，一般都比较准确，也经过了系统校验和双方对账。而仅从账面资料入手，很难发现其中作假行为，从业务源头和业务环节为突破口，把出单数量、业务类型、客户访谈信息等作为真实的第一手数据信息，增加与对方博找弈的胜算。如果能在代理公司突查中获得账外资料、银行转款信息、保单统计清单等，无疑大大增加了证据资料的可信度。

三、查实的违法违规问题和处理结果

检查发现，X 产险 S 分公司及 XX 代理公司存在以下问题：

（一）X 产险 S 分公司

虚挂中介业务，违规金额 74.73 万元。2014 年 X 产险 S 分公司经代部存在将部分非全日制员工业务虚挂在 XX 代理有限公司名下的情况。经代部将该部分业务手续费支付给 XX 代理公司后，再由其支付给保险公司非全日制员工，涉及保费 749.14 万元，手续费 74.73 万元。其中，经代部计提并向非全日制员工樊 XX 等支付手续费 47.8 万元，向非全日制员工孔 XX 支付手续费 15.1 万元，向非全日制员工闫 XX 支付手续费 11.83 万元。经核实，樊 XX、孔 XX、闫 XX 为公司非全日制员工，与公司签订非全日劳动合同，且未与 XX 保险代理公司签订代理协议或劳动合同。以上行为违反了《保险法》第一百一十六条第十款："保险公司及其工作人员在保险业务活动中不得有下列行为：……（十）利用保险代理人、保险经纪人或者保险评估机构，从事以虚构保险中介业务或者编造退保等方式套取费用等违法活动"。

（二）XX 保险代理有限公司

利用开展保险业务为其他机构或个人谋取不正当利益，违规金额 184.26 万元。2014 年 XX 保险代理有限公司将从 X 产险 S 分公司取得的手续费和服务费，通过现金、购物卡等方式向 XX 车队和车托支付费用，如向 XX 车队业务经办人王 XX 支付展业费用 195 930 元，王 XX 确认收取公司支付费用；向 XX 车队业务经办人陈 XX 支付展业费用 154 225 元，陈 XX 确认收取公司支付费用。经与公司实际负责人吴 XX 访谈，承认由其负责向车队和车托支付此部分费用。以上行为违反了《保险法》第一百三十一条"保险代理人、保险经纪人及其从业人员在办理保险业务活动中不得有下列行为：……（八）利用业务便利为其他机构或者个人牟取不正当利益"的规定。

依据《保险法》第一百七十二条、第一百七十三条的规定，S 保监局对 X 产险公司及其代理渠道部副经理刘 X 和代理渠道部团队长程 XX 等直接责任人依法予以严肃处理。

依据《保险法》第一百六十六条、第一百七十三条的规定，对 XX 保险代理公司及其实际负责人吴 X 依法予以严肃处理。

四、点评

在虚挂中介业务的检查中，要注重数据比对分析方法的运用。重点比较近两年续保业务渠道的变化，重点关注检查前一年度为直销渠道，检查年度变为代理渠道的业务。查看代理渠道业务中是否有大量的法人团体客户。通过公司理赔系统筛查上述疑点业务，重点查找上述业务中报案人和被保险人一致的客户联系方式。随后对筛选出来的客户进行电话访谈，了解其购买保险的相关渠道、方式等信息，对明确表示在保险公司柜台或通过保险公司业务人员购买的客户可重点面谈形成谈话记录固定公司虚挂中介的相关证据。必要时可对中介代理机构进行延伸检查，看双方的业务记载能否相互印证，看中介机构的业务人员队伍能否与相应的业务量匹配，看绑定IP地址的中介机构出单电脑的出单量是否与保险公司记载的业务量一致。抽取业务量较大的代理公司业务员进行访谈，印证是否与保险公司的代理业务相一致，从而判断是否为虚挂中介业务。

案例 6-5：
H 保险代理公司伪造职业责任险保单案

一、基本案情

（一）检查对象基本情况

H 保险代理公司（以下简称"H 代理"）成立于 2008 年 8 月，自然人股东持股，资产总计 163.34 万元。2014 年，该公司代理保费金额 2281.24 万元，佣金收入 442.74 万元，营业费用 402.27 万元。

（二）案件基本情况

经查，H 代理投保的职业责任保险已于 2014 年 8 月 15 日到期，到期后一直未投保新的职业责任保险。2015 年 3 月 28 日，在接到 XX 保监局的现场检查通知书后，H 代理公司员工刘某为了应付检查组检查，临时投保了一份保险起期为 2015 年 4 月 1 日的职业责任保险，但是由于上一份职业责任保险保单止期和新职业责任保险保单起期承接不上，刘某为了掩盖脱保事实，于是私刻投保公司公章，并在打字复印店伪造保单号为 AHEXX915Q000001W、保险起期 2014 年 8 月 16 日的职业责任保险保单，将该保单作为现场检查资料提供给检查组。

目前，大部分专业中介机构的管理还很不规范，对公司未来可能面临的经营风险没有足够的认识，在风险管理手段上缺乏长远考虑，仅仅是为了达到监管部门的要求，因此，容易出现选择的风险管理手段与自身的风险状况不相匹配的问题。H 代理职业责任保险脱保的行为，不仅不能转移部分赔偿责任，还会使广大利害关系人在受到损害后不能得到及时、合理的赔偿。

二、检查实施

（一）检查过程

1. 检查前准备。在准备阶段，XX 保监局坚持敢于怀疑的态度和在事实基础上大数据分析的原则，一方面，对比 H 代理 2014 年中介市场清理整顿摸底排查自查报告与 2014 年"两两"自查报告上报的问题，查找自查薄弱环节，找出现场检查切入点；另一方面，根据保险中介监管信息系统报送数据，全面分析 H 代理业务结构和费用支出是否异常，找准现场检查突破口。

XX 保监局根据非现场分析发现，H 代理业务呈以下特点：一是业务规模在代理机构中排名第四位，市场份额相对较大；二是代理的企财险业务为 750.8 万元，占代理业务的 32.91%，代理的意外险业务为 129.35 万元，占代理业务的 5.67%；三是在 2014 年"两两"自查报告中，上报的自查问题较轻微；四是代理的非车险业务全部与一家保险公司合作。

根据 XX 保监局的监管经验判断，代理业务规模越大存在违法违规问题的可能性越大，而 H 代理在风险排查中上报的自查问题较轻，有悖常理；H 代理位于某二手车交易市场院内，代理的业务应以车险业务为主，从其报送的监管报表显示，其代理的企财险和意外险业务规模较大，而企财险和意外险多为保险公司直接业务，尤其是大规模的企财险一般走招投标程序，保险公司直接竞标，不通过第三方代理公司，因此，H 代理存在利用业务便利为保险公司虚开保险中介发票的嫌疑；H 代理的非车险业务全部与一家保险公司合作，不免让人怀疑其与这家保险公司存在某种关联关系。

鉴于 H 代理存在种种利用业务便利为其他机构牟取不正当利益的行为的迹象，XX 保监局将该机构列为重点检查对象。

通过前期的资料收集和数据分析，检查组发现 H 代理在 2014 年摸底排查中自查出其在 2013 年存在利用业务便利为某保险公司牟取不正当利益的行为，虚开中介发票 38.56 万元，涉及保费 350.69 万元，而在其 2014 年"两两"自查报告中，未自查出其 2014 年存在虚开中介发票的违法违规问题。假设 H 代理上报数据和问题全部为真，剔除其 2013 年虚增的 350.69 万元业务后，H 代理 2014 年业务规模较 2013 年增长 99.78%，短期内增速过快，业务发展存在异常。同时，根据以往的现场检查经验判断，代理公司由于专业不专，在保险市场上生存空间较狭窄，在为保险公司虚开发票可获利开票费的几个点的利益驱动下，虚开发票的行为通常具有连续性的特征，因此，XX保监局大胆怀疑H代理2014年同其2013年一样存在虚开发票的可能性。

2. 现场检查。进场后，XX保监局将查实虚开发票问题作为现场检查第一要务，首先将焦点对准被检查对象代理的企财险业务，通过调阅其业务台账、代理合同、财务账表等资料，发现被检查对象代理的企财险和意外险业务为招投标业务，且有完整的招投标协议和中标通知书，为防止被检查单位提供虚假证明材料，检查组决定采取"外围调查、相互印证"的方法，通过在招标单位网站查询招标结果，发现被检查对象确为中标单位，其2014年业务激增全靠招投标业务拉动，其余业务全部为车险散单业务，基本符合业务实际，初步排除其虚开发票的嫌疑。随着检查的不断深入，检查组意外发现H代理存在编制假保单的问题。

一是调阅资料，发现线索。检查人员通过调阅检查对象的财务凭证和职业责任保险保单原件，发现保单原件显示该中介机构投保日期为2014年8月16日，而其2014年8月以后的财务凭证并未有职业责任保险发票入账。为摸清问题，检查人员针对发现的上述问题和线索，要求其相关负责人给予合理解释、该机构负责人称因为疏忽，保费发票未及时入账，并向检查组提供了保费发票原件。检查人员发现该发票开具日期为2015年4月1日，与职业责任保险保单原件投保日期间隔时间较长。检查人员认为，检查对象存在职业责任保险脱保，为应付检查，临时投保并提供假保单的嫌疑。因其投保职业责任保险的财险公司无制式保单，保单为A4纸打印，且有保险公司的印章，无法从检查对象提供的保单原件分辨保单真伪，故需要去该承保财险公司外调取证。

二是突击核查，外围取证。为防止该中介机构投保职业责任保险的财险公司事先准备或与检查对象串供，检查人员决定对其进行突击核查，以查验职业责任保险保单的真实性。根据检查对象提供的职业责任保险保单号，检查人员在该财险公司承保系统中查询，发现承保系统中并无此保单，而通过输入检查对象名称作为投保人查询，发现检查对象投保的职业责任保险起保日期为 2015 年 4 月 1 日，与检查对象提供给检查组的保单起保日期信息不一致，检查组对核查的保单在业务系统中的信息进行了截屏打印并要求该财险公司加盖业务印章作为外调证据。

三是谈话问询，查清事实。基于上述突击核查结果，检查人员决定与相关人员问询谈话，确认违法违规事实。经与该中介机构主要负责人、保单经办人员和财务人员问询谈话，该中介机构承认由于职业责任保险已于 2014 年 8 月 15 日到期，公司员工刘某在投保时发现投保财险公司的职业责任保险无制式保单，且相关保险信息通过 A4 纸打印，伪造保单比较容易，为了掩盖脱保事实，刘某私刻承保公司印章，并找了一家打字复印店按照原保单的格式修改了起保日期，伪造保险起期 2014 年 8 月 16 日的职业责任保险保单，将该保单作为现场检查资料提供给检查组。

（二）重点检查方法和手段

本次检查在发现检查线索之后，主要采取了外围取证法核实问题。外围取证法是现场检查常用的一种检查方法，也是获取核心证据的基础和关键，当然，因为监管机关执法权限有限，存在外调单位不配合不支持检查或者难以取证的情况。即便如此，外围调查仍然可以高效有力地打开检查突破口，攻破相关人员心理防线，促进现场检查"以证促供"的良好效果。

一是外围取证要明确目标，理清思路。在现场检查过程中，会发现较多违法违规问题的蛛丝马迹，必须认真研究检查线索，分析前期掌握的信息，将需要外围取证或需要通过外围调查才能印证的线索按照取证或调查对象进行归类。一类为保险公司或者中介机构，因属于监管对象，这类机构往往履行监管义务主动性强，比较配合监管部门工作，监管部门可以利用监管优势将其作为外围取证对象；第二类为非监管对象的机构，监管机关要与其积极沟通协调，赢得支持，即便此类机构不出具相关证明材料，监管部门也能够多获取外调线索，拨开机构违法违规迷雾，及早查清事实真相。在本次现场检查中，两类机构均有涉及，检查组先是赴招投标单位（第二类机构）进行外调，外调单位以保密为由未向检查组提供招投标文件，但提示检查组可以在其外网网站查询 H 代理中标公告。检查组虽未获得证据材料,但通过外调掌握的情况证明H代理非车险业务为真实业务,避免了检查组做无用功,提高了现场检查的工作效率。随后,检查组发现了H代理提供假保单的违法违规线索,并在其投保职业责任保险的保险公司(一类机构)截屏打印了真保单的相关信息,佐证了H代理出具假保单的违法违规事实。

二是外围取证要紧贴主线,缜密研判。外围取证不是简单的调取资料,而是要针对每一项外调任务,注重紧贴违法违规线索这条主线,通过对收集资料的整理和研判,寻找蛛丝马迹、关键线索和疑点,及时查缺补漏,积极提出合理化的意见建议。例如,在本次现场检查中,检查组初步认定H代理提供假保单,在围绕这一主线的基础上,还要进一步深挖假保单是H代理自行编制还是与投保保险公司合谋编制。因此,在外调时,检查组还要求投保公司针对假保单公章问题进行情况说明。投保公司出具了假保单公章非公司加盖的相关说明,并提出必要时可提供专业鉴定机构的鉴定证明。检查组根据外调掌握的情况和证据,认为H代理自行编制假保单的嫌疑较大,下一步的问询谈话将围绕此主线展开。

三是外围取证要审时度势,灵活应对。运用外围攻破法,从外部寻找突破口是比较有效的检查方法,但是在实际的检查工作过程中,有些外部取证虽然能取得最直接的证据材料,但耗时耗力,影响现场检查的工作效率,还有些外调工作因为调查单位不配合无法取得第一手证据,这就需要检查组审时度势,针对取证难甚至无法取证的情况,可以考虑在和相关人员谈话时运用外调时掌握的第二手资料,找到谈话人的逻辑弱点或者前后矛盾的地方,有重点地进行攻破。例如,在本案中,检查组并没有专门的鉴定机构出具的鉴别公章真伪的证据材料,但是在进行问询谈话时,巧妙利用谈话人做贼心虚的心理,对谈话人讲明已经聘请专门机构鉴定公章真伪,不日可出结果,突破了谈话人的心理防线,谈话人主动交待了其私刻公章编制假保单的违法违规事实。

三、查实的违法违规问题和处理结果

问题一:H代理员工刘某伪造职业责任保险保单的行为违反了《中

华人民共和国保险法》第八十六条"保险公司应当按照保险监督管理机构的规定，报送有关报告、报表、文件和资料"以及第一百三十三条"本法第八十六条第一款、第一百一十三条的规定，适用于保险代理机构和保险经纪人"的规定，应依据第一百七十三条"保险公司、保险资产管理公司、保险专业代理机构、保险经纪人违反本法规定的，保险监督管理机构除分别依照本法第一百六十一条至第一百七十二条的规定对该单位给予处罚外，对其直接负责的主管人员和其他直接责任人员给予警告，并处一万元以上十万元以下的罚款……"的规定给予处罚。

问题二：H代理职业责任保险脱保的行为违反了《中华人民共和国保险法》第一百二十四条"保险代理机构、保险经纪人应当按照国务院保险监督管理机构的规定缴存保证金或者投保职业责任保险。未经保险监督管理机构批准，保险代理机构、保险经纪人不得动用保证金"的规定，应依据第一百六十七条"保险代理机构、保险经纪人违反本法规定，有下列行为之一的，由保险监督管理机构责令改正，处二万元以上十万元以下的罚款；情节严重的，责令停业整顿或者吊销业务许可证：（一）未按照规定缴存保证金或者投保职业责任保险……"的规定给予处罚。

四、点评

部分中介机构认为监管机关的检查带有偶然性，为了缩小经营成本，不惜铤而走险未按规定要求如期投保职业责任保险，导致职业责任保险脱保，甚至在监管机关检查过程中，为了掩盖脱保的事实欲盖弥彰制造假保单企图蒙混过关。在现场检查过程中，中介机构因为抵触情绪，存在不配合支持检查的情况，导致监管机关无法顺利取证，因此延伸检查必不可少。通过延伸检查，取得客观事实证据后，被检查对象的防线基本就会被攻破，再通过谈话笔录取得口供，即可形成完整的证据链，使监管部门掌握检查主动权。

案例 6-6：
B 中介机构虚挂保险业务套取资金案

一、案例简述

H 省 B 保险销售有限公司（以下简称"B 中介"）业务异常增长且相对集中，2016 年前 7 个月代理保费 3 204 万元，同比增长 911%，其中代理 A 公司保费达到 2 438 万元，占同期全部代理保费的 76.09%。检查发现，2015 年 7 月至 2016 年 7 月，B 中介根据 A 公司提供的业务清单向其开具手续费发票，收到 A 公司支付的手续费后，B 中介扣除手续费金额的 8%，将剩余资金支付给中间人，中间人再扣除 2% 费用后将手续费开票金额的 90% 支付给 A 公司相关人员。以上业务涉及保费 5 593.88 万元，手续费 751.52 万元，B 中介向 A 公司返还 670 万元。

二、检查过程

（一）检查启动原因

在分析全省中介机构 2015 和 2016 年两年经营数据时，H 保监局发现 B 中介经营数据异常，2016 年前 7 个月代理保费 3 204 万元，同比增长 911%，其中代理 A 公司保费达到 2 438 万元，占同期全部代理保费的 76.09%；B 中介代理保费规模与该公司员工及业务人员数量明显不符，业务发展规模远超出该公司自身实力，业务异常增长且明显较为集中，存在虚挂保险业务的重大嫌疑。

（二）检查过程详述

检查组进场后，迅速调取了该公司财务报表、业务档案、科目明细账、银行对账单、劳动合同、代理合同等资料。经过了解，该公司签订有各类劳动合同或代理合同的人员不足 30 人，经查询工商登记信息，该公司除公司总部外，仅有 Y 州一家分支机构，该公司人员及机构现状，与公司业务发展规模明显不符。据此，检查组根据虚挂保险业务违法行为的特点,确定了"抓资金流向、抓关键人员、抓延伸检查"的工作思路,迅速开展工作。

一是核查银行明细账查实资金流向。通过逐笔查阅 B 中介银行存款明细账,发现该公司存在向个人支付多次支付大额资金等问题,其中仅 2015 年 11 月当月即向户名为郭某的个人支付手续费 136 万元。针对上述情况,检查组要求该公司提供相关业务台账,并抽取会计凭证对手续费支付情况作进一步核实。该公司随后提供两种业务台账,其中一种为与 A 公司有关的业务台账,内容较为简单,只有出单日期、保单号码、投保人、保费、车险类型、车型信息;另一种台账记录较全,包含客户姓名、网点、地区、出单员 18 类信息。抽取的手续费会计凭证只有按照业务员名字统计的手续费汇总表,没有相关的业务清单。综合上述信息,检查组认为该公司存在较大的虚挂中介业务可能性。

二是询问关键人员查证违法行为决策实施过程。检查组与该公司会计侯某进行了调查谈话,侯某称会计凭证后的手续费清单是其从留存业务员名单中随机选一些人名制定佣金支付清单,清单中每个人的佣金金额是其随机写的,只要总金额对上就行了。支付金额是 B 中介原业务负责人薛某给她的,手续费支付对象郭某其并不认识,也是薛某指定的。检查组根据侯某所说,确定薛某、郭某是检查突破的关键人员。由于 B 中介在 2016 年初股东进行了变更,原有的员工基本全部离司,该公司称已联系不上薛某。为此,检查组辗转打听薛某去向,后通过一家中介机构联系到其本人,并对其进行约谈。薛某到场后对虚挂中介业务的问题避重就轻,以不了解不清楚进行推托,并称对郭某并不熟悉,没有她的联系方式。检查组随后通过执业系统查找到名字为郭某的人员手机号码,薛某手机通话记录显示与该号码存在频繁通话,但薛某仍拒不承认认识郭某。在此情况下,检查组直接与该号码进行了联系,电话号码持有人称其叫孟某,郭某为其妻。随后经过检查组做工作,孟某、郭某夫妇接受了检查组询问。孟某称薛某和其是老乡,A 公司和 B 中介的业务是其牵线介绍的,是其直接和 A 公司前负责人谈的,商量的费用是 10 个点。具体流程是 B 中介开票,A 公司支手续费给 B 中介,B 中介再将扣除 8

个点后的手续费转给郭某，郭某再扣除 2 个点后转给 A 公司的吴某。郭某称薛某让我给他卡号，当时说的只是过一下她的卡，让 B 中介把给 A 公司的手续费转到她的工商银行卡上，同时给她手续费金额的 2% 作为使用卡的报酬，其收到钱后转账转给 A 公司的吴某。检查组根据郭某所说，进一步取得了其个人相关银行卡业务明细，业务明细显示的资金收支与其所说一致。

三是延伸检查进一步印证违法事实。在检查组对薛某等个人开展调查的同时，先后对 A 公司北环路营销部、二七路营销部、G 支公司等 5 家分支机构进行了延伸检查，抓住 B 中介业务人员少与业务量大之间的矛盾，对 A 公司相关人员开展询问调查，A 公司对此也无法做出合理解释。结合前期检查孟某、郭某认定的违规事实，最终 A 公司承认了由于业务费用、税负等原因将公司自身业务虚挂 B 中介名下的问题。

三、问题定性及处理措施

（一）问题定性

违法违规问题：B 中介利用业务便利为其他机构牟取不正当利益 670 万元。2015 年 7 月至 2016 年 7 月，B 中介根据 A 公司提供的业务清单向 A 公司开具手续费发票。收到 A 公司支付的手续费后，B 中介扣除手续费金额的 8%，将剩余资金支付给中间人，中间人再扣除 2% 费用后将发票手续费金额的 90% 支付给 Z 中支相关人员。以上业务涉及保费 5 593.88 万元，手续费 751.52 万元，B 中介向 A 公司返还 670 万元。

责任认定：(1) B 中介。B 中介原业务负责人薛某。其本人调查笔录，孟某、艾某等人调查笔录均显示 A 公司虚挂中介业务是其亲自参与，对此应当负直接责任。(2) A 公司。一是 A 公司原负责人艾某。2014 年 12 月至 2015 年 12 月，艾某任 A 公司副总理经理（主持工作），班子成员仅其 1 人，负责公司全面工作。艾某调查笔录显示，虚挂业务由孟某牵线，其与孟某具体商谈的费用，由其安排吴某进行具体对接，支付 B 中介的手续费由其本人签字同意；孟某、吴某等人的调查笔录显示虚挂业务由艾某直接参与。相关财务凭证显示，虚挂业务手续费支付凭证，由艾某审批通过后进行支付。综上，艾某在任职期间对虚挂中介业务负直接责任。二是 A 公司现任总经理程某。2016 年 1 月程某任 A 公司临时负责人，2016 年 3 月程某正式任 A 公司总经理。程某调查笔录显示，其任职该中支后，仍然延续前任的做法，其本人承认对该业务有管理责任。相关财务凭证显示，虚挂业务手续费支付凭证，由程某审批通过后进行支付。综上，程某在任职期间对虚挂中介业务负直接责任。

（二）法律适用

一是 B 中介利用业务便利为其他机构牟取不正当利益的行为，违反了《保险法》第一百三十一条："保险代理人、保险经纪人及其从业人员在办理保险业务活动中不得有下列行为：……（八）利用业务便利为其他机构或者个人牟取不正当利益。"

二是 A 公司虚构中介业务套取费用的行为，违反了《保险法》第一百一十六条："保险公司及其工作人员在保险业务活动中不得有下列行为：……（十）利用保险代理人、保险经纪人或者保险评估机构，从事以虚构保险中介业务或者编造退保等方式套取费用等违法活动。"

依据《保险法》第一百六十五条、第一百六十一条、第一百七十一条对 B 中介、A 公司及相关责任人依法予以严肃处理。

（三）内控管理混乱问题

在查实 B 中介违法虚挂保险业务的同时，检查组发现 2016 年 3－10 月，B 中介两次变更营业场所，均未在工商局履行变更手续，也未向保监局进行变更报告。2016 年 5 月该公司设立 XX 市营业部，没有按照要求在保监局进行备案，且由于 2016 年以来该公司原有管理人员及大部分员工已经离职，没有及时进行工作交接，该公司现有人员对上述问题基本不了解。检查组下发限时到场配合现场检查工作的告知函，但该公司法定代表人马某某一直未到场，也未说明原因，公司内控与管理情况较为混乱。

四、原因分析

本次检查发现的虚构中介业务的问题是车险领域近年来比较常见的

违法违规行为。随着"两两加强"治理工作的不断深入，保险行业的合规意识明显增强，虚挂保险业务的问题有所减少，但总体而言改观不大，虚挂保险业务的深层次原因尚未得到有效解决，仍然需要高度重视。分析原因，既有外部市场竞争的原因，又有公司内部合规意识不强的原因。具体表现自以下几个方面：

一是虚构中介业务成为不合规业务的转换器。近年来车险市场竞争激烈，市场费用水平持续走高，黑出单点、市场黄牛、无证机构都想把保险资源转化为实实在在的收益，这些机构由于没有合法身份，需要通过合法中介机构把保险业务"洗白"。

二是虚构中介业务成为增加不当收益的工具。由于市场费用高企，通过保险公司列支手续费成本高，通过中介机构虚构中介业务，可以减少因支付公司业务人员绩效或佣金而增加的税收成本，降低保险公司经营成本，在市场上获得竞争优势。

三是虚构中介业务成为专业中介维持生存的依靠。当前，许多民营专业中介机构处于规模小、实力弱、专业能力差的生存状态，在以费用驱动为主导的市场环境下，开拓业务举步维艰，通过虚构中介业务往往成为维持生存的便捷方式。由于留取开票点数微小，这种案件往往呈现业务规模大、收益回报低、违法性质严重的特点。以 B 中介为例，除去返还与开票成本，虚挂 5 593.88 万元保费，公司实际只得到 18 万元的净现金流入。

四是虚构中介业务成为保险公司获取高额费用政策的手段。一些产险公司对代理渠道实行差异化的费用支持政策，代理机构保费规模越大，费用政策就越高，助长了基层保险公司把业务集中虚挂到专业代理机构的冲动。

五是内部监督作用发挥不充分。各产险公司内部监督稽核机制的作用发挥并不充分，内审质量不高。内审中对规范经营的关注度不够，对一些合规问题要么避而不谈，要么避重就轻，自查自纠自处机制尚未有效形成。

五、点评

当前,主要经营车险业务的保险专业中介机构占比较大,许多保险专业中介机构缺乏保险资源、专业队伍和精细化的管理手段,只能被动接受市场规则,成为市场费用非理性竞争的助推者;一些保险专业中介机构从业人员素质低,造就了一批唯利是图、胆大妄为的市场参与者,在个别时段和地区成为市场秩序的破坏者,将法律法规和监管红线抛到脑后;一些保险专业中介机构股东把保险作为圈钱工具,股东、高管人员频繁更换,缺乏稳健经营的基础,成为影响市场秩序的不稳定因素。本案中,B中介短时间内通过虚挂保险业务的手段,严重破坏了市场秩序,必须依法予以严惩。

案例 6-7：
T 保险代理公司虚开佣金发票案

一、案例简述

在检查中，A 保监局发现 T 代理 H 营业部在 2016 年期间存在虚列保险代理业务、虚开代理佣金发票协助保险公司套取资金的违法行为，共计虚列保单 1 740 笔，合计保费 2 165.65 万元，套取资金 758.86 万元，被套取的资金主要用于返还至保险公司工作人员银行卡或保险公司人员指定的第三方账户。

二、检查过程

（一）检查启动原因

2016 年下半年保监会启动"两个加强、两个遏制"回头看工作以来，A 保监局通过非现场监管发现 T 保险代理公司出现业务突增的异常波动情况。该机构 2016 年 1—6 月份保费收入 2 871.36 万元，同比增长 297.40%，佣金收入 1 174.78 万元，同比增长 648.79%，且 80% 以上增长业务来自于其 H 汽车保险营业部。经分析，该机构业务增长情况与其实际业务能力存在较大差距，业务真实性存在较大疑点。同时，T 保险代理有限公司在"两两"回头看自查工作中问题揭示是"零"报告，也未对业务异常情况进行分析说明。A 保监局遂将该机构列为"两个加强、两个遏制"回头看专项检查工作对象，并根据保监会统一部署，于 2016 年 11 月对该机构开展了检查工作。

（二）调阅资料情况

根据保险代理公司的经营特点，检查组调取了三类资料：一是业务类资料。主要包括 T 代理 H 营业部与投保人、合作保险公司签订的合作协议，代理保险业务档案（业务台账，投保单、保单复印件等），公司人员花名册、业务人员档案资料（包括劳动合同或代理协议）等。调阅此类资料是了解该公司业务结构、操作流程、人员队伍等情况，核查公司基础性管理工作是否健全。二是财务类资料。主要包括2015－2016年度公司的会计报表、主营业务收入成本明细账、营业费用和管理费用明细账、现金日记账、银行存款日记账、银行账户的对账单、会计凭证、佣金发票留存联，以及公司财务制度等。调阅此类资料的目的是为了查清公司的业务收支是否在财务资料如实反映、资金流向是否明确、费用支出是否有经济事项基础、开具发票内容金额是否真实。三是内控管理类资料。主要包括公司日常管理制度、内部文件通知、会议记录等，了解公司的内控管理制度建设和高管任职情况，核查是否存在制度漏洞。

（三）立案调查主要过程

检查组于2016年11月29日至12月6日对T代理H营业部开展了专项检查工作。

检查组进场后，结合非现场监管数据、财务业务资料对该机构业务经营情况进行了全面分析，发现以下疑点：一是代理业务集中度高，业务规模与服务能力不相适应。该公司代理业务全部是运输公司、车队的机动车辆保险业务，涉及H市辖内60余家汽车运输企业，2016年1－7月该机构代理业务保费规模高达2 800余万元，涉及投保车辆2 700余辆，而该机构设立不过1年多时间，内勤员工仅为4人。二是不具备出单能力。该机构虽然业务规模庞大，但其并未向任何一家保险公司申请远程出单权限和出单设备，所有业务都是由各保险公司直接出单，与车险业务的实际服务需要不匹配。三是业务台账记录较为混乱，存在要素内容、格式不完整不统一的情况，甚至使用保险公司承保清单代替自身业务台账。四是人员费用支出过高。通过核查会计报表、账簿、财务凭证等资料，发现该机构"营业费用——人员工资"会计科目2016年1－7月共计支出1 038.88万元。从会计凭证中工资单来看，该公司每月有大量人员领取工资，其中2016年4月共有569人领取工资合计168万元，且人员工资都是现金支出，但工资单并未有人员签领记录。

带着梳理发现的疑点检查组要求该机构提供完整业务人员档案，包括基本信息表、入司登记表、劳动用工合同、代理协议或派遣用工协议等，但该机构始终无法向检查组提供业务员的档案资料。检查组要求与业务人员进行谈话，该机构却表示业务员管理松散已经离司无法联系。同时，检查人员在翻查档案资料时在该机构负责人的便笺纸上发现了保险公司业务人员姓名和金额的零散记录，经核查发现金额与当期代理业务佣金金额相符。

  根据上述情况，检查组初步判断该机构存在虚列代理业务套取资金违法行为。为查实违法问题，检查组主要开展了以下几点工作：首先，赴G农险H中支、P产险H中支、T产险H中支等保险公司开展外围摸排，主要任务是获取各家保险公司业务系统中承保业务清单、佣金发票复印件、业务员清单等资料，并与代理机构的业务规模、客户群体、业务收入、佣金发票等进行比对核实。同时，与保险公司业务部门负责人、业务人员进行谈话，从中获取对检查有益的线索信息。其次，适时开展投保客户的外调工作，在代理业务台账中选取部分投保单位开展走访了解工作。通过走访发现有的投保单位人员并不知晓T保险代理机构，也未与其发生业务联系，平时保险业务都是与保险公司业务人员联系，代理业务真实性存在重大嫌疑。最后，核查银行账户锁定套取资金的出口和去向。检查组分析发现，该机构账户开户行是H银行H市开发区支行，而TX代理办公地址正好位于该支行楼上，考虑到该机构费用支出主要是现金方式，检查人员由此判断为了支取方便其很有可能在该支行以个人名义开设账户。检查组遂协同该公司负责人、业务负责人、财务人员带个人身份证去该行查询银行开户情况，同时检查组联系H银行总部机构，要求给予检查工作必要的协助。经调查发现，该公司业务负责人张某月（与该公司实际负责人张R为父子关系）在该行开立了账户号6XXXX59473的个人账户，该账户流水记录显示在2016.1－2016.7期间大额支出近1 000万元。经比对相应时间段的代理业务收入，账户的每笔收入是按照当期佣金金额现金存入，并在扣除相应比例后转出至他人账户，具有明确的规律性，更为关键的是在支付对象账户名称里发现了保险公司业务人员的身份信息。

  在掌握了有力证据的基础上，检查组制定详细方案与该机构实际负责人张R进行了调查谈话。在无可辩驳的事实面前，该负责人交代了违法行为的实施过程：H市部分保险公司将商业车险业务虚挂在T代理H营业部名下出单，并向其提供虚假代理业务清单。T代理H营业部据清单向保险公司开具佣金发票后，保险公司转账支付佣金。T代理H营业部则通过虚列人员工资的方式套取资金，并以现金方式存入员工张某月个人账户，再通过张某月的个人网银将资金转账至保险公司业务员个人账户和指定的第三方账户。在此过程中，T代理H营业部留取佣金的9%～12%（含税）不等比例费用作为开票费。该机构实际负责人张R同时向检查组提供了记录虚列业务情况的"小账本"，上面详细记录了的该机构收取保险公司转来虚挂代理业务的佣金金额、返还支付给保险公司人员和指定账户情况、留取的开票费用（含税）比例和金额等。

带着代理机构查实掌握的问题，检查组再赴保险公司与涉案人员分别进行谈话笔录并固定相关证据。经核实，T代理H营业部虚列G农险H中支、P产险H中支、T产险H中支机动车辆商业保险业务共计1 740笔、保费2 165.65万元，套取资金共计758.86万元，套取资金返还至保险公司人员银行卡或和指定的第三方账户。

三、处理情况

(一) 问题定性

A保监局审理认为，一是T保险代理有限公司H营业部虚列代理保险业务套取资金费用的行为违反了《保险法》第一百七十条"违反本法规定……1.编制或者提供虚假的报告、报表、文件、资料的"的规定，属于违法行为。二是T保险代理有限公司H营业部在"两两"回头看自查工作中没有对自身问题查深查透，自查报告及报表数据均为零，对虚假报销虚列费用问题隐瞒不报，符合按照中国保监会文件精神应该从重处理情形。三是该机构违法问题数额巨大、情节严重，符合中国保监会行政处罚裁量适用规则中从重处罚情形。

检查组通过获取相关会计账簿报表凭证复印件、与相关人员调查笔录、套取费用使用的银行账户流水等资料，证明了该机构虚挂业务和虚列人头套取费用的事实，以及资金费用的真实去向用途。

（二）责任认定

该机构虚列代理业务套取资金的行为，应该由T保险代理有限公司H汽车保险营业部实际负责人为张R承担直接责任，T保险代理公司法人机构及总经理吴某承担管理责任。

（三）法律适用

T保险代理有限公司H汽车保险营业部虚列代理业务套取资金的行为违反了《保险法》第八十六条、第一百三十二条的规定，应当按照《保险法》第一百七十条、第一百七十一条对机构和责任人员依法进行严肃处理。

四、原因分析

中介机构虚列代理业务套取资金的违法行为仅是表象，其根源在于保险公司存在虚挂中介业务套取费用冲击业务规模、支付不当利益等内在驱动。主要原因包括以下几个方面：

一是向不具备代理资格的机构支付费用。保险公司为解决没有合法资格的渠道业务，通过保险中介机构向没有获得合法资格的单位或者个人支付"佣金"。

二是用于业务恶性竞争。车险市场竞争激烈，提高费用水平是各保险公司争抢车队业务的主要手段，在正常费用政策之外，保险公司通过保险中介机构套取资金用于业务"贴费"。

三是进行商业贿赂。保险公司为争取业务有时暗中给予投保单位及关键人员账外财物。为增强隐蔽性，降低被查处的风险，保险公司通过保险中介机构套取资金进行交易。

四是化公为私。保险公司有关人员通过保险中介机构套取资金私设"小金库"，用于小团体的福利，甚至变相私分。从本案情况看，费用支付的保险公司人员中，既有中支公司一般业务人员也有中层管理人员，甚至还有班子成员，回流资金形成小金库进行再分配风险非常高。

同时从保险中介机构分析主要有以下两个方面原因：

一是非法利益驱动。部分中介机构高管人员受到非法利益驱动，没有牢固树立合规意识,铤而走险协助保险公司进行违法套费活动。

二是法人机构管控缺失。本案反映出部分法人机构对"加盟制"分支机构的经营存在自负盈亏、自担风险的消极态度,在财务、业务、人员等方面管理失位,甚至是长期不过问分支机构合规管理情况,内控管理流于形式。

五、点评

随着监管部门对中介机构监管力度的加强,保险代理机构为保险公司虚挂中介业务套取费用行为操作更加隐蔽,往往会事先与保险公司达成虚假业务合作协议,而保险公司在业务、财务系统中则对每笔业务都实行了跟单、跟渠道、跟卡、跟人结算,代理业务在形式上都是合法的。如何能快速锁定虚假代理业务、查清资金流向是检查重点和难点。

梳理本案,有以下几点体会和建议:

第一,数据分析要扎实。要对检查对象的业务结构、经营特点、财务数据、人员情况等多方面进行深入分析,梳理出有效案件线索,明确检查的重点,关系整个检查工作的正确走向。

第二,外围调查要准确。对保险公司、投保人、银行机构的有效外调工作能够及时发现案件线索和突破口,对查实业务真实性和资金去向有重大意义。关键是利用检查对象、保险公司、投保人之间的信息不对称,选准切入点,有针对性地选择重点业务和重点单位进行外调工作;同时,外调工作比较占用检查时间和精力,要讲究"稳准狠""一击中的"。

第三,证据采集要严密。在案件证据采集过程中,要注意落实代理机构、保险公司、外调单位等不同证据间的相互印证作用,形成有效的证据链锁定违法行为。

第四,调查谈话要仔细。对关键岗位人员进行谈话前要制定预案,并与已经掌握的证据线索相结合,对谈话人可能狡辩的理由要提前考虑,打开缺口后要迅速突破其心理防线,使其承认存在违法违规行为并及时记录固定,然后再将仍未掌握确凿证据的疑点抛给对方,要求对方进行解释,从而全面掌握公司存在违规事实。

第七部分
资金运用

案例 7-1：
X 资产管理公司违规投资单一信托计划案

一、案例描述

（一）检查对象基本情况

X 保险资产管理公司（以下简称 X 公司）成立于 2006 年，注册资本 5 亿元人民币。业务范围包括保监会允许的传统投资和另类投资领域，传统投资包括银行存款、债券和权益投资等，另类投资包括债权、股权及不动产投资等。

2014 年末，X 公司自有资产总计 10.24 亿元，其中投资资产 7.24 亿元，资产负债率为 40%。受托管理资产规模 3 261 亿元，其中受托管理集团内 4 家保险客户资产 1 981 亿元；管理集团外 5 家保险客户资产 33 亿元；企业年金客户 6 610 家，管理资产规模 423 亿元；银行客户 231 家，管理资产规模 464 亿元；另类投资项目集团外主要客户 50 余家，累计募集资金规模 289 亿元。

（二）案件基本情况

检查发现，2013 年 12 月 18 日，X 公司召开投资管理委员会临时会议，审议"M 债权集合资金信托计划"，投资管理委员会委员一致同意通过并继续推进该项目。2013 年 12 月 30 日，该保险资产管理公司的集团内部委托人 A 寿险公司与 Z 信托签订合同，认购 M 债权集合资金信托计划人民币 664 304 581 元。截至该信托计划成立日，出资人只有 A 寿险公司，该信托计划实际为单一信托计划。

二、检查过程及主要证据

（一）查看信托合同，发现认购信托单位异常

调阅 A 寿险公司与 Z 信托签订的《资金信托合同》。该《资金信托合

同》约定"本合同项下信托资金金额为人民币(大写)陆亿陆仟肆佰叁拾万零肆仟伍佰捌拾壹元整(￥664 304 581.00)，认购 664 304 581 个信托单位。……受托人将本信托计划项下的首个推介期间募集信托资金用于受让应收租金请求权，并为资产服务机构在《委托服务协议》项下提供的相关服务支付 200 万人民币服务费，剩余资金用于向借款人发放借款。"，其中，受让应收租金请求权价格为人民币 540 304 581 元。

调阅该信托计划的《外部评级报告》，该信托计划规模不超过 1.2 亿美元。该信托资金用途为信托计划中的 0.2 亿美元用于向融资主体发放信托贷款；剩余资金用于向融资主体子公司 F 公司购买其依据租赁合同向承租人 G 公司出租租赁物而对承租人享有的应收租金请求权和其他权利，应收租金总额为 1.19 亿美元。

通过查看该合同和外部评级报告，认为 A 寿险公司很有可能认购了该合同项下所有的信托单位。

（二）调阅资料，了解项目的来龙去脉

调阅该信托计划的全部相关资料，包括投资该信托计划的决策审批流程、项目背景来源、信托计划的交易结构、信托计划的所有投资人及出资情况以及后续管理情况，全面了解投资该信托计划的投资决策及后续管理过程。

X 公司为该项目在集团内部推进方，遵循内部金融资产的评审决策制度，对信托计划进行全面审查和投资决策，并落实信托各交易细节，协调最终划款事项。A 寿险公司为该信托计划认购方，前期参与项目结构讨论，信托计划成立时出资认购信托计划。Z 信托公司作为信托计划发行人和管理人，设立信托产品，并承担产品后续管理职责，按季度出具并向 X 公司提供该信托计划的《管理人报告》。报告内容主要包括：信托计划概况、信托计划资金运用情况及项目运行情况、信托收入情况、信托收益分配及信托资金返还情况、承租人财务状况、借款人财务状况及信托计划有无发生重大变化等。

（三）追踪投资流程，查清违规事实

通过查询资料及访谈有关人员，查实该公司违规投资单一信托计划的事实。

2013 年 12 月 18 日，X 公司召开投资管理委员会临时会议，审议该公司资产管理事业部发起投资的"M 债权集合资金信托计划"，投资管理委员会委员一致同意通过并继续推进该项目。2013 年 12 月 27 日，该公司工作签报《关于投资 2013 年 XX 债权集合资金信托的请示》显示："本项目将由委托人 A 公司出资，投资于 M 债权集合资金信托计划，用于受让应收租金请求权、支付委托服务费以及发放贷款。目前信托合同文本已经基本定稿，请批示。"发起部门负责人、会签部门负责人及总经理分别签批同意。

根据《M 债权集合资金信托计划成立公告》，"截至 2013 年 12 月 30 日，本信托计划在首个推介期间内募集的信托资金达到 664 304 581 元人民币……，我公司特此告知本信托计划已具备合同约定的成立条件，并于 2013 年 12 月 30 日正式成立。"根据《M 债权集合资金信托计划 2014 年第 1 季度管理报告》《M 债权集合资金信托计划 2014 年第 2 季度管理报告》《M 债权集合资金信托计划 2014 年第 3 季度管理报告》《M 债权集合资金信托计划 2014 年第 4 季度管理报告》，该信托计划信托资金本金余额分别为 643 951 671 元、633 729 733 元、627 387 849 元、617 258 415 元。

三、问题定性及处理措施

截至检查日，M 债权集合资金信托计划出资人只有 X 公司的委托人 A 寿险公司，出资金额 664 304 581 元。X 公司受托管理的保险资金账户投资该信托计划，不符合《关于保险资金投资有关金融产品的通知》（保监发〔2012〕91 号）"保险资金可以投资境内依法发行的……信托公司集合资金信托计划"以及《关于保险资金投资集合资金信托计划有关事项的通知》（保监发〔2014〕38 号）关于"不得投资单一信托"的规定。对上述违规问题，对该公司依法予以严肃处理，并责令公司进行整改。

四、风险分析

监管法规已经明令保险资金"不得投资单一信托"。在监管方面，集合信托的监管要严于单一信托，而在实务操作中，信托业的"刚性兑付"

也仅仅对集合信托有效。除去通道业务外，单一信托主要是为具备风险承受能力的投资者提供一个风险和收益匹配的投资。显然，保险机构作为风险偏好较低的金融机构，不应该大规模配置此类资产。

本次检查中发现该公司的信托投资问题较多。公司在自查报告中提到行业共性问题之一是借用信托通道以投资信托产品的形式替代设立专项债权计划完成投资。现场检查发现的关于信托的问题除了投资单一信托计划之外，还包括投资非受托人自主管理的信托计划、投资无实质增信措施的信托计划、投资基础资产不清晰的信托计划、投资用于商业住宅开发项目的信托计划等。

保险资金对信托计划的投资规模逐年扩张，主要原因有：一是相对于债权计划、股权计划等其他投资形式，信托计划设计灵活、监管政策宽松；二是投资信托的资金大多来自于保险公司销售的高现价产品，传统的投资途径难以满足高现价产品较高的预期收益率与渠道费用；三是现行监管制度未对信托进行穿透式监管，出现了保险资产管理公司选定项目，通过信托公司做成信托产品发行，从而参与投资房地产等各类资产。

随着保险投资渠道的进一步放宽，保险资金运用风险管理的深度、广度和难度大幅增加。基础设施债权计划、不动产、股权等另类投资品种以及理财产品、信托产品等金融产品的投资增长较快。这些产品，相比公开市场投资品种，期限较长，透明度不高，交易对手复杂，风险隐蔽性较强，投资过程中容易产生法律风险、操作风险、利益输送风险等。面对不断涌现的新产品、结构和模式，原先仅仅依靠合规的简单风险管理已经难以适应当前的发展变化。非传统的非标资产投资增加，使得风险监控流程和评估压力逐渐加大。一是多数保险机构尚未建立贯穿非标资产投资投前、投中和投后各阶段的完整体系和程序。如在项目风险分析和投资产品定价时，多数保险机构在产品久期匹配、风险量化标准等方面缺少经验，在风险评估、税务、会计和公允价值估值技术方面也缺少专业协助，难以做到量化投资风险以评价投资产品，以及借助系统的评估工具帮助自身平衡风险与收益。在项目投后管理中，资金运营情况、项目风险跟踪等很难实现有效的风险控制。二是部分保险机构对投资环节风险管理的重要性认识不足、投入不够。有的公司治理结构不完善，投资领域的风险管理运作机制薄弱，董事会风险管理委员会形同虚设，风险管理条线难以发挥风险管理职能；有的公司管理层只看重收益率高低，忽视轻视风险；有的公司风险管理机制落后，风险管理团队薄弱，风险管理信息系统难以支撑投资渠道的拓展。

案例 7-2：
Z 人身险公司违规投资案

一、案例简述

（一）基本情况

1. 检查内容：公司资金运用风险，包括重大项目投资决策的合规性，股票、股权和不动产等投资业务内控的有效性，通道类业务的规范性，以及海外并购风险。

2. 主要问题：第一，超监管比例投资。单一项目投资超监管比例，公司有 1 个项目投资比例超过上季度末总资产的 5%。第二，在偿付能力不足 120% 的情况下开展投资。公司在上季度末偿付能力充足率低于 120% 时，投资未上市股权项目 1 个、不动产项目 1 个、信托计划 4 个，合计 6 个项目共 78.55 亿元。

（二）处理情况

单一项目投资超监管比例问题违反《关于加强和改进保险资金运用比例监管的通知》的规定；偿付能力不足 120% 的情况下，开展股权、不动产和金融产品投资违反《关于保险资金投资股权和不动产有关问题的通知》。保监会对 Z 人身险公司下发监管函，责令公司限期整改。

二、检查过程

（一）调阅资料情况

检查组调阅 289 份材料。

在组织架构方面，调阅组织架构图、资产管理部门职责和岗位设置资料、资产管理部门绩效考核人员清单、投资管理相关人员变化情况统计表等材料。

在投资制度方面，调阅公司章程以及投资管理制度和清单，包括投资研究、投资决策和授权、集中交易和防火墙、关联交易和公平交易、风险控制和管理、信息披露和信息系统管理等制度以及运作流程等材料。

在内部报告方面，调阅 2015 年审计后年度决算报告及内审报告、2015 年和 2016 年公司偿付能力报告、2015 年审计后的资金运用专项审计报告、公司 2016 年 SARMRA 自评估表、公司"两两"回头看自查报告和关于资金运用的自查子报告、2015 年至 2016 年 9 月董事会或者董事会授权机构投资事项的决议、近三年公司各季度资金运用及各项投资分类信息统计表、2015 年和 2016 年公司资产负债小组会议纪要等材料。

在报送监管机构的报告方面，调阅公司向保监会报送的资产配置报告、超监测监管比例报告、资金运用内控审计报告、委托投资报告、股权、不动产、金融产品、信托计划报告、关联交易报告、投资风险责任人的报告等材料。

在投资业务资料方面，要求公司填报"Z 人身险公司投资明细表"，涵盖资产类别、项目名称、投资余额、投资时间、预期收益、投资期限、投资方式、交易对手等方面，同时根据项目情况从权益类、不动产、其他金融产品三大类中抽查调阅 15 个项目业务资料，包括项目立项审批表、可行性分析材料、项目审批表、投后管理等材料。

在投资能力方面，调阅公司获得的在中国保监会备案的相关投资管理能力备案表等材料。

（二）线索及可疑线索分析

经调阅资料后，检查组初步发现 4 类问题线索并进行分析，具体情况如下：

1. 权益投资或超大类监管比例。2016 年 5 月，公司在投资 X 股权基金项目后，股权投资余额超过大类监管比例 30%。2016 年 9 月 30 日，权益类资产余额占上季度末总资产比例超过监管比例 30%。

保监会 2015 年下发了《关于提高保险资金投资蓝筹股票监管比例有关事项的通知》，允许符合条件的公司权益类资产余额占比由上季度末资产总额的 30% 提高到 40%。

需进一步核查以下三个问题：公司是否向保监会提交相关申请报告；公司权益资产超 30% 的部分是否是蓝筹股票；投资这些项目时，公司是否满足该通知的相关条件。

2. 单一项目或超监管比例。公司填报数据显示，公司投资 B 项目，占投资时上季度末总资产超过 5%。公司 2016 年投资 S 项目，占投资时上季度末总资产比例超过 5%。

需要进一步核查：公司是否依规定向保监会报告这两个项目投资有关情况；公司是否分拆几次进行项目投资，每次投资时累计投资金额在上季度末总资产占比情况。

3. 偿付能力低于 120% 投资开展股权、不动产和其他金融产品投资。公司在上季度末偿付能力充足率低于 120% 时投资未上市股权项目 1 个、不动产项目 1 个、信托计划 4 个，合计 6 个项目投资 70 余亿元。

检查组根据公司填报的"Z 人身险公司投资明细表"，基本确定公司存在这方面问题。

4. 股东借款或超比例。公司采用股权投资收购 Y 房地产开发有限公司，收购完成后 Z 人身险公司将持有 Y 房地产开发有限公司 100% 股权。根据《股权转让及债务承担协议》的安排，Z 人身险公司于 2015 年 11 月和 2016 年 9 月两次向 Y 房地产开发有限公司提供股东借款，按提供的项目资料看，Z 人身险公司对 Y 房地产开发有限公司的借款总额在该公司的投资总额中占比超过 40%，且未签订抵押担保协议。

需进一步核查：公司投资、借款相关财务凭证，核实有关交易金额；Y 房地产开发有限公司投资总金额是否有调整，如果投资金额有调整，Z 人身险公司应提供 Y 房地产开发有限公司出具的证明材料。

（三）检查过程详述

1. 检查公司投资总体情况。第一，确定检查重点。经查阅由检查组制定、公司填报的"Z 人身险公司投资明细表"，检查初步确定占比高的权益类、不动产类和金融产品为检查重点。第二，核查投资机制。检查组从制度上梳理公司投资决策流程，从资产类别和金额掌握公司投资业务分层授权情况，从风险防控角度分析公司投资制度建设，尤其是权益类、不动产和其他金融产品相关制度。第三，掌握公司投资能力备案情况。在能力备案方面，检查组查看公司获得保监会备案的投资管理能力情况，包括备案时间点、责任人及相关报告材料，同时检查相关投资能力是否下降，当不符合监管要求时，是否及时向保监会报告并暂停相关投资；在实务上，检查组侧重检查公司开展投资前是否已取得相关投资能力备案、是否依规履行报告义务等。

2. 按大类抽查公司投资业务。检查组共抽查 15 笔投资业务。检查组采用穿行式检查，以全流程的视角分析公司投资业务的合规性，包括投资前调研论证、投资立项及审批过程、投资交易行为的合规性和投后管理等。第一，是否存在超授权范围投资、先投资后授权等情况。检查公司是否对授权情况进行检查和逐级问责、在进行重大项目投资决策时是否严格遵守投资授权范围及流程、重大投资前期尽调是否尽职，项目是否按规定审议；对保险资金投资债权项目监督是否到位，是否存在借款企业未严格按合同约定用途使用的情况。第二，检查投资决策流程的合规性情况。检查公司是否按照监管规定和公司内部规定完成相应的投资决策流程；资金运用程序是否遵从监管要求和管理层的操作规程；经办人员的工作是否在其业务授权范围内进行。第三，检查投资交易行为控制和合规性情况。检查公司是否对投资指令进行审核，是否确认其合法、合规与完整后执行；是否制定规范的资金管理制度，明确资金调拨流程，严格资金业务授权批准制度，建立重大突发事件应急预案等。第四，检查风险控制和稽核监控情况。检查公司合规与风险管理部门对资金运用业务监督情况，以及保险资金运用内部稽核和外部审计的情况。

3. 开展线索核实确认。按"线索及可疑线索分析"，开展相关核实工作。一是权益类投资余额超大类监管比例问题。公司于 2015 年 7 月向保监会提交了《关于 Z 人身险公司投资蓝筹股票的报告》，扣除蓝筹股票，权益类投资占上季度末总资产比例较大。二是股东借款超比例问题。公司提供 Y 房地产开发有限公司出具的材料并书面说明情况。该项目规划方案变更，投资总金额增加，Z 人身险公司提供的股东借款占比下降至监管要求之内。三是存在单一项目超比例问题。公司曾就 B 项目向保监会报告、说明相关事宜，但未就 S 项目向保监会报告说明。四是存在偿付能力低于 120% 投资股权、不动产和其他金融产品问题。

三、处理情况

经检查核实，公司资金运用方面主要存在单一项目投资超比例和偿付能力低于 120% 投资股权、不动产和其他金融产品，均属于违规问题。其中，"单一项目投资超比例"违反《关于加强和改进保险资金运用比例监管的通知》第三条第一点和第六条第一点；"偿付能力低于 120% 投资股权、不动产和其他金融产品"违反《关于保险资金投资股权和不动产有关问题的通知》第六条第五款、《关于保险资金投资有关金融产品的通知》第九条第一款。

这些项目按公司制度经立项审批、投资审批后进行，决策中未有部门或个人提出异议，属公司行为。保监会对 Z 人身险公司依法予以严肃处理，并责令公司限期整改。

四、原因分析

一是对监管政策把握落实不到位。如认为监管规定关于偿付能力充足率 120% 的要求是"偿一代"的要求，"偿二代"实施后具体要求还不明确，公司已于本次抽查前（2016 年 7 月）通过《关于 Z 人身险公司投资业务内部控制管理专项检查情况的报告》向保监会书面提出了相关工作建议，建议以 100% 作为偿付能力的要求标准。

二是投资业绩压力下存在资金运用风险。公司作为新兴中小保险公司，激烈的市场竞争对公司资金运用回报提出更高的要求，这种压力下公司需要找到高回报的投资项目，有的投资项目对资金、时间的要求较紧，容易导致相关工作人员忽视监管要求。

三是公司偿付能力充足率的风险偏好较低。公司定期根据偿付能力充足率的动态分析制定改善预案，但偿付充足率安全边际不高，抗风险性不强，实际工作中容易出现由于应急预案举措等各种不可测因素，导致偿付能力不足后果。

五、点评

本次检查的侧重点和方法具有一定参考价值。Z 人身险公司投资业务以非标准金融产品为主,未上市股权、不动产和其他金融产品占比超过85%,投资产品复杂多样,在投资决策、交易行为、投后管理等风险和合规管控有风险,检查发现的资金运用问题在其他保险公司不同程度存在。

从检查环节看,查阅资料、初步确定线索是此次检查的关键。检查组查阅近年来保监会对Z人身险公司监管函等资料,尤其是资金运用方面,初步掌握公司违法违规及风险情况;要求公司填报"Z人身险公司投资明细表",涵盖资产类别、项目名称、投资余额、投资时间、预期收益、投资期限、投资方式、交易对手等方面,熟悉公司投资业务概况;以大类投资比例、单一投资比例、投资决策、投资授权、投资能力备案和偿付能力情况六个关键点,以点带面、全流程分析重点关注的投资业务。

从检查方法看,检查组主要采用资料分析、穿行式检查,辅以质询、谈话。资料分析方面,检查组根据公司投资业务报告,科学选择核心信息点,编制"Z人身险公司投资明细表"要求公司填写,是初步确定重点关注的投资业务、发现可疑线索的利器;查阅公司SARMRA自评估表和保监局SARMRA监管评估表,侧重关注基础与环境、市场风险、信用风险和操作性风险,重点查看扣分项的评分依据,审视投资制度建设情况和执行情况,初步了解公司投资内控存在的薄弱环节;查阅资产负债管理小组会议纪要,了解公司近年来资产负债管理的主要动态、面临风险和防控措施。穿行式检查方面,检查组按资产类型齐全、投资金额涵盖公司各授权层级、投资方式多样的原则,结合公司实际情况,选择有代表性的15个项目进行穿行式检查。检查组模拟项目投资的全流程,从投前尽职调查、投资立项审议、投资决策审批、投资交易行为、投后管理到公司风险管控和稽核等环节,对照监管要求和公司制度,检查公司资金运用的合规性、风险防控的有效性。

案例 7-3：
A 产险公司违规持有投资性房地产虚增偿付能力案

一、案例简述

（一）基本案情

2016年11月9日至12月16日，中国保监会对 A 产险公司进行了检查。检查发现，A 产险公司在未向中国保监会进行房地产投资能力备案、不具备房地产投资资质的情况下，在财务报表中擅自将公司所持有大量房屋资产的会计科目属性，由固定资产转变为投资性房地产，并将其全部作为认可资产来计算偿付能力，进而大幅度虚增了公司偿付能力。

经查，2007年至2008年期间，A 产险公司在全国多个城市购置大量房产，拟用作公司销售网点，但因种种原因导致部分房屋闲置。此后，经股东大会和董事会同意，该公司陆续将部分闲置房产出租，并将所有已出租和计划出租的房屋由固定资产转为投资性房产在公司财务报表上予以体现。截至2016年9月，A 产险公司共转换了数百套套房产，账面金额合计十余亿元。

2012年，中国保监会发布《关于保险公司投资股权和不动产能力备案事项的说明》规定："保险公司将自用性不动产转换为投资性不动产的，应当在转换前完成投资不动产能力备案。"经核实，截至检查组进场，A 产险公司未获得保监会投资房地产能力的备案，不具备投资房地产的资质。

2016年9月，A 产险公司在计算偿付能力时，将上述数百套套房产全部作为认可资产，测算出其核心偿付能力和综合偿付能力充足，并据此向保监会报送了2016年3季度偿付能力报告。《保险资金投资不动产暂行办法》（保监发〔2010〕80号）第三十四条的规定："违规投资的不动产或者超比例投资的不动产，中国保监会按照有关规定不计入认可资产范围"，但 A 产险公司在编制偿付能力报告时并未将违规投资的资产进行剔除，从而导致偿付能力被虚增。

（二）处理情况

A 产险公司的上述行为违反了《保险法》第八十六条"保险公司的偿付能力报告、财务会计报告、精算报告、合规报告及其他有关报告、报表、文件和资料必须如实记录保险业务事项，不得有虚假记载、误导性陈述和重大遗漏"的规定，依据《保险法》第一百七十条"违反本法规定，有下列行为之一的，由保险监督管理机构责令改正，处十万元以上五十万元以下的罚款；情节严重的，可以限制其业务范围、责令停止接受新业务或者吊销业务许可证：1. 编制或者提供虚假的报告、报表、文件、资料的"的规定，建议责令 A 产险公司限期整改，并给予罚款 20 万元的处罚。

该公司董事长、精算责任人在上报保监会的偿付能力报告上签字，应负直接责任。依据《保险法》第一百七十一条"保险公司、保险资产管理公司、保险专业代理机构、保险经纪人违反本法规定的，保险监督管理机构除分别依照本法第一百六十一条至第一百七十条的规定对该单位给予处罚外，对其直接负责的主管人员和其他直接责任人员给予警告，并处一万元以上十万元以下的罚款；情节严重的，撤销任职资格"的规定，建议给予董事长警告并罚款 4 万元，给予精算责任人警告并罚款 4 万元。

二、检查过程

（一）检查启动原因

根据"两两"回头看检查方案，检查组将虚列费用、虚挂应收等"五虚"问题作为检查重点。为此，检查组先是依照惯例随机调阅部分原始会计凭证以了解公司相关情况，但公司方面不知何故在提供材料时非常拖沓，迟迟未能向检查组提供所调取的原始凭证。无奈之下，检查组直接前往公司存放会计凭证的库房进行查看，发现大量原始会计凭证竟然散落一地，而公司员工正忙着对检查组要求提供的会计凭证装订成册。检查组随后对未装订成册的会计凭证进行仔细清点，并对公司相关人员进行询问确认，发现 A 产险公司自 2015 年 7 月至 2016 年 7 月共 13 个月的财务会计凭证均未装订成册。鉴于 A 产险公司未能按照有关规定妥善保管存放会计凭证，会计基础管理工作十分薄弱，检查组隐约感觉 A 产险公司可能存在较大财务问题或者风险隐患，遂决定对公司的财务情况进行更为深入的了解，以排查潜在违规问题及重大风险。

（二）调阅资料情况

为印证上述猜测，检查组进一步调阅了 A 产险公司的相关资料，主要为公司 2015 年 7 月至 2016 年 7 月的财务报表，包括 2015 年年报、2016 年半年报，经审核的资产负债表、利润表，以及 2015 年第三、第四季度和 2016 年第一、第二季度的公司偿付能力报告。同时，随着后续工作的深入，检查组根据查阅财务报表发现的线索还调阅了 2015 年 12 月及 2016 年 9 月两个时间点的相关数据资料，包括公司各部门及岗位明细表、员工名录、公司投资性房地产清单、公司固定资产清单、附带详细地址公司各分支机构名录以及公司股东大会、董事会的会议记录等。

（三）检查发现线索及可疑线索分析

在调阅的财务报表中，检查人员在多个时点的资产负债表中发现了存疑的资产类会计科目——"投资性房地产"和"固定资产"。由于当年 A 产险公司的"百城万店"活动从轰轰烈烈到悄无声息，A 产险公司房地产方面的资产引起了检查组的关注。

同时，凭借以往日常经验，检查组了解到不少公司无论是否具有房地产投资资质和能力，均热衷于持有投资性房地产，然后通过人为调节房地产的账面价值来管理公司市值。因为同样一套房产，其性质不同则会计处理方法也不同。如果属公司自用性质，则在会计科目上应当计入固定资产按月计提折旧，而一旦出售或重新评估后发生增值，其资产溢价亦应当体现在当年利润上。而如果房产用于出租，则应当计入投资性房地产科目。保险公司持有投资性房地产时，亦可人为调节偿付能力，有意逃避监管。

为弄清 A 产险公司是否具有投资房地产的资质，检查组调阅了公司岗位及人员清单，发现 A 产险公司专门负责投资管理的投资管理中心人数竟然只有 6 人，且均不具备投资房地产的能力和经验。而《保险资金投资不动产管理暂行办法》（保监发〔2010〕80 号）第八条规定："保险公司投资不动产应当符合以下条件：……3. 资产管理部门拥有不少于 8 名具有不动产投资和相关经验的专业人员，其中具有 5 年以上相关经验的不少于 3 名，具有 3 年以上相关经验的不少于 3 名；4. 上一会计年度末偿付能力充足率不低于 150%，且投资时上季度末偿付能力充足率不低于 150%……"至此，检查组更加坚信 A 产险公司存在人为调节偿付能力的嫌疑。

此后，检查组直接对 A 产险公司投资管理中心负责人进行问询谈话，确认 A 产险公司是否具有投资房地产的资质，并要求提供相应备案资料。经确认，截至检查组进场日，A 产险公司总公司从未向保监会进行过投资房地产能力的备案，从而亦未取得投资房地产的资质。

但 A 产险公司及公司人员反复强调，公司当年购买相关房产时保监会的资金运用政策尚未出台，此为历史遗留问题，应当具体问题具体分析。但实际上，保监会自始至终都未曾禁止过保险公司购置房地产，但对公司所持有资产的会计处理上出台过相关规定，而对保险公司将房地产作为投资资产在会计报表上列支有相应限制。即使 A 产险公司购置和变更房产性质的时间均发生在保监会出台相关规定以前，但在相关政策颁布实施后，理应按照新政调节报表予以整改。

为彻底打消 A 产险公司试图辩解的念头，检查组调阅了上述房产的详细地址清单，以及 A 产险公司所有分支机构详细地址清单。经过仔细对比，发现上述房产中有 5 套房产购置至今一直为 A 产险公司所属营销服务部的公司职场，并未出租，账面金额合计 567.45 万元，说明 A 产险公司将部分自用性质的房产也并入投资性房地产中。至此，检查组终于核实了公司违规行为及其意图。

三、处理情况

（一）问题定性及法律适用

A产险公司在不具备投资性房地产资质的情况下将自有性房地产转为投资性房地产,致使公司在计算偿付能力时出现偿付能力大幅虚增的行为,违反了以下法律法规:

(1)《关于保险公司投资股权和不动产能力备案事项的说明》(2012)规定:"保险公司将自用性不动产转换为投资性不动产的,应当在转换前完成投资不动产能力备案。"

(2)《保险资金投资不动产暂行办法》(保监发〔2010〕80号)第三十四条的规定:"违规投资的不动产或者超比例投资的不动产,中国保监会按照有关规定不计入认可资产范围……"

(3)《保险法》第八十六条规定:"保险公司的偿付能力报告、财务会计报告、精算报告、合规报告及其他有关报告、报表、文件和资料必须如实记录保险业务事项,不得有虚假记载、误导性陈述和重大遗漏。"

(4)《保险法》第一百七十条规定:"违反本法规定,有下列行为之一的,由保险监督管理机构责令改正,处十万元以上五十万元以下的罚款;情节严重的,可以限制其业务范围、责令停止接受新业务或者吊销业务许可证:1.编制或者提供虚假的报告、报表、文件、资料的。"

(二)责任认定及处理措施

该违规行为属于公司重大事项,需要经过董事会批准讨论通过,故A产险公司董事长应对该违规行为承担直接责任;在存在违规问题的偿付能力报告上签字的精算责任人,作为签字精算师,具备专业技能,但未能尽责履职,违背职业操守,也应对该违规行为承担直接责任。

根据相关法律法规,再参照"对保险机构实施行政罚款定量参考表",决定对A产险公司及其董事长和精算责任人依法予以严肃处理。

四、原因分析

(一)公司内部管理

从内部管理分析,A产险公司违规的原因主要有以下三点:

一是公司管理层依法合规经营意识淡薄,未对监管政策给予足够的重视,未能主动深入研习监管政策,亦未能充分掌握相关监管政策。尤其是对新规定新要求，公司更是不了解、不掌握，导致在实际经营中犯了经验主义的错误。公司一直在资金运用概念上存在错误认识，认为投资性房地产属于认可资产，因而在公司测算偿付能力时，将违规的投资性房地产数据作为认可资产的一部分，导致偿付能力虚增。

二是公司心存侥幸认为违规行为不易被察觉。公司认为违规行为不易被觉察，违规成本较低，而违规收益巨大。在违规收益远大于违规成本的情况下，根据经济学理性人的假设，显然公司是有动力进行违规的。同时，公司以为巨大的涉案金额能够在一定程度上造成既定事实，倒逼保监会修改政策或对其不动产投资能力进行备案。

三是公司管理缺乏有效的财务审计制度。公司在经营过程中，出现或存在违规问题实属正常，但关键是应有相应制度去发现问题，并有针对性地及时整改，使得公司重归正途。缺少发现纠正违规问题的规章制度，公司就容易误入歧途。此外，公司制定了相关规章制度，但如果没有被严格执行、严格实施，也同样是形同虚设，发挥不了应有的作用。

（二）外部市场环境

从外部市场环境分析，公司虚增偿付能力的动机主要有：

一是为了应对监管机构对于偿付能力监管的严格要求。"偿二代"监管体系实施后，对偿付能力要求进一步提高，偿付能力不足的机构会受到监管机构的严格监控，偿付能力严重不足的机构甚至会被强制要求增加注册资本金。面对日趋严格的监管，部分偿付能力不足的保险机构打起弄虚作假的念头，通过违规手段虚增偿付能力，以满足监管要求。此外，A产险公司违规持有大量投资性房地产，不但可以虚增偿付能力，还能作为"资金蓄水池"，必要时迅速调节偿付能力。

二是为了在偿付能力评分中获得高分，提高声誉进而在市场竞争获得优势。虚增偿付能力除了满足监管要求，还能让机构在偿付能力评分中获得较高分数，在与其他机构的比较中排名靠前，从而提高公司声誉。在激烈的市场竞争中，声誉哪怕是提高一点，也很可能让保险机构获得市场份额的巨大加成。

五、点评

（一）窥豹一斑，见微知著

在 A 产险公司的案例中，检查组从公司迟迟未能提供原始会计凭证这一细微的异常之处着手，到直接去库房查看发现大量原始凭证未装订成册，到怀疑公司财务管理存在重大问题从而着重查看公司财务报表，到最后通过财务报表的投资性房地产科目发现公司虚增偿付能力的违规事实，检查人员顺藤摸瓜，合理怀疑，层层推进，最终实现从细微线索到重大问题的跨越。开展检查往往时间紧迫，人员有限，但依旧不能轻易地放过任何可疑的线索。

（二）举一反三，触类旁通

该案例中，A 产险公司在没有进行投资性房地产投资能力备案、不具备投资性房地产投资资质的情况，通过将自用性的不动产转变为投资性的不动产，虚增认可资产，进而虚增偿付能力。通过投资性房地产这个资产类科目可以达到虚增认可资产进而虚增偿付能力的目的，也可以通过其他资产类会计科目的操作达到同样的效果。与此同时，也应该考虑到，除了虚增认可资产可以虚增偿付能力外，虚减认可负债也是可以虚增偿付能力的，在其他公司很可能会存在类似的手法。因此，在检查中应该多点尝试着举一反三，触类旁通。发现一种违规的手法，就应该受到启发，继续展开联想，继续深入思考可能存在的其他违规手法，这样才能在有限的时间内查找到更多的违规问题，更有利于检查工作的顺利开展。

案例 7-4：
H 公司万能险和投连险业务违规案

一、案例简述

根据《保险机构"两个加强、两个遏制"回头看工作监管抽查方案》有关要求，保监会检查组于 2016 年 11 月到 12 月期间对 H 公司开展"两两回头看"监管抽查。检查工作紧紧围绕"发现问题、揭示风险"的首要任务，重点针对公司治理风险、产品风险、资金运用风险、偿付能力风险、资产负债错配风险、互联网保险非法经营风险、防范和处置非法集资工作、"五虚"问题、风险防控有效性等九个方面的风险问题开展检查，同时对公司两两回头看工作开展情况和问题整改情况进行核查。检查组采取了进场会谈、专项访谈、调阅制度文件、查询信息系统和穿行测试、现场查核审验档案资料、调查取证、座谈询问等方式，特别注重规范检查程序、优化检查方法，确保检查不遗漏，事实有依据，责任有归属。

检查发现，H 公司在万能险和投连险业务经营过程中存在同一万能账户管理的保单存在多种结算利率、万能账户与其他账户存在大额资金往来、万能账户资产与负债不匹配、投连险投资账户单位价格根据固定的收益率进行推算、通过频繁调节资产管理费的手段平滑投连险资产实际收益率波动、客户投保时默认分配投资账户并约定投资账户转换时间等违规和风险问题。检查组综合运用多种检查手段，发现公司违法违规线索，并进行了准确、高效的调查和取证，取得了良好的检查成果。

综合现场检查发现的所有违法违规问题，检查组建议就两项直接违反《保险法》的违法行为对公司从严从重进行处罚，同时对公司总经理、副总经理和相关管理人员给予警告和罚款。针对公司万能险和投连险业务违反保监会相关规范性文件的问题和风险，主要采取下发监管函、监管谈话等监管措施责令公司限期整改。

二、检查过程

（一）公司业务经营情况

2016年前3季度H公司累计实现规模保费收入353.78亿元，同比增长204.43%。从渠道看，网销渠道规模保费326.33亿元，占比92.24%；银邮渠道规模保费26.87亿元，占比7.60%。从险种看，2016年前3季度投连险规模保费326.58亿元，占比92.31%；万能险规模保费17.17亿元，占比4.85%；传统险规模保费10.03亿元，占比2.84%。2016年前3季度公司退保金支出415.71亿元，退保率达68.47%，简单退保率达117.51%。从H公司业务结构看，万能险和投连险是公司销售的最主要的产品。因此，检查组根据风险评估结果，将公司万能险和投连险业务合规性作为现场检查的重点内容之一。

（二）主要检查过程与发现的违规和风险问题

1.同一万能账户管理的保单存在多种结算利率。根据前期保监会组织开展的万能险专项检查情况，部分公司在经营万能险业务时没有按照精算规定对不同结算利率的万能险保单分账户进行管理。在对H公司万能险进行检查时，检查组首先针对该问题进行了检查。经过统计分析公司各万能险产品的结算利率后发现，2016年3月，H公司万能险产品共存在13档不同的结算利率。2016年6月，H公司万能险产品共存在15档不同的结算利率。2016年9月，H公司万能险产品共存在18档不同的结算利率。根据H公司提供的万能账户有关情况说明，H公司万能险物理账户只有1个，公司使用的系统不支持分逻辑账户核算，H公司万能账户截至2016年11月未按不同的结算利率分账户进行核算。

2.万能账户与其他账户存在大额资金往来。检查组在检查公司万能险业务和账户管理情况的同时，结合公司财务活动和资金运作情况，对公司万能险账户和其他账户的资金收支往来情况进行了核查。核查发现，H公司万能险账户与其他账户之间存在频繁的资金往来。根据H公司提供的资本金账户向万能险退保账户调拨资金清单，2015年7月24日至2015年8月31日期间，H公司资本金账户共向万能险退保账户划拨资金

21次，累计划拨金额达5.4亿元。上述情况说明，公司的万能险账户资金和其他来源的资金并没有完全隔离，而是以"资金池"的形式随意划拨使用。

3. 万能账户资产与负债不匹配。根据H公司提供的万能资产、负债数据表，H公司2015年2月末、3月末、4月末、5月末、6月末均出现万能账户资产小于万能负债的情况，H公司2016年8月末、9月末、10月末、11月末的万能账户资产均比万能负债多出4亿元以上。根据H公司提供的万能账户有关情况说明，H公司在2015年、2016年出现万能账户资产小于万能负债，或资产大于负债几亿元的情况，主要因为相关基础工作薄弱，与传统、分红账户存在资金往来。H公司万能险资产负债长期不匹配的问题从另一个侧面反映出了公司没有按规定对万能账户进行单独管理，导致资金随意划拨，万能账户资产以及账户负债不可能做到稳定匹配。

4. 投连险投资账户单位价格根据固定的客户年化收益率推算。H公司每日在官方网站公布投连险各投资账户的单位价格（以下简称"单位价格"）。根据公司提供的情况说明以及产品合同相关条款，通常情况下，公司当日公布的单位价格主要根据前一日公布的单位价格以及稳定的客户年化收益率推算，相关计算公式如下：

T日单位价格 = T-1日单位价格 × $\sqrt[365]{1+客户年化收益率}$

经测算，在一段连续期间内，使用上述公式逐日推算的单位价格与公司官方网站每日公布的单位价格数据一致。以公司某投资账户为例，根据该投资账户2016年4月30日至10月31日期间每日公布的单位价格测算，该投资账户每日客户年化收益率均固定在5.5%，与公司在J网络平台销售的某产品宣传页面上显示的"历史年化投资回报率5.5%"完全相同，根据约定，投保该产品的客户保费资金将全部进入该投资账户，按照公司公布的单位价格享受稳定收益。

5. 通过频繁调节资产管理费的手段平滑投连险资产实际收益率波动。H公司按照投连险各投资账户资产的实际投资收益率与客户年化收益率的差额计算管理费率，各投资账户按月计提资产管理费收入并相应划转资金。公司称，当管理费率在 0~2% 区间时，公布的投资账户单位价格保持不变；当管理费率不在 0~2% 区间时，将对公布的投资账户单位价格作相应调整，直至管理费率回到 0~2% 区间。从公司提供的相关数据看，公司各投资账户均存在部分时期实际投资收益率小于客户年化收益率的情况，按日测算的资产管理费收入为负数，但公司在上述时期内每日公布的投资账户单位价格仍然按照固定的收益率保持稳定增长。检查发现，公司通过每日调节资产管理费的手段平滑投连险资产实际收益率的波动，造成投连险收益率"稳定不变"的假象，公司实质上承担了投连险资产的部分投资风险。通过上述手段，公司在负债端可以给予客户稳定收益，既扩大了业务规模，又在一定程度上规避了偿付能力监管要求（投连险对资本金和偿付能力占用较低）。公司此类含有部分隐性保证的投连险业务目前存量规模在 200 亿元以上，其实质上的资本要求远大于公司目前的自有资本（10 亿元）。一旦未来资产端出现风险，资产收益无法覆盖客户收益，公司只能对销售时预设的客户收益率进行下调，有可能在网销渠道造成大规模退保和投诉纠纷。根据公司现有经营管理水平，公司对未来可能出现的互联网经营风险缺乏充分的应对能力。

6. 客户投保时默认分配投资账户并约定投资账户转换时间。H 公司通过 J 网络平台销售的部分投连险产品在投保时即默认分配投资账户，并按网站宣传的产品存续期约定投资账户转换时间。如某产品宣传页面显示，客户投保后默认 100% 配置收益较高的投资账户，两年后自动转入收益较低的投资账户。另一产品宣传页面显示，客户投保后按 1：2 的比例配置收益较高的两个投资账户，一年后自动转入收益较低的投资账户。H 公司一方面为客户指定分配投资账户，从而与宣传的收益率实现对接；另一方面，通过约定投资账户转换时间，限制客户在高账户（收益率高但流动性差）获取高收益的时间，从而限定了产品的实际存续期，便于公司进行流动性管理。公司的上述处理方式实际上人为限制了客户自由选择投资账户的权利。

三、处理情况

（一）对万能险业务违规问题的处理

H公司同一万能账户管理的保单存在多种结算利率的情况违反了《万能保险精算规定》关于"在同一万能单独账户管理的保单，应采用同一结算利率"的规定。H公司万能账户与其他账户存在大额资金往来的情况违反了《万能保险精算规定》关于"万能单独账户的资产应当单独管理"的规定。H公司万能账户资产与负债不匹配问题违反了《万能保险精算规定》关于"保险公司应当定期检视万能单独账户的资产价值，以确保其不低于对应保单账户价值。季度末出现万能单独账户的资产价值小于对应保单账户价值的，保险公司应采取以下措施：（1）下季度内每一次公布的年化结算利率不得超过本季度内年化结算利率；（2）应当在15个工作日之内向万能单独账户注资补足差额，注资资金只能来自于公司自有资金。在其他情况下，保险公司不得以任何形式注资"的相关规定。针对公司违反万能保险精算规定等规范性文件的违规行为，依法对该公司予以严肃处理并责令限期整改。

（二）对投连险业务经营风险的处理

检查发现，H公司网销渠道投连险产品在销售时预先设定客户收益率，公司每日公布的投资账户单位价格实际上根据固定的客户收益率逐日推算。在此基础上，公司通过每日调节资产管理费（保险合同约定费率在0~2%之间）的手段平滑投连险资产实际收益率的波动，造成投连险收益率"稳定不变"的假象，公司实质上承担了投连险资产的部分投资风险，违反了《中国保监会关于规范投资连结保险投资账户有关事项的通知》（保监发〔2015〕21号）关于"投资账户产生的全部投资净损益归投保人所有，投资风险完全由投保人承担"的规定，违背了投连险"投资风险完全由投保人承担"的基本原理。通过上述方式，公司在负债端可以给予客户稳定收益，既扩大了业务规模，又在一定程度上规避了偿付能力监管要求（投连险对资本金和偿付能力占用较低）。公司此类含有部分隐性保证的投连险业务目前存量规模在200亿元以上，其实质上的资本要求远大于公司目前的自有资本（10亿元）。一旦未来资产端出现风险，资产收益无法覆盖客户收益，公司只能对销售时预设的客户收益率进行下调，有可能在网销渠道造成大规模退保和投诉纠纷。根据公司现有经营管理水平，公司对未来可能出现的互联网经营风险缺乏充分的应对能力。鉴于公司投连险业务存在较大的经营风险，依法对该公司予以严肃处理并责令限期整改，切实采取有效措施防范化解经营风险。

四、原因分析

综合对H公司的现场检查情况，H公司万能险和投连险业务发生较多违规和风险问题的原因主要有以下几个方面：

一是合规意识不强，内部控制薄弱。现场检查发现，H公司经营管理的基础较为薄弱，人员的合规意识不强。在自查过程中未充分揭示公司的违法违规问题，对于保监会2015年检查发现的违规问题也未完全整改到位。公司在开展万能险和投连险业务的过程中，对于各个业务环节是否完全合规并没有进行过完整的自查检验，对明显与监管规定不符的情况视而不见。

二是发展中短存续期业务，现金流快进快出。H公司成立时间较晚，分支机构较少，公司为了快速做大规模，实现经营目标，选择通过网销渠道销售高收益率的中短存续期产品的方式开展业务。这就必然导致公司在产品销售方面选择结算利率较为灵活的万能险和投连险产品，从而通过给予高收益达到吸引客户的目的。而中短存续期业务大起大落、快进快出的特点导致公司在现金流和账户管理方面无法达到严格的监管要求，只能违规采取不同账户之间相互拆借资金等方式满足现金流需要。

三是规避偿付能力监管，减轻资本压力。检查发现，H公司销售的投连险产品其实更加类似于结算利率稳定的万能险产品，投保其产品的客户并没有承担投连险应有的投资风险，而能持续获取稳定收益。公司通过各种内部操作手法，将实际收益固定的中短存续期产品"包装"成投连险销售，主要原因是按照投连险投资风险全部由客户承担的原理，导致其对公司资本金的占用较少，在计算偿付能力时基本不消耗公司的自有资本。因此，公司以投连险为主打产品，在仅有 10 亿元资本金的情况下利用杠杆"撬动"了近 400 亿元的规模保费，实际上承担了较大的经营风险。

后 记

保险业"两个加强、两个遏制"专项检查及回头看专项检查中,形成了很多值得借鉴的检查经验和做法。及时整理、总结这些检查经验、做法,对于提高监管水平尤其是一线监管干部的检查实战能力,更好地贯彻落实党的十九大、中央经济工作会议和全国金融工作会议精神,服务于防控金融风险、保障行业平稳健康发展的监管工作大局具有重要意义。

本书编撰工作历时1年多,期间历经3次案例收集、6轮案例筛选以及5次大的修改完善后最终成稿。本书作为一本指导检查工作的工具书,在编写过程中,我们坚持从检查中来、到检查中去,力求案例内容翔实、脉络清晰、通俗易懂,既有对检查过程的详细描述,真实再现出一线检查工作的场景,又能反映检查人员对检查线索的分析和检查过程中的所思所想,为今后的检查工作提供借鉴和参考。

在本书编写过程中,我们得到了中国保监会领导、中国保监会机关相关业务部门以及各保监局的大力关心和支持。中国保监会发展改革部、财务会计部、保险消费者权益保护局、财产保险监管部、人身保险监管部、保险中介监管部、保险资金运用监管部、国际部、统计信息部等部门积极为本书提供素材并帮助协调案例编写工作。各保监局按照本书编写组的要求,系统梳理检查工作,总结经验做法,为编写组提供了高质量的检查案例。

本书成稿离不开稽查局领导和同志们的辛劳付出。李有祥局长亲自主持了本书编写项目的计划、编撰和审定工作。杨玉山、宋旭红两位副局长在本书的案例收集、编写、校对等方面也提供了很多指导和帮助。局内其他同志也为本书编撰做了大量实务工作。在此,我们向所有关心、支持和参与《保险业"两个加强、两个遏制"专项检查案例选编》编写工作的单位和个人表示衷心的感谢！

限于水平和经验，本书还存在一些不足，敬请各位读者多批评指正，提出宝贵建议，我们将在今后相关案例编撰工作中进一步修改完善。

本书编写组

2018年3月